博雅语言学教材系列

语言学概论

（修订版）

王红旗 编著

图书在版编目(CIP)数据

语言学概论/王红旗编著.—修订版.—北京:北京大学出版社,2008.8
(博雅语言学教材系列)
ISBN 978-7-301-14187-8

Ⅰ.语…　Ⅱ.王…　Ⅲ.语言学-高等学校-教材　Ⅳ.H0

中国版本图书馆CIP数据核字(2008)第129366号

书　　　名:语言学概论(修订版)
著作责任者:王红旗　编著
责 任 编 辑:李　凌
标 准 书 号:ISBN 978-7-301-14187-8/H·2054
出 版 发 行:北京大学出版社
地　　　址:北京市海淀区成府路205号　100871
网　　　址:http://www.pup.cn
电 子 邮 箱:zpup@pup.pku.edu.cn
电　　　话:邮购部 62752015　发行部 62750672　编辑部 62753334
　　　　　　出版部 62754962
印　刷　者:三河市北燕印装有限公司
经　销　者:新华书店
　　　　　　650毫米×980毫米　16开本　15印张　242千字
　　　　　　2008年8月第1版　2022年6月第10次印刷
定　　　价:32.00元

目　录

前　言 …… 1

绪　论 …… 1
一、什么是语言学 …… 1
二、语言学的发展和分类 …… 2
三、为什么学习语言学 …… 5
四、怎样学好“语言学概论” …… 8

第一章　语言的性质 …… 11
第一节　语言和言语 …… 11
一、说话 …… 11
二、语言和言语 …… 12
三、语言的存在形式 …… 13
四、语言与言语的区别和联系 …… 15
五、口语和书面语 …… 17
第二节　语言是人类最重要的交际工具 …… 18
一、语言的交际功能 …… 18
二、语言是最重要的交际工具 …… 21
三、语言是全民的交际工具 …… 23
四、语言是人类特有的交际工具 …… 24
第三节　语言的其他派生功能 …… 28
一、语言是思维的工具 …… 28
二、语言是社会生活的记录 …… 33
三、语言是说话人身份的标志 …… 34
第四节　语言是自然形成的符号系统 …… 35
一、符号 …… 35

二、语言符号 …… 36
三、语言符号的特点 …… 37
四、语言符号系统的特点 …… 40
五、语言符号系统内部的两种关系 …… 41

第二章　语　音 …… 44
第一节　语音的物理属性和生理基础 …… 44
一、语音的物理属性 …… 44
二、语音的生理基础 …… 49
第二节　音素 …… 55
一、音素 …… 55
二、国际音标 …… 55
三、元音和辅音 …… 57
四、元音的分类 …… 58
五、辅音的分类 …… 62
第三节　音位 …… 66
一、对立和互补 …… 67
二、音位 …… 69
三、音位变体 …… 71
四、非音质音位 …… 72
五、区别特征 …… 74
第四节　音位的组合 …… 77
一、音节 …… 77
二、音位组合的限制 …… 79
三、复元音和复辅音 …… 80
四、语流音变 …… 81

第三章　语　法 …… 85
第一节　语法的性质和单位 …… 85
一、什么是语法 …… 85
二、语法的抽象性 …… 89
三、语法单位 …… 91
第二节　构词法 …… 93

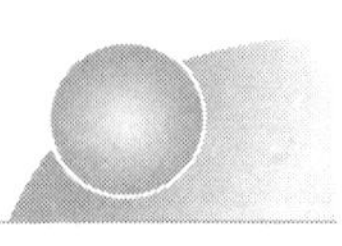

一、语素 …… 93
二、语素的变体 …… 94
三、语素的分类 …… 96
四、词 …… 98
五、词的变体 …… 99
六、词的结构类型 …… 101
第三节 构形法 …… 103
一、形态 …… 103
二、语法范畴 …… 107
三、词类 …… 110
四、语言的结构类型 …… 112
第四节 句法(上) …… 114
一、词组 …… 114
二、句子 …… 117
三、层次 …… 119
四、递归 …… 121
第五节 句法(下) …… 123
一、自由和黏着 …… 123
二、已知和新知 …… 124
三、有定和无定 …… 125
四、语法意义和语法形式 …… 126

第四章 语 义 …… 133
第一节 词汇:词义表达单位的集合 …… 133
一、词汇的构成 …… 133
二、词汇单位的固定性 …… 137
三、固定词组 …… 139
第二节 词义 …… 142
一、词义的构成 …… 142
二、词的理性意义的性质 …… 146
三、词的理性意义与概念 …… 148
四、词的理性意义的单位 …… 149
五、词的理性意义的分解 …… 151

第三节　词聚 …… 152
一、同义词聚 …… 153
二、反义词聚 …… 156
三、上下位词聚 …… 158
四、同音词聚 …… 160
第四节　句义 …… 162
一、句义的构成 …… 162
二、词义组合的限制 …… 165
三、语义关系 …… 167
四、蕴含和预设 …… 168
五、语义与语境 …… 170
第五节　歧义 …… 174
一、词汇歧义 …… 174
二、组合歧义 …… 175

第五章　语言的发展 …… 180
第一节　语言发展的原因和特点 …… 180
一、语言是发展的 …… 180
二、语言发展的原因 …… 183
三、语言发展的特点 …… 187
第二节　语言的分化和统一 …… 189
一、社会方言 …… 189
二、地域方言 …… 193
三、亲属语言 …… 195
四、语言的谱系分类 …… 197
五、共同语 …… 198
第三节　语言的接触 …… 199
一、借用 …… 199
二、双语现象 …… 202
三、语言转用 …… 203
四、语言混合 …… 205
第四节　语言系统的发展 …… 208
一、语音的发展 …… 208

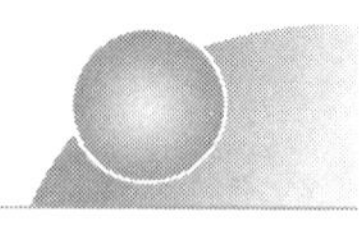

二、语法的发展…………………………………………………………… 210
三、词汇的发展…………………………………………………………… 214
四、词义的发展…………………………………………………………… 215

附录一　数字、英文字母电码符号 ………………………………… 218
附录二　世界语言的“谱系” ……………………………………… 219
附录三　中国各民族语言系属表 …………………………………… 223

课后阅读书目 ……………………………………………………… 225

前　言

“语言学概论”与“现代汉语”、“古代汉语”课程一样，是中国语言文学专业三门语言学必修课程之一。2004年，我讲授的“语言学概论”被评为南开大学本科精品课程，按照学校的要求需要编写教材。1997年我曾经在青岛海洋大学出版社出版过《语言学概论》，这本教材就是在97版基础上修订而成的。

“语言学概论”课程难教、难学，为师生公认，我想其中最主要的原因有两个。第一，这门课程讲授的是从各种语言中概括出来的基本理论和概念，而不是汉语中具体的语言事实，使人感到抽象、深奥。第二，这门课在多数学校只上36学时，只有少数学校才上48学时，在这么少的课时中把语言学的基础概念和基础理论都要讲清楚实属不易。我从1984年秋季开始讲授“语言学概论”课程，至今已为各类学生讲过几十遍，这些年来一直在努力把这门课讲得易懂易学，不让学生望而生畏。根据我的教学体会，要取得这样的教学效果，教师要有深厚的语言学理论修养，要具备扎实、广博的语言学知识和语言知识，还要有高超的教学艺术。与此相适应，还要有适合教学的教材。

我体会，适合教学的教材应该具备两个条件。第一，教材的内容要有很强的系统性。语言本身是成系统的，语言的各个组成部分、组成成分之间密切相关。“语言学概论”是全面讲授语言学基础理论和概念的课程，其教材要充分揭示语言的系统性，章与章之间、节与节之间、问题与问题之间要有清晰、紧密的逻辑关系，使教材的内容各得其所。第二，教材的语言要明白畅晓、通俗易懂。语言学的理论和概念很抽象，所以对其阐述、解释要准确、清楚，解释方式尽量简单，例子要贴切。这两点是我在编写这本教材时努力达到的目标，也是我讲课追求的目标。如果把语言学比作风光秀丽的景区，教师就是导游，教师要引导学生欣赏语言中处处迷人的风光，领悟语言的奥秘。

“语言学概论”课程的内容主要由语言的性质、语言的结构（语音、语法、语义)、语言的发展三部分组成,这三部分内容在本书中分为五章。本书没有一般"语言学概论"教材都设的"文字"一章。文字是记录语言的书写符号系统,不属于语言,而且在非常有限的课时里也不允许多讲文字,这部分内容应该让文字课来讲。本书也没有"词汇"一章,词义的聚合应归入"语义"一章,词的结构应归入"语法"一章,基本词汇与一般词汇的划分是学术界仍在争论的问题,不宜在基础课上讲授,剩余的词汇学内容归入了"语义"一章。这样的内容安排使各个章之间的联系比较紧密、清晰,也继承了一些中外优秀教材的传统,教学实践证明是合适的。

自上世纪 60 年代以后,语言学各分支学科呈蓬勃发展之势,理论蜂出,异彩纷呈。半个世纪以来,语言学诸方面都有了扎实的进展。作为 21 世纪的教材,本书积极地吸收了当代语言学的成果,反映语言学的进展,但本书对语言学新成果的吸收采取审慎的态度,充分考虑学生的接受能力和课时限制,也考虑与其他语言学选修课的配合。为了便于学生理解和掌握,对有的新理论只吸取其精神而不采用其概念。

"语言学概论"这门课被列为南开大学精品课程,这是我编写本书的直接动因,本教材的出版还获得了学校的资助。感谢学校对这门课程和本书出版的支持,感谢文学院王立新副院长为此做出的积极努力。

我 1997 年在青岛海洋大学出版社出版的《语言学概论》是本书的基础,先师石安石先生逐字逐句地审阅了书稿,那时他已经身罹绝症。有他认真、负责地把关,保证了书稿的质量。在本书的修订过程中,常常想起他清癯、慈祥的面容,心中充满了对恩师的感激和怀念。

北京语言大学的刘雪春教授审阅了本书的绪论和第一章,北京大学的郭锐教授审阅了本书的第三章,山东师范大学的刘中富教授审阅了全稿。由于他们广博的知识、深刻的洞察力和精益求精的精神,本书避免了不少谬误和不妥之处。谨在此向他们表示深深的谢意。

同事王萍博士扫描、绘制了第二章的图,并不厌其烦地修改,谨向她表示衷心感谢。

南开大学博士研究生季安锋绘制了其他各章的图表,为本书编写搜索所需要的文献,并对教材做一些技术处理。南开大学硕士研究生宗成灵、李瑶、王伟、王丽萍、桑玉蓉是本书的第一读者,他们逐章为全书提出修改意见,并负责全书书稿的校对。他们为本书付出了辛勤的劳动,谨向他们表示感谢。

感谢北京大学出版社沈浦娜编审为本书出版做的积极努力,感谢本书

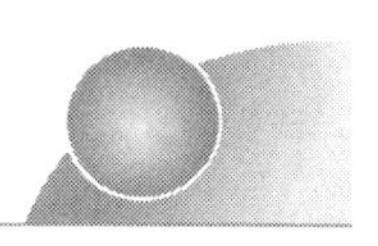

的责任编辑白雪女士和负责复审的胡双宝老师指出书稿中的一些谬误和不妥之处，感谢北京大学出版社对本书出版的大力支持。

在本书的编写过程中，还曾向多位师友请教，并承蒙他们惠借文献。谨在此一并感谢。

我对师友和学生的意见都做了认真的思考，考虑到各种原因，有些意见没有接受，这是应该说明的。本书涉及语言学的方方面面，学识所限，舛谬之处在所难免，敬请方家指正。

王红旗

2007 年 10 月 18 日

绪　论

一、什么是语言学

人离不开阳光、空气、水和食物，同样，人也离不开语言。没有阳光、空气、水和食物，人类就无法生存。没有语言，人类就无法进行信息交流，生活、生产就会停滞，人类也无法生存。阳光、空气、水和食物满足人类的物质需要，语言满足人类的精神需要。人类不同于动物之处，就在于有思想。人是社会性的动物，因而需要在一起交流思想和感情。

从早到晚，人不停地在说话，与父母、儿女、丈夫/妻子、邻居、同事、领导、同学、顾客、朋友、仇人、对手、路人等等。可以面对面地说，也可以在电话里说；可以娓娓交谈，也可以大吵大闹，甚至一个人独处时也可以自言自语。人不仅白天说话，晚上在梦中也可以说话。可以说，人终日处在语言的包围之中。发明了语言，人类与类人猿分道扬镳；掌握了语言，人和动物区别开来。非洲有一个民族，把刚出生的婴儿叫 kuntu（物），把学会说话的孩子叫 muntu（人）[①]。这个现象表明，这个民族认识到人和动物的区别在于语言。

古人已经认识到语言的重要性，这反映在一些神话传说中。《圣经·创世纪》（旧约）说，亚当的子孙都说一种语言，随着人口的繁衍，人越来越多，他们就向东迁徙，走到一个叫希纳的平原，就在那里定居下来。他们打算在那里建造一座城，城中修一座通天塔，作为子子孙孙集中居住的纪念。他们彼此商量着烧砖、和泥、运料、砌墙，干得热火朝天。塔越建越高，耸入云霄。这件事惊动了上帝耶和华，他降临工地上空，看着下面川流不息的人们，对天使说道："看呐，他们的动作这样协调一致，整齐划一，靠的是同一种语言，如今这事既然做起来了，以后他们要做的事就没有不成功的

---

① 见〔美〕弗罗姆金 & 罗德曼著，沈家煊等译《语言导论》第 3 页，北京语言学院出版社，1994 年。

了。”于是耶和华下来变乱了人们的语言，使他们各说各的语言，彼此不能沟通，工作不能协调一致，那座塔也就半途而废了[①]。从这个传说可见，古人已经认识到语言在交流信息、沟通思想中的作用。

尽管语言对人类非常重要，但一般人并不真正懂得语言是什么，以为语言就是说话。语言和说话密切相关，但并不是一回事，我们将在第一章详细分析它们之间的区别。正常的人都会说话，五岁孩子的语言表达能力已经和父母不相上下，但要懂得语言是什么，必须要学习语言学。语言学是研究语言的科学，是关于语言的理论知识。会说话并不就是懂语言学，一个文盲也可能巧舌如簧，能言善辩，而一个高水平的语言学家也可能笨嘴拙舌。只有掌握了关于语言的理论知识，受过语言学训练的人才能懂得语言的道理，才会研究语言。每个人都有关于自己母语的语音、语法、词汇、语义的语感，这表现在很多方面。例如，杜牧的《山行》：“远上寒山石径斜，白云生处有人家。停车坐爱枫林晚，霜叶红于二月花。”一般人都会感觉到“斜”应该与“家”、“花”押韵，但没押，却说不出其中的原因。外国留学生造出了“黑板上的字写得很清清楚楚”[②]这样的病句，懂汉语的人都知道应该改为“黑板上的字写得清清楚楚的”，但不懂语言学的人却不知道为什么这样改。只有学习了语言学，懂得了关于语言的理论知识，才能解释上述种种语言现象，既知其然，又知其所以然。

语言学是以人类语言为研究对象的科学，它的基本任务就是从人们听到的和看到的语言现象中概括出语言的结构规律和演变规律。语言与社会、文化、心理等有密切的关系，研究语言与这些现象之间的联系也是语言学的任务。

二、语言学的发展和分类

语言学是一门既古老、又年轻的学科。说它古老，是因为语言研究有悠久的历史，大约公元前四五百年，在世界几大文明的发源地，就出现了语言研究活动；说它年轻，是因为直到 19 世纪，语言学才有了自己独立的研究对象和研究方法，成为一门独立的科学。

古印度人为了准确无误地保存婆罗门教的典籍《吠陀》，研究梵语的发音和语法。在公元前 4 世纪，波你尼把前人的研究成果进行总结，编成了

---

① 见徐志民《欧美语言学简史》（修订本）第 2 页，学林出版社，2005 年。

② 引自刘月华等《实用现代汉语语法》（增订本）第 208 页，商务印书馆，2002 年。

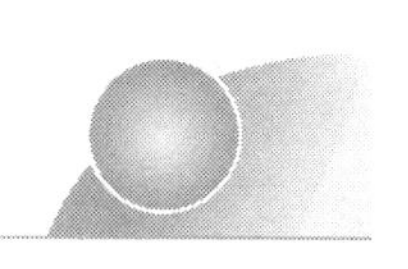

《波你尼语法》,这本书对梵语的语音和词的结构的分析达到了相当完善的程度。公元前 4 世纪,古希腊的哲学家围绕名称和事物之间的关系进行过争论,出现了“按本质”和“按约定”的两种观点。自柏拉图起,古希腊人就不断地对古希腊语的词和句子进行语法分析。到公元前 4 世纪,为了保存荷马史诗等典籍的需要,在亚历山大里亚出现了注释、考证、校勘荷马史诗等古代文献的语文学派。大约在公元前 1 世纪,特拉斯把前人的研究成果编成了《语法术》,形成了比较系统的古希腊语语法。在中国,公元前四五世纪的文献中就有不少对字形、字义的解释。春秋战国时期,诸子百家就对语言和社会、名称和事物之间的关系发表过各自的见解,荀子关于名称和事物之间的“约定俗成”的观点一直沿用至今。约在战国末年,中国古人为了便于交流和阅读古书的目的,编纂了训释词义的《尔雅》。东汉中期,为了使人们正确理解古代典籍而编纂了解释字义、字形的《说文解字》。到曹魏,在梵文的启发下出现了给汉字注音、分析字音的韵书。训诂学、文字学、音韵学是中国古人研究语言文字的三门学问,统称“小学”。古人研究语言文字或者是为了哲学的讨论,或者是为了学习、保存、整理古代宗教、文学、历史方面的经典,不是为了研究、整理语言的结构规律,而且研究的都是书面语和文字。这样的学问今天叫作语文学。语文学关于发音、语法、词义的知识为语言学的产生奠定了基础,至今仍是语言学的基本内容。

19 世纪,欧洲人发现了梵语,在浪漫主义思潮的影响下,人们开始追寻语言的源头和历史,出现了历史比较语言学。历史比较语言学比较有亲缘关系的语言的差异,构拟它们的原始语,整理出语言的演变规律。历史比较语言学有了自己的研究对象和目标,发明了历史比较法和内部拟测法,使语言学成为一门独立的学科。20 世纪初,索绪尔提出区分语言和言语、区分语言的共时态和历时态、区分形式和实体,并主张以研究语言的共时态为主,以研究语言内部的关系为主。索绪尔之后出现的哥本哈根学派、布拉格学派、美国描写语言学派等结构主义诸流派,都不同程度地受到他的影响。尽管结构主义各个学派的学术背景和社会背景不同,但研究的重心都转向语言的共时态和语言内部的关系。结构主义主张忠实地记录语言事实,整理语言系统,采用自然科学的一些概念、方法和思路研究语言,努力使语言学形式化、精密化,在语言的形式分析方面取得了重要的进展,使语言学成为一门现代化的科学。20 世纪 50 年代末崛起的生成语法则主张研究人的语言能力,即说话人关于自己的语言的知识。各个民族的人所说的语言虽然不同,但语言能力却是相同的,也就是说人类的大脑中存在着普遍语法。生成语法在20世纪80年代以前假设普遍语法是一套规则，此后则假设普遍语法是一套原则，用这些原则可以解释各种语法现象。20世纪60年代以后，语义学、语用学、社会语言学等也蓬勃发展起来，各种理论异彩纷呈，各个学派竞相责难，语言学界出现了一派繁荣的局面。但语言是十分复杂的社会现象，在语言中起作用的有多种因素，因此，有人打比方说，研究语言就像瞎子摸象，只能看到语言的某个侧面，还有人说语言学的进展像冰山移动一样缓慢。

语言学发展到今天已经成为一门门类繁多的人文科学，因而可以从多角度对语言学进行分类。

首先，可以分成个别语言学与普通语言学。前者探讨一种语言或一个语系、语族、语支语言的结构规律或发展规律，如汉语语言学、英语语言学、阿拉伯语语言学、壮侗语族语言学、斯拉夫语族语言学等。后者探讨人类语言一般的性质和普遍的结构规律、发展规律，此外，它还探讨语言研究的方法、语言学与其他学科的关系等问题。探讨人类语言普遍的结构规律有两条途径，一条是从世界上的语言中选取一定数量的有代表性的语言，在对这些语言的某些现象进行归纳统计的基础上概括出人类语言的普遍规律；另一条是以某种语言为研究对象，把从这种语言中概括出的规律推广到其他语言上去，用其他语言的事实对所概括出的规律进行验证和修正。

各种语言都有自己的结构特点，但它们也有共同的交际功能、结构规律和演变规律。普通语言学建立在个别语言学的基础上，其研究成果是从对各种语言的研究中概括出来的，对个别语言学有指导作用，个别语言学应以普通语言学的理论为指导；普通语言学也应综合并利用个别语言学的研究成果，不断地对自己的理论进行验证、补充和修正。普通语言学所讨论的是对各种具体语言有普遍指导意义的理论，所以又叫“理论语言学”。

其次，可以分成共时语言学（又叫“描写语言学”）与历时语言学（又叫“历史语言学”）。前者选取语言的某一个历史阶段，描写这个阶段的语言的状态，包括切分语言单位、整理语言单位之间的关系、概括语言的结构规则、揭示语言的各组成部分之间的联系，如古代汉语（秦汉汉语）的研究、近代汉语（唐宋元明清汉语）的研究、现代汉语（“五四”以来的汉语）的研究。后者研究语言的发展变化，包括概括语言发展的规律，说明语言发展的结果，解释语言发展的原因，如汉语史的研究、印欧语系语言的历史比较研究等等。

语言处在动态的平衡之中，变化是绝对的，因此，某个历史时期的语言

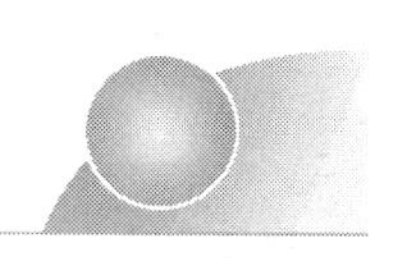

状态之中总存在着一些细微的变化，只是因为几十年、上百年甚至几百年里的变化相对于上千年、几千年的变化很小，所以，可以假设在这段历史时期内语言没有发生变化，这样才可以描写它的结构状态。此外，某个历史时期的语言状态是经历了若干历史时期的变化而形成的，这个历史时期的语言中同时并存着不同时代的语言要素。因此，要深入地认识某个历史阶段的语言的结构状态，必须参照语言的历史。另一方面，要概括语言演变的规律，必须对两个历史时期的语言状态和结构机制有清楚的了解，因为语言的变化是在不同历史阶段语言状态的比较中显现出来的。此外，语言系统不是突变的，而是渐变的，只有对当前语言系统中细微变化的机制有深入的认识，才能准确地理解历史上语言演变的机制。

再次，可以分为理论语言学和应用语言学。任何对语言的结构状态和演变规律的研究都是理论的研究，可以称为“理论语言学”，但实际上，现在一般所说的理论语言学，就是普通语言学。用语言学的理论和方法解决语言在社会生活的应用中产生的问题，就是应用语言学。应用语言学首先研究的是语言教学，特别是第二语言教学中的语言应用问题。与语言教学密切相关的语言应用是辞书的编纂，这也是应用语言学的一个重要研究领域。此外，翻译、语言规划、语言文字规范化、机器翻译、信息检索、自然语言理解、失语症的治疗等也都是应用语言学的重要研究领域。

还有一种分类，即把语言学分成微观语言学与宏观语言学。前者只研究语言结构本身，而不研究语言与其他现象之间的关系，如语音学、语义学、语法学、历史语言学等等。后者则研究与语言有关的现象，这是语言学的边缘学科，如从人类学的角度研究语言的人类语言学，从社会学的角度研究语言的社会语言学，从文化学的角度研究语言的文化语言学，从心理学的角度研究语言的心理语言学，其他的如实验语音学、神经语言学、数理语言学、逻辑语言学等等。

以上几种分类采用了不同的标准，是交叉的。“语言学概论”课程是普通语言学方面的基础课程。

三、为什么学习语言学

语言渗透到社会生活、生产的各个角落，人类须臾离不开语言，因此，人类有必要把与自己息息相关的语言的性质、结构和发展规律认识清楚，从而掌握它。因此，需要研究语言，获得关于语言的理性知识。尽管语言研究的历史已经有两千多年，但用科学的方法研究语言的时间，特别是研究语言的共时状态的时间却非常短，对语言的性质、结构规律和发展规律以及语言习得规律的认识还很肤浅。研究语言，首先要学习语言学。

语言既与人类社会生活的方方面面相关，语言学就会与其他多种学科有密切的联系，语言学的研究成果就可以被其他相关的学科所利用，为其他学科提供理论指导。

在古代，人们把语言的知识看作阅读古书的工具，利用语言的知识对古书进行注释和校勘，帮助人们阅读古代的典籍，由此产生了古代的语文学。古代语文学家研究古代书面语的语音、词汇、语法和文字的成果在文学、哲学、历史、逻辑等学科的文献阅读、整理中起了重要的作用，语文学的知识至今仍在这些学科中发挥着重要的作用。在现代，语言学的知识已经得到了广泛的应用，语言学不仅与很多人文学科有着密切的关系，而且也随着现代科学技术的发展，与多种自然科学建立了联系，很多自然科学都需要语言学的研究成果，语言学也与一些自然科学结合产生了交叉学科。

语言教学，包括第一语言教学和第二语言教学，都需要语言学的理论和方法。第一语言指自己的母语，一般说来母语就是本民族的语言。第二语言包括本国内别民族的语言和外国语。第一语言教学的目的是培养和提高学生掌握、运用母语书面语的能力，包括听、说、读、写的能力。学生所学的书面语材料中既有丰富的语言学知识，也有丰富的文学、文化知识，所以第一语言教学也就是语文教学。第二语言教学的目的是培养学生掌握和运用其他语言的口语和书面语两方面的能力，由于学习第二种语言的时候母语会起干扰作用，而且又缺乏使用第二语言的环境，所以学习第二种语言有一定的困难。无论第一语言教学还是第二语言教学，都需要制定语言教学政策，编制教学大纲，编写教材和词典，设计教学方法和教学程序，进行语言测试，这些工作都需要利用语言学的成果，在语言学理论的指导下进行。

语言规划离不开语言理论的指导。语言规划是国家或团体为了管理语言而进行的工作，包括语言的选择、语言文字的规范化、文字的创制和改革。在多民族的国家里，在历史上曾经是殖民地的国家里，要选定一种或多种语言作为共同语，选定一种或多种语言作为官方语言；在方言差别很大的语言中，要选择一个方言作为培育民族共同语的基础方言。这些工作既要贯彻国家的语言政策，也要考虑语言本身的情况。语言文字的规范化，就是根据语言的结构规律和发展规律，因势利导，制订出语音、词汇、语法、文字各方面的标准，在语言的使用者中推广。在我国，推广汉民族共同

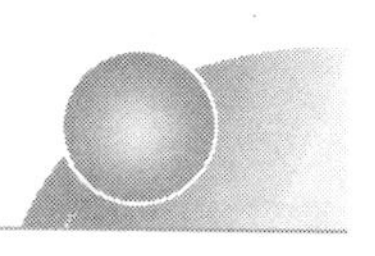

语(普通话)、实行汉语规范化、实行简化汉字、发展各民族的语言文字,都必须以语言学理论为依据,根据语言、文字的发展规律进行,在这个过程中出现的问题也必须在语言学理论的指导下解决。比如,推广汉语普通话就必须懂得普通话与方言之间的语音对应规律,实行汉语规范化就必须能够对汉语、汉字的分歧进行评价与选择,实行简化汉字就必须掌握汉语与汉字的发展规律,帮助少数民族制订文字就必须通晓音位学原理。

世界已经进入信息时代,自然语言的信息处理已经发展成为一门语言学、数学和计算机科学共同参与的新兴交叉学科。语言是传递信息的重要工具,因而,语言研究的成果直接关系着自然语言信息处理的进展。

计算机信息检索已经成为信息检索的主要方式,语言学的成果直接制约着检索的效能。言语是信息最重要的载体,是信息的主要负荷者,信息检索系统中的关键问题是检索语言的建立。检索语言应该精确地表达文献的主题和提问的主题,不应产生歧义,不受用户主观因素的影响,并且便于用程序运算方式进行检索,获得较高的查全率和查准率,这需要深入地研究同音词和多义词,最大限度地消除术语的同义性和多义性。此外,还要研究检索词之间的句法和语义关系,排除误检现象,这些都需要语言学的参与。

机器翻译是计算机按照一定的程序进行的语言之间的翻译。翻译是把一种语言转换成表达同样意义的另一种语言,是两种语言在意义不变的前提下进行的转换。要让计算机把一种语言转换成另一种语言,就必须对两种语言(源语言和目标语言)的词的语法性质、形态、意义、组合能力和句法的组合规则、语义规则以及歧义现象进行分析研究,编制成词典和规则,储存在计算机中。在此语言分析的基础上才可从一端输入源语言,从另一端输出目标语言。语言分析的过程必须有语言学的参与。

自然语言理解是用计算机模拟人的语言交际过程,使计算机能理解和运用自然语言,实现人和计算机之间的直接对话。自然语言理解涉及语言学、心理学、逻辑学、声学、数学和计算机科学,而以语言学为基础。自然语言理解包括语音理解和书面理解,因此,要综合语音学、音系学、语法学、语义学、语用学等现代语言学的知识,研究语言是如何组织起来传递信息的,人是如何从一连串的话语中获取信息的,然后把研究的成果变成词典、语法规则、语义规则和推理规则储存在计算机中,使之成为智能化的机器,“听懂”语音信号,“看懂”文字符号。因此,语言学研究的进展是计算机实现自然语言理解的关键。

此外，词典的编纂、言语康复和矫正、通信工程、案件侦破等诸多领域也都需要语言学的参与。随着科学技术的发展，语言功能的不断开发，越来越多的学科同语言学建立联系，语言学正日益拓展着自己的应用领域，在整个科学领域中占有越来越重要的地位。

“语言学概论”课程讲授语言学最基础的知识，学习、研究语言学首先要从学习“语言学概论”开始。

四、怎样学好“语言学概论”

中国语言文学系的基础课程主要是语言和文学两方面的，语言方面的基础课包括现代汉语、古代汉语、语言学概论。学习现代汉语（汉民族共同语）的目的是为了掌握关于它的理性知识，用它指导语言文字工作；而学习古代汉语的目的是为了阅读古文。这两门课都属于个别语言学，只讨论一种语言的结构规律。要想对本民族的语言有深刻的了解和掌握，就必须了解人类语言的一般性质和规律，在世界语言的背景之下审视自己的母语，才能到达不仅知其然而且知其所以然的境界。比如，只有学习了音位学理论才能知道汉语拼音方案是如何制订出来的。只有学习了语法范畴才能知道汉语没有像英语那样的语法范畴，但汉语的语法意义却有另外的表达方式。只有学习了义素理论才能知道词义之间既有区别又有联系，如此等等。苏东坡云：“不识庐山真面目，只缘身在此山中。”只有从汉语中跳出来，站在人类语言普遍性的高度，才能更深入地认识自己的母语，因此，学习了现代汉语和古代汉语课程之后，还要学习“语言学概论”。

“语言学概论”阐述各种语言共同的性质、规律和现象，因而与“现代汉语”或“古代汉语”课程相比更抽象，学习的难度也就更大一些。要学好这门课，应在以下两方面①下功夫。

1. 重在理解

首先，要结合例子理解每一个概念、理论，弄清概念的含义，弄懂理论的基本原理。比如，语言是二层性的系统，“二层性”的含义是什么？音位是区别意义的语音单位，什么是“区别意义”？词是能独立运用的语法单位，什么是“独立运用”？语言演变是渐变性的，为什么会这样？如此等等。

其次，还要能够明白相关概念、理论之间的联系与区别。例如，组合关

---

① 石安石、詹人凤《语言学概论》（高等教育出版社，1988 年）讲了三点：联系实际、重在理解、勤做练习。

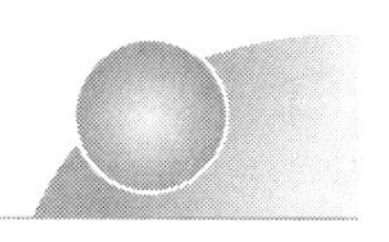

系与聚合关系之间、音素与音位之间、音位与音位变体之间、语素与词之间、语法意义与词汇意义之间、语法形式与语法意义之间、形态与语法范畴之间、共同语与方言之间的联系与区别等等。在此基础上,还应该把相关的概念与理论概括为一个系统,了解每个概念与理论在系统中占有的地位,从系统的高度把握它。以音位的区别特征为例,它是语音部分的一个概念,它属于音位学,它是音位进一步分解的结果,它既可以使不同的音位构成对立,也可以使不同的音位以它为基础形成聚合。要做到这些,就必须勤于思考,多做比较、联系,既要培养微观的分析、理解能力,又要培养宏观的概括能力,绝不能只机械地背诵记忆概念。

2. 联系实际

语言学理论是从语言事实中概括出来的,只有联系语言事实才能真正掌握它,只有联系语言事实才能发现它的作用与局限。联系语言事实应从以下三个方面入手。第一,注意体会教材、教师的用例。对这些例子及其解释说明应细细地体会,从中可以加深对概念和理论含义的理解。第二,认真、独立完成课后作业。语言学是技术性很强的学科,不自己亲自分析语言事实就难以掌握它的一些概念和理论,课后作业就是为此而设计的,应认真、独立地完成。在这个过程中,不仅可以加深对所学内容的理解,而且可以培养分析问题、解决问题的能力。第三,养成观察分析语言事实的好习惯。语言事实无处不在,无处不有,如日常的口头语言、报纸杂志的语言、电视电台的广告语言、布告栏上各种启事通知的语言、马路两旁的招牌语言等等。平时要留心观察这些语言事实,并用所学的理论去分析它,这不仅可以巩固所学的内容,而且还可以从中发现一些有价值的语言现象,激发学习语言学的兴趣。

第一章 语言的性质

语言的性质，即语言是什么。要了解语言的性质，首先要把语言从人们习以为常的说话活动中分离出来，这需要区分语言和言语。语言的性质可以从它在社会上所发挥的功能和它的结构本身两个方面来考虑。从语言的社会功能来看，它是人类最重要的交际工具，此外，语言还有在此基础上的派生功能，这包括充当思维工具、记录社会生活、反映说话人的身份等。从语言结构本身来看，它是人类在漫长的进化历程中自然形成的符号系统。语言这两方面的性质，是和动物的交际方式、人工语言相比较而得出的。

第一节 语言和言语

一、说话

了解语言的性质，首先要确定语言的位置，这得从说话谈起。

说话同呼吸、走路一样，是人类的一种基本机能，是再平常不过的了，一般人通常不会专门思考说话是怎么回事。自然界的规律、人类社会的规律，都隐藏在平平常常的现象之中，从这些现象入手，可以发现大自然和人类社会的奥秘。牛顿探究苹果成熟后落地的原因发现了万有引力定律，瓦特探究水烧开后壶盖跳动的原因发明了蒸汽机，我们也可以从人们司空见惯的说话现象入手探讨语言的奥秘。在一般人看来，语言就是说话，但从语言学的角度看，语言与说话是密切相关却并不相同的两件事。

人类为了传递信息、表达感情而进行多种交际活动，比如两人见面后握手、行礼、鞠躬，给到访的外国领导人献花，警察在十字路口用手势指挥交通。交际活动都要借助某种媒介。说话是人类最重要的交际活动，是借助语言媒介进行的，因此说话就是语言交际。交际在双方之间进行，参加语言交际的是说话人和听话人(书面上的交际双方是作者和读者)，一个人自言自语是说话人以自己为听话人。人们需要传递信息、求助别人、支配别人、与人沟通感情的时候,都可以进行语言交际。比如,孩子对妈妈说渴了,妈妈听到后就给他水喝;病人向医生诉说自己身体的不适、痛苦,医生询问病人的症状;商贩向顾客吆喝推销自己的商品,电视台的播音员向观众播报新闻,老师训斥调皮的学生等等,都是语言交际。

二、语言和言语

说话是非常复杂的活动,涉及多方面的因素,其中至少包含以下三部分内容:一是发音过程,二是所说出来的一句句、一段段的话,三是说出来的话中的词语和组织词语的规则。在语言学上,把说出来的话中词语和组织词语的规则叫作“语言”,把说话中的发音过程和所说出的话叫作“言语”,其中发音过程叫作“言语动作”,所说出来的话叫作“言语作品”。例如,“他刚吃完午饭”这句话是言语作品,其中的“他”“刚”“吃”“完”“午饭”几个词、“他”与“刚吃完午饭”之间的主谓关系、“刚”与“吃完午饭”之间的修饰关系、“吃完”与“午饭”之间的述宾关系、“吃”与“完”之间的述补关系则属于语言。持同一种语言的人所说的话中词语的总和叫作词汇,把词语组织起来的规则叫作语法,语言就是词汇和语法构成的系统。以下棋做比,棋子儿相当于语言的词汇,下棋规则相当于语言的语法,而下棋的行为和千变万化的棋局则相当于言语。

棋子儿和下棋的规则是有限的,而下出的棋局是无限的,用语言交际也是如此。语言中的词语,特别是每个人经常使用的词语是有限的,而把这些词语组织起来的语法规则更有限,然而这些有限的词语和语法规则可以反复地使用,所创造出来的句子却可以是无限的,即使把美国国会图书馆上千万册的藏书中的所有句子都摘出来,它也只是人类所说出的句子中很小的一部分,人类说出的句子是无法统计完的。

句子长度的无限性是造成句子数量无限性的原因之一。例如“妈妈洗衣服呢”这个简单句,可以不断地添加词语扩展下去:

妈妈洗衣服呢
同学的妈妈洗衣服呢
姐姐同学的妈妈洗衣服呢
姐姐同学的妈妈正洗衣服呢
姐姐同学的妈妈现在正洗衣服呢

姐姐同学的妈妈现在正在水房洗衣服呢

姐姐同学的妈妈现在正在水房洗那件衣服呢

姐姐同学的妈妈现在正在水房洗那件脏衣服呢

…………

发话人可以用有限的词语和语法规则创造出数量无限的句子和长度不受限制的句子，同样，受话人也借助这些有限的词语和语法规则理解所接受的句子。语言中的词语和语法规则是有限的，但对这些词语和语法规则的使用可以是无限的，人类可以根据自己表达思想的需要自由地使用这些词语和语法规则，这就是语言交际的奥秘。

三、语言的存在形式

语言是由词汇和语法构成的，这只是大略的说法，词汇可以分成语音和语义两个组成部分，因此，严格地说，语言是由语音、语义和语法三部分构成的。

语言存在于言语之中，是从言语之中概括出来的。打个比方，言语就像矿石，语言就是矿石中的金属，金属是通过一套程序从矿石中提炼出来的。同样的道理，语言的语音、语义和语法也是从言语中通过一套程序概括出来的。一种语言是从说这种语言的全体社会成员的言语作品中概括出来的，比如现代汉语，就存在于所有的汉民族成员说和写的言语作品之中，是从这些言语作品之中概括出来的。例如：

种瓜得瓜，种豆得豆。

这句话中共有八个组成成分，其中两个“种”、两个“瓜”、两个“得”、两个“豆”的语音和语义都相同，可以分别概括成一个词，因此，这个句子是由“种”、“瓜”、“得”、“豆”四个词构成的。

有的词有几个语音形式，我们仍然要把这几个语音形式概括成一个词。例如，现代汉语的“一”单念或在句末读阴平：

一、二、三　　第一　　统一　　划一　　九九归一

在阴平、阳平、上声之前读去声：

一棵　一家　一人　一盆　一把　一碗

在去声之前读阳平：

一个　一件　一度　一向　一辆　一幢

尽管“一”的语音形式有几个，但几个语音形式的差别都是在连读时造成的，它们所表示的意义是相同的，应该看作一个词。同样的道理，言语作品中那些语音形式有差别而意义相同的，都应该看作一个单位①。再以语法规则的概括为例：

门上贴着对联
街上停着汽车
门口堆着一堆石头
桌子上放着几个碗
抽屉里塞着一卷废纸
县里来了检查团
那边来了一个人
天上飞过一群大雁
楼上住着客人
…………

这些句子叫作存现句，是现代汉语的一种句子类型，存现句的数量是无限的，但都可以概括成如下的规则：

处所词＋动词＋着/了/过＋(数量词)＋名词

语言是从言语中概括出来的，言语是语言的存在形式，或者说语言以言语的形式存在。孩子学习语言，就是从爸爸、妈妈、爷爷、奶奶以及阿姨、小朋友所说的话中概括出词和语法规则，把所概括出来的词和语法规则储存在脑子里，成为语言知识。根据脑子里的语言知识，每个人既可以创造句子，也可以理解别人所创造的句子。婴儿生下来就处在某种语言的环境中，通过四五年的习得，就可以获得和成人相当的语言表达能力。人说话与不说话、什么时候说话、要表达什么思想是自由的，但用什么词语和规则来表达思想却是不自由的，人必须借助所掌握的词语和规则进行语言交际，不能生造词语，不能改变语法规则，否则就会妨碍语言交际。因此，个人的言语表达既是自由的，又是不自由的。

语言由语音、语义和语法三部分构成。语音的基本单位是音位，音位

① 同义词似乎也是意义相同而语音形式不同，但事实上没有两个意义绝对相同的同义词。

可以分为音质音位和超音质音位,超音质音位包括有区别意义作用的声调、重音和长音。此外,句子的语调也属于语言,各种语言的语调都是相同的,比如表示疑问的是升调,表示叙述的是平调,表示祈使的是降调。词汇中的语素、词以及固定词组是语言的,语法中的语法成分(虚词和构形语素)、语法规则、语法关系、句型等,都是语言的。句子是言语的,我们说话的时候至少要说一句话,一段一段的话以及篇章都是由句子构成的,因此,句子是言语的最小单位。

四、语言与言语的区别和联系

语言是从言语中概括出来的,是言语的组成部分,它有区别于言语的特点。了解语言与言语的区别,有助于深刻理解语言和言语。二者的区别主要有以下几点:

第一,语言是社会的,言语是个人的。语言是社会的产物,是全体社会成员共同创造的财富。每个人的言语尽管各有自己的特点,但其中必有大家共有的词语和语法,否则,个人的言语就不能被大家所理解。个人对语言的创新,要得到社会的认可,被社会接受,才能进入语言,否则只能看作个人的言语现象。例如,现代汉语的"投入"是个及物动词,但在1991年播出的电视连续剧《编辑部的故事》的主题歌中却被当作形容词来使用,其中的一句歌词是"投入地笑一次,忘了自己"。"投入"在这里用作状语,是作者自己的独特用法,是个人的言语现象,不是语言现象,但后来这种用法被广大说汉语的人所接受,而且"投入"的形容词用法被继续扩大,现在可以说"很投入"、"非常投入"、"投入得很","投入"的形容词用法已经很普遍了,应该看作语言现象。

言语是个人现象。言语动作或行为属于说话者个人,说话与不说话、何时何地说话、说什么话完全由个人决定。言语作品属于说话者个人,说话人拥有自己言语作品的著作权,比如《阿Q正传》的作者是鲁迅,不能是其他人。持同一种语言的人,其言语可以千差万别,每个人都有自己的发音特点,有时闻其声而未见其人便可知是谁在说话。此外,在选词、造句上也有个人的特点,形成个人的风格。因而,有些文学作品不看署名也能知道作者是谁。

语言是一种社会现象,离不开它赖以存在的社会,它随着社会的产生而产生,也随着社会的发展而发展,并随着社会的死亡而死亡,古今中外曾有许多部落、部族、民族、国家消失导致语言消失的现象。

第二，语言是有限的，言语是无限的。在同一个时代，语言的词语和语法规则的数量是有限的，特别是常用词语的数量更有限，现代汉语的常用词大约在5000个以内，英语的常用词大约是3000个[①]。因为语言的词语和语法规则有限，所以，可以编写出词典和语法书供人学习语言使用。言语作品的数量是无限的，不可以统计，所以，不能编出"句典"。

第三，语言是现成的，言语是临时创造的。语言的词语和语法是通过言语作品传承下来的，孩子出生后就要学习某种语言，用这种语言进行交际，不需要自己独创一种新的语言，而言语作品，比如一句句的话、一段段的话，则是根据交际的需要临时创造出来的。词语和语法是现成的，但句子是根据发话时的语境和表意的需要临时创造出来的，理解句子的意义也要借助当时的语境，可以说句子都是"一次性"产品，没有两个句子的意义完全相同。

语言与言语是性质不同的现象，但二者之间却没有明确的界限，言语作品中某些现象是语言的还是言语的，有时并不容易分清。比如，某个刚刚出现的词语、某个词新产生的意义、某个新的语法现象，在言语中使用多久、被多少人使用才能看作是语言的，没有也不可能有明确的规定。因此，语言与言语的界限是不清楚的，语言中有多少个词，有多少条语法规则也不可能有明确的规定。

尽管语言与言语各有自己的特点，但二者之间却有密切的联系。

一方面，语言以言语的形式存在，因而语言离不开言语，没有说话和说出的话就没有语言。词语、语法规则这些语言的构成要素总是存在于人们说出的话中，如果它们不在人们的言语作品中出现了，也就意味着它们从语言中消失了；相反，一些新的词语和语法规则如果经常在言语作品中出现，也就意味着得到了社会的公认，而成为语言的构成成分。因为语言存在于言语之中，语言学家研究语言就可以从言语入手，搜集足够的言语材料，从中概括出语言的成分和规律。

另一方面，言语也离不开语言，没有大家都认可的词语和语法规则，也就无法说话，这就像没有砖瓦泥石就不能盖房子一样；如果不遵守语言的

---

① 1972年中国文字改革委员会确定的常用词是4370个，1985年北京语言学院语言教学研究所确定的常用词是3817个，见石安石、詹人凤《语言学概论》（高等教育出版社，1988年）89页。郑林曦所编的《普通话三千常用词表》（文字改革出版社，1987年增订本）确定为3996个。英语的常用词是3000个，见胡明扬《语言学概论》（语文出版社，2000年）102页。

规范，比如生造词语、杜撰语法规则，说出的话也不会被大家理解，交际的目的就不能实现。语言存在于言语之中，言语是对语言的运用及所产生的成果，二者相互依赖，相互依存。

五、口语和书面语

在人类创造、发明文字之前，只能靠口耳面对面地进行语言交际，语言只有口语形式；文字产生之后，语言就有了口语和书面语两种形式。书面语克服了口语交际在时间和空间的限制，使人类异时、异地的语言交际成为可能，使人类创造的文化流传下来，加速了人类社会的进步。

书面语是在书面上使用的词汇和语法系统，口语是口头上使用的词汇和语法系统，书面语和口语是语言的两种表现形式。书面语是用文字记录下来的语言，但它既不是文字，也不是书面上的篇章。文字是书面语的物质形式，书面上的篇章是用文字记录下来的言语。值得注意的是，书面上使用的语言不一定都是书面语，口头上使用的语言也不一定都是口语，比如相声的脚本，宋代以后的白话小说、传奇故事都是写在书面上的，但却是口语作品，而讲演者的讲演辞是口头上的，但却可能是书面语作品。因此，判别口语和书面语不能只看语言的存在形式是口头还是书面，还要看其所使用的词语和语法。

书面语是在口语基础上产生的，书面语产生后语言就有了口语和书面语两种表现形式，书面语是用来看的，口语是用来听的。书面语是口语的加工形式，与口语大体上是一致的，但由于两者的使用场合和物质表现形式不同，因此有以下差别：

第一，使用口语时交际双方在同一现场，说话人可以运用语调的变化和面部表情、手势、体态等副语言手段来帮助表达，同时，在口语的交际中，说话人要随时注意听话人的反应，根据听话人的反应调整自己的话语，说和听是连在一起的，没有充裕的时间从容不迫地组织句子。因此，口语中的词语要通俗、平易，句子要简短，结构要简单，可以有重复、颠倒、补说、啰嗦，甚至一些没有信息的口头语。比如，像“扯闲白儿、发毛、黑咕咙咚、糊弄”等口语中的词，像“你走了，该”等倒装句只能出现在口语中，不能出现在书面语中。使用书面语的时候交际双方不在同一现场，发话人不能运用语调、副语言手段帮助表达思想，但发话人有充足的时间组织、安排句子的词语和结构，并且力图使语言表达更有文采和感染力，因此，书面语中有一些只在书面上使用的词语和文言词语，句子看起来文绉绉的。此外，书面语的句子比较长，结构比较复杂，篇章结构也比较严整。

第二，口语的物质形式是语音，而书面语的物质形式是文字，因此，口语一发即逝，不能保存，变化比较快，具有流动性，而书面语可以持久地保存、流传，变化比较慢，具有保守性。由于口语的流动性和书面语的保守性之间的矛盾，时间一久，特别是在文化不发达的情况下，口语和书面语之间的分歧就会逐渐扩大，出现言文脱节的局面。例如，在中国的先秦时代，书面语，即先秦的文言文，是对口语的加工整理，与口语还比较接近。自西汉以后，文言文同实际口语的差别越来越大，到了唐宋时期，书面语最终脱离了口语，而民间则产生了与当时口语接近的白话文书面语，这种新兴的白话文，经过“五四”运动，特别是 1949 年中华人民共和国建立后，才彻底取代了文言文，实现了言文一致。在欧洲，5～15 世纪这 1000 年间，流行的书面拉丁语与民间拉丁语也有很大的差别，书面拉丁语逐渐不被一般人理解，于是出现了各种新兴的书面语，如法兰西书面语、西班牙书面语、意大利书面语、葡萄牙书面语、罗马尼亚书面语等。

口语和书面语是语言的两种存在形式，它们不仅大体上重合，而且互相影响。书面语是在口语基础上产生的，也不断地从口语中吸取一些新词。另一方面，书面语也影响口语，书面语的词语也可以进入口语。

第二节　语言是人类最重要的交际工具

一、语言的交际功能

只要有人群的地方，就有语言，即使在最原始的社会里，人们也用语言进行交际，语言是区别人与动物的几种为数有限的能力之一。交际就是交流思想、表达感情的活动，交际要借助某种媒介进行。语言交际就是借助语言这个媒介进行的交际活动，它使得人们的思想得以交流、感情得以沟通。

语言交际必须有说话人和听话人参加，一方说，另一方听，一个人自言自语是以自己为听话人。此外，在一般情况下，交际双方使用的是同一种语言，否则，谁也听不懂对方的话，交际就不可能进行。语言交际看似简单，说话人一张嘴发音，听话人就知道了他的意思，但细细分析起来语言交际是一个非常复杂的过程，这个过程可以分解为以下五个步骤来说明。

第一步，说话人由于内在或外在的刺激产生了思想，并有把这个思想

传递给听话人的动机，之后寻找相应的语言形式，即词语和语法规则，把思想组织起来。第二步，语言中枢通过神经调动发音器官发出表示思想的声音。第三步，说话人发出的负载着思想的声波在空气中运动并到达听话人的耳朵。第四步，声波振动听话人的耳膜，刺激听觉神经，神经把传来的信息送到大脑。第五步，听话人的语言中枢对收到的信息进行加工，还原为与说话人相同的思想。借用信息论的术语，这五个步骤分别叫作“编码”、“发送”、“传递”、“接收”、“解码”。编码和解码是在大脑中进行的，是心理活动；发送是发音器官各部分的协调工作，是生理活动；传送是声波的运动，是物理活动；接受主要是耳朵在工作，也涉及听觉神经，主要是生理活动，也有心理活动。这个交际过程如下图[①]所示：

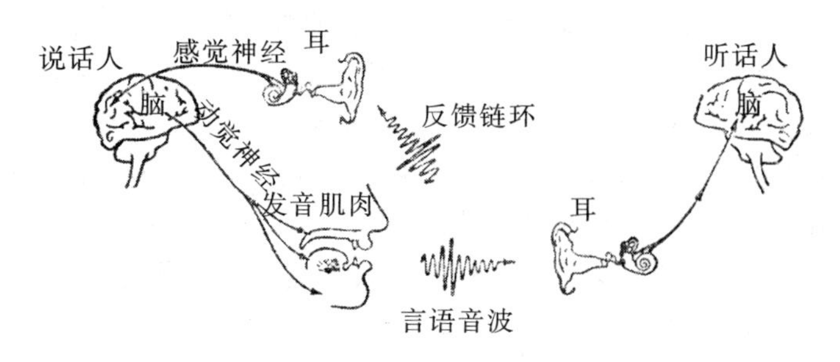

图 1—1　语言交际过程示意图

图中的“反馈”指的是说话人监听自己发出的声音，不断地把自己发出的声音与他想要发出的声音进行对比，并随时做必要的调整，使说出的话符合自己的交际意图。交际要借助某种特定的媒介，从上图可以看出，语言交际借助的媒介是说话人和听话人共同拥有的语言。语言使交际双方思想、感情的交流沟通成为可能，语言的基本功能就是充当人类的交际工具。

说话人在语言交际中都有特定的意图，希望达到某个目的。可能是询问某件事或某个情况，请求对方回答，体现这种交际意图的句子是疑问句；可能是请求或命令对方做或不做某件事，体现这种交际意图的句子是祈使句；可能是对某个人、物或情况发出感慨，体现这种交际意图的句子是感叹句；可能是叙述、介绍、评价某人、某物、某事，体现这种交际意图的是叙述句。表示同一种语气的句子可以体现不同的交际意图，比如叙述句除了叙

① 此图见曹剑芬等译，〔美〕P·B 邓斯等著《言语链》7 页，中国社会科学出版社，1983 年。

述之外，还可以让人做某件事，像老师上课前对学生说“教室里太乱了”，是让学生们停止说话、安静下来。再如某工厂规定职工迟到三次就要被辞退，老板对某个员工说“你已经迟到两次了”，老板的这句话除了叙述的功能之外还有警告的意图。

语言是人类的交际工具，句子的组织安排要服从于发话人的交际目的，这可以从大量的语言事实中看出来。绝大多数的语言都是主语在前而谓语在后，主语传递已知信息，谓语传递未知信息，主语先于谓语的语序安排便于受话人理解句子的内容。同样的道理，汉语普通话的双宾句中，对象宾语在前而受事宾语在后的安排也是为了让受话人容易理解句子的内容，试比较“给你一本书”与“给一本书你”，后者不符合汉语普通话语法的原因是违反了汉语信息安排的规律。定冠词和不定冠词在很多语言中都存在，前者引导传递已知信息的名词，后者引导传递未知信息的名词，这两种冠词体现了发话人为受话人着想的交际意图。由于主语部分传递已知信息，谓语部分传递未知信息，句子的语义重心在谓语部分，因此，句子的自然重音在谓语部分以突出重要的信息。当然，如果说话人想突出哪个词，就可以把哪个词重读，这样的重音是强调重音或逻辑重音，这两种句重音都体现了说话人突出某个内容的意图。

语言交际除了交流思想之外还可以表达感情。表达感情有两种方式，一种是用叹词或惯用语造单纯表达感情的感叹句，如：“天哪！”、“啊！”、“呸！”、“真是活见鬼！”另一种是用叙述句在表达思想的同时表达感情。例如，“那儿民风淳朴，风景优美，真让人流连忘返”表达的是赞美、热爱、留恋的感情，而“你这无耻的叛徒”则表达了憎恨、厌恶的感情。

交际双方想要达到某种交际目的，无论交流思想，还是表达感情，都必须借助共同的语言。说话人要按照语言的规则表达自己的意图，听话人也要按照同样的规则领会对方的意图，语言是交际双方共同的媒介。

在语言交际中，人们一方面力图准确、生动地表达自己的思想，比如采用复杂的词语和语法格式以及重复、强调、补说等手段，同时还可以利用面部表情、手势、身势等辅助语言；另一方面，人们生理和心理上的惰性又要求语言交际尽可能减少力量的消耗，尽可能省力，比如采用简单的语音、词语和语法格式，采用人们熟悉的语言表达形式，采用省略、替代等手段。这两方面的要求常常是矛盾的，其结果是两种力量互相竞争，或一方战胜一方，或双方妥协，使得语言处在动态的平衡之中。

人类社会要靠语言交际来维系，没有语言交际，一切社会生产、社会活

动都无法进行，社会就会消亡。与此相应，语言不被使用就会消失。比如，拉丁语曾经是罗马帝国的国语，罗马帝国解体后拉丁语成为教会的官方语言，也是西欧各民族之间的交际语言。文艺复兴后，各民族语言取代了拉丁语，拉丁语从此从人们的日常语言交际中消失，现在只保存在宗教和某些专业领域。再如，我国南北朝时期的鲜卑族使用鲜卑语，鲜卑族入主中原后逐渐改用汉语，放弃了鲜卑语，鲜卑语因此消失。语言的生命在于交际，不被使用就会"死亡"。

二、语言是最重要的交际工具

人类的交际工具有很多种，除了语言之外，人类还利用体态语、文字、电报代码、旗语、红绿灯、公式、五线谱和简谱以及各种徽记等传递信息、表达感情。这些交际工具在人类社会的生产、生活及其他活动中起着重要的作用，现代文明社会也离不开它们。

体态语是人类在语言交际时伴随的面部表情、身体姿势、肢体动作和身体位置的变化。[①] 体态语主要用来表达感情，也可传递一定的理性意义，比如中国人瞪眼可以表示命令、强迫听话人做某事或停止正在进行的行为、活动，也可以表示愤怒、惊讶、着急等情感。[②] 体态语具有民族性，不同民族的体态语往往有所不同。比如中国人翘起大拇指表示最好，竖起小拇指表示最差；但日本人竖起大拇指表示"老爷子"，竖起小拇指表示"情人"。在英国，竖起大拇指表示要搭乘别人的车；双手举起、掌心向外表示请听众安静。而在希腊，双手举起、掌心向外是一种侮辱性的行为。大多数民族用点头表示肯定，摇头表示否定，但匈牙利人用摇头表示肯定；斯里兰卡人摇头既可以表示肯定，也可以表示否定，微微摇头表示肯定，使劲摇头表示否定。[③]

文字是记录语言的书写符号系统，它使语言由听觉感知的口头形式转化为由视觉感知的书面形式，弥补了语言交际在时间和空间两方面的不足，使异时异地的人们的交际成为可能。汉语各个方言的分歧很大，同一个词在不同的方言中的读音可能不同，但写出来却是相同的，所以汉字在汉语各方言区之间的交际中起着重要的作用。

---

① 见周国光等《体态语》第1页，中央民族大学出版社，1997年。

② 见周国光等《体态语》第63页，中央民族大学出版社，1997年。

③ 见周国光等《体态语》第7页，中央民族大学出版社，1997年。

手语是聋哑人之间的交际工具，包括手指语和手势语。手指语是用手指的指式变化和动作代表字母，汉语手指语用来表示汉语拼音的手型有30个指式，表示26个单独字母和4个复合字母。汉语的手指语通常用在辅助学习文字的发音，弥补聋哑人在学习汉语时手语表现的局限性。由于手指语缺乏形象性，难以理解，所以聋哑人交往中极少使用。聋哑人之间交际中常用的是手势语，这种交际工具是用生动形象的手势动作和丰富的表情动作等合成的，比如双手掌心向上，在胸前上下扇动，脸露笑容，这表示快乐、高兴。一手虚握贴于胸部，并转动几下，脸露愁容，这表示难过。一手食指在太阳穴部转动，并向外微伸，这表示想念。一手拍几下胸部，脸露害怕神态，这表示害怕。

海军的手旗旗语是一种海上的通信方式。手旗旗语要在白天、距离较近的情况下使用，夜间距离较远时，一般使用灯光通信。手旗是一种方形旗，面积较小，根部套有一根木棍。手旗通信需要使用两面旗子，信号兵两手各持一面旗子，站在舷边较高较突出的部位，通过旗子相对于身体的不同位置，表达着不同的字母和符号。例如，左手垂直举起、右手平行伸出表示“P”；右手垂直举起、左手平行伸出表示“J”；两手平行伸出表示“R”；两手垂直举起表示隔音。几个拼音字母组成一个字，若干个字表达一个意义。

莫尔斯电码，是由“点”和“划”构成的系统，通过“点”和“画”间隔的不同排列顺序来表达不同的英文字母、数字和标点符号（见附录1）。例如，英文A,B,C,D四个字母的电报代码：

A・—　　B—・・・　　C—・—・　　D—・・

语言之外的其他交际工具都是语言的辅助性手段，其重要性远远不如语言。

体态语辅助有声语言交际，它主要用来表达感情，调节交际过程，传递的理性信息却是有限的。体态语是有声语言的伴随性交际手段，只有进行语言交际时才会出现，而且在正式的交际场合，比如在外交谈判、重要会议、法庭等场合不宜使用过多的体态语。

文字是语言之外很重要的交际工具，它的使用领域也很广，在社会生活、生产中发挥着重大的作用。有了文字，就可以把人类的经验、知识、思想等记录下来，使后人在此基础上前进，不必再重复前人的生产、研究、探索的过程。因此，文字的出现大大加速了人类社会的发展，是人类进入文明社会的标志。但文字是记录语言的交际工具，语言是第一性的，文字是第二性的，文字从属于语言。文字的历史只有6000年左右，而语言的历史

至少有五万年[①]，至今还有很多民族没有文字。文字是建立在语言基础之上的辅助性交际工具，而且只有识字的人才能使用文字，文字的使用范围受到文化程度的限制。

电报代码、聋哑人的手指语、海军的手旗旗语、某些学科使用的符号等都是语言的代用品，它们所表达的意义都是用语言约定好的，有些符号系统，如电报代码，与语言中的语素或词之间存在着一一对应的关系。这些辅助性的交际工具也都是建立在语言基础上的，离开语言，它们就不能独立存在。

此外，这些交际工具只在特定的领域内使用，服务的范围比语言窄得多，而且也必须借助一些物质条件，远远不如语言方便。总之，语言是人类最重要的交际工具。

三、语言是全民的交际工具

作为一种交际工具，语言是全体社会成员共同创造和发展起来的，是全体社会成员集体的财富，它一视同仁地为社会的每一个成员服务。语言是全民的交际工具，不是某个社会集团的专利。在一个语言社会内部，不论是社会显贵，还是平民百姓；不论是满腹经纶的文人，还是目不识丁的文盲：大家使用的都是同一种语言。触犯了国家或地方的法律，人身自由、政治权利，甚至生命都可能被剥夺，但使用语言的权利不能剥夺。人们在语言交际中都要使用社会公认的词语和规则，不能生造词语，不能随意改变语法规则，否则说出的话将不被人理解。

社会成员可以根据阶级或阶层、职业、性别、年龄、文化程度等社会特征分为不同的社会集团，不同的社会集团在语言表达上可以有自己的特点，这些特点主要表现在词汇上，其次是在语音上，语法上的表现很少。例如，在中国的封建社会，贵族士大夫使用的某些词语一般平民百姓不使用；十六七世纪的法国贵族曾流行过"沙龙语言"；沙皇俄国贵族曾流行过夹杂法语的俄语。不同的职业圈内都有一些圈外人所不懂的行话；知识分子说的话总是文绉绉的；男性女性在发音、用词上也存在某些差别等等。有时候，不同的社会集团或可能对某些词语有不同的理解，或赋予它们一些特殊的色彩。但是，不同的社会集团在语言表达上的差别没有形成独立的词汇和语法系统，人们在交际时仍然遵守全社会共同的语言习惯。因此，各

① 见王士元、柯津云《语言的起源及建模仿真初探》，载2001年第3期《中国语文》。

个社会集团在言语交际中表现出来的差别，并不影响语言的全民性。

在社会的某个历史阶段，某些阶级或集团之间存在着尖锐的矛盾，矛盾的极点就是战争状态。即使在这样的条件下，对立的阶级或集团之间也需要有共同的语言作为双方的交际工具，因为对立的双方在政治、经济等方面存在着千丝万缕的联系，也需要进行语言交际，比如 1945 年中国国民党与中国共产党在重庆谈判中使用的都是汉语。

四、语言是人类特有的交际工具

语言是一种社会现象，它随着人类社会的产生而产生，也随着人类社会的发展而发展。即使是最原始的氏族或部落，也具有经过长期发展的语言。语言是人类区别于其他动物的重要标志之一，是人类社会特有的现象。其他的动物，即使是灵长目动物，也没有语言。但任何一种动物，为了生存、繁衍的需要，也需要交流一定的信息。动物靠耳、口、鼻、目和肢体等感觉器官传递求偶、觅食、报警、搏斗等信息。

有些动物用气味传递信息，比如苍蝇发现食物后能分泌出一种叫作苍蝇素的物质，同类的苍蝇闻到这种气味就可以找到食物。母萤火虫在黄昏用光发出信息，告诉公萤火虫："我在这里，我寻找异性。"绝大多数动物用声音传递信息，因为声音可以传播得很远，可以越过障碍物，而且接受的一方可以很快地做出反应。狼在狩猎时发出三种不同的信号，低沉的、长长的呼啸表示集合，高调的呼啸表示必须毫不迟疑地按照刚发现的足迹追击，断续的吠声伴随着嗥叫表示已经发现猎物。有一种长尾猴用不同的声音来报告不同敌人的来临，遇见豹子会发出狗吠似的"汪汪"声，看见秃鹰就发出一声低沉的喉音，见到逼近的毒蛇则发出急促的"嘶嘶"声。此外，碰到同类或在同一个栖息地里的其他动物时，则发出一种跟遭遇天敌不同的叫声。众所周知，意大利的一种蜜蜂用舞蹈传递蜜源地的位置、距离甚至蜜的质量等信息。圆形的舞蹈表示蜜源与蜂巢的距离是 20 英尺，8 字形的舞蹈表示蜜源与蜂巢的距离是 20—60 英尺，摆尾做两个半圆形的舞蹈表示蜜源与蜂巢的距离超过 60 英尺。此外，8 字形和半圆形的舞蹈还可以指示蜜源的方向，舞蹈的次数和活跃的程度还可以表示花蜜的质量。①

人类的语言与动物的交际方式有很多区别，这些区别可以概括为以下几点：

---

① 见叶蜚声、徐通锵《语言学纲要》40 页，2002 年，北京大学出版社。

1. 表义的无限性

人类语言的表达既不受任何内容的限制，也不受交际环境的限制。现实中的万事万物，想象中的神妖鬼怪；上下五千年，纵横千万里；深刻的哲理，细腻的感情，人类的语言无不可以表达。动物的交际方式传递的信息则是非常有限的，只局限于觅食、求偶、报警、搏斗以及求助等有限的内容，固定不变。而且动物总是在受到环境的刺激时才会传递某种信息，动物的交际是针对当下某个刺激做出的反应，与人类的语言交际有本质的区别。

2. 结构的两层性

人类的语言是一个复杂的符号系统，可以分成只有区别意义功能的音位层和可以表示意义的符号层。符号层又可以分为语素和词两级，词由语素构成。词和词组合构成词组或句子。用有限的单位进行无限的组合，就可以表达无限的思想，而动物的交际方式是浑沌一片，一种表达方式整体表示一个意思，不可以从中划分出界限清楚的单位，更谈不上由低一级的单位组合成高一级的单位。

3. 习得的传授性

人类的语言能力虽然是先天具备的，但是后天学习什么语言却必须要经过成人的传授，必须在语言环境中学习，否则就掌握不了一种语言。同一个孩子，生在什么语言社会就掌握什么语言。而动物的交际方式是先天具备的，是一种本能，不需要专门学习，发育到一定时候就自然会用某种方式交际。

半个多世纪以来，人们训练了十多只黑猩猩和大猩猩，试图让这些与人类最接近的灵长目动物掌握人类的语言。开始的时候试图让黑猩猩掌握有声语言，但没有成功，黑猩猩的喉头结构和人类的喉头结构差别很大，不可能发出一个界限清晰的声音，于是就采用其他的方法训练。有人教给一头名叫“沃秀”的黑猩猩美国聋哑人的手势语。经过九年的训练，沃秀可以使用250个词，而且能够创造新的用法，比如第一次看见鸭子就称之为“水鸟”，第一次看到橘子就称之为“橘子色的苹果”。有人用不同形状、不同颜色的塑料板代表不同的词教黑猩猩掌握，比如用红色的小方块塑料板代表“香蕉”，蓝色的小方块塑料板代表“杏”，其他颜色、形状的塑料板代表动词“拿”、“洗”等。训练的结果是，黑猩猩不仅可以知道这些塑料板代表什么词，而且可以把这些塑料板排成一些有意义的“句子”。还有人用计算机键盘上不同的键代表不同的词训练黑猩猩，训练后的黑猩猩可以用这种方式“造句”,也可以用这种方式与其他黑猩猩“交流”。

动物能否掌握语言是语言学、心理学、人类学、动物学都关注的问题,对研究语言的社会功能、语言的起源、语言的生理和心理机制都有意义。训练动物掌握语言的实验还在进行,但到目前为止,大多数科学家都认为动物不能掌握人类复杂的语言。黑猩猩学会了手势语、键盘语言等,只能说明这种动物具有一些创造性的思维活动,这与人类掌握语言是不同的,人类学习语言是在自然的环境中进行的,不需要专门的训练,最重要的是黑猩猩掌握这些语言是对人的训练做出的反应,其实它们并不理解所学的“词语”的含义。

语言是在从猿到人漫长进化过程的最后阶段产生的,准确的产生时间还不能确定,有人根据基因学的研究猜测语言大约产生在5万年前①,有人根据古人口学、分子遗传学以及考古学的研究猜测大约产生在6～8万年前。支持上述猜测的证据有以下几个:第一,在4～6万年前,人口规模发生了第一次爆炸性增长。第二,发现了大量约4万年前的岩石画,这些画的艺术相当成熟。此外,还发现了大量约3.5万年前人佩带的装饰品,这些装饰品的内容和技术很复杂。第三,大约4～5万年前,出现了前所未有的工具的多样化与专门化的加速发展的时期。第四,大约五六万年前,人类穿越海洋,从亚洲移民到了澳大利亚②。这些发现使人们推测,在5～8万年前,古人已经发明了语言,语言帮助他们进行复杂的、系统的逻辑思维,语言使人们组织起来,互相沟通,传递信息,积累知识,一起完成复杂的社会活动。

语言是音义结合的符号构成的系统,意义是对现实现象进行抽象概括形成的,要形成意义必须具有高度抽象的思维能力。现代语言中的词可以有数万个,常用词可以有几千个,最原始语言中的词也得有几百个③,否则不足以进行基本的信息交流,熟练地使用这些词需要有记忆能力。语言中的音位有几十个,这些音位组合而成的音节有上千个,要发出这些界限清晰的声音,必须具有灵活的发音能力。造句是把词组合起来,句子结构有层次,句法结构可以循环使用,造句也需要高度发达的抽象思维能力。灵活的发音能力有赖于精密的发音器官,高度抽象的思维能力和强大的记忆能力有赖于高度发达的大脑。发明语言还要有交流信息的迫切需要,这样

---

① 见王士元、柯津云《语言的起源及建模仿真初探》,载2001年第3期《中国语文》。

②③ 见李讷《人类进化中的“缺失环节”和语言的起源》,载2004年第4期《中国社会科学》。

的需要，只有在人口众多、组织复杂的社会中才会有。这是发明语言需要具备的三个必要条件，根据考古学、动物学、神经科学和语言学的研究，5～8 万年前的原始人类已经具备这几个条件。

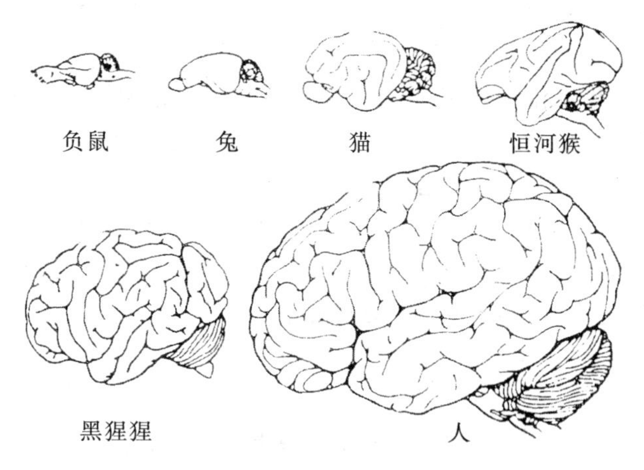

图 1—2　人和几种动物大脑的对比图

在原始人类所生存的非洲大草原上，还生活着很多凶猛的食肉动物，为了生存，战胜野兽的攻击，这些原始人类必须结成更大的、更有组织的、具有更先进的交际手段的社会。在这样的社会中，人类需要交流信息，协调大家的行动，一起战胜凶猛的天敌。因此，语言是作为一种交际手段，为了人类生存的需要而产生的。原始人类是通过两足直立行走进化出来的，直立行走使嘴的负担减轻，原来由嘴担负的移东西、拿东西、打架等动作都可以用手来做，嘴就可以只负责饮食和发音，原来负担那么重的嘴不太可能发出很多的声音。直立行走改造了人类的发音器官。原始人类最初的口腔和喉管基本上呈直线型，喉头直接在口腔中，舌头难以灵活地改变形状进而改变发音通道的形状，空气受到的阻碍很少，不能发出界限清晰的声音。直立行走以后，喉头和口腔的夹角变小，基本呈直角，口腔缩短，舌头可以自由地变化形状，空气在口腔可以受到多种多样的阻碍，这样才能发出界限清晰的声音。同时，喉头受地心的吸引力逐渐下移，软腭和喉头之间的距离拉长，在声门和软腭之间形成咽腔，口腔和咽腔配合就可以发出很多不同的声音。更重要的是，在距今 5 万年前，原始人类的脑容量已经达到 1400 毫升[①],与现代人类很接近。尽管不能用脑容量作为智力发展的惟一标准,但把不同的动物进行对比,脑容量的大小与智力还是很有关系的,如图 1—2[②] 所示。人的脑容量比其他动物大得多,而且大脑皮层的面积也比其他动物大得多。只有具备高度发达大脑的原始人类才可能进行高度复杂的思维活动,才可能用声音代替所指的事物。

其他的动物都没有形成像人类这样组织复杂的社会,没有复杂的信息交流的需要。其他的动物也没有像人类这样精密的发音器官和发达的大脑,因而不可能产生语言。比如猿类动物的喉头直接突入口腔,口腔和喉部在一条直线上,这样的发音器官不可能发出界限清晰的声音。猿类动物的大脑重量远远低于现代人,而且大脑皮层的沟回和大脑的结构也比人简单得多,这样的大脑不能进行复杂的思维活动。

第三节　语言的其他派生功能

一、语言是思维的工具

语言和思维都是大脑的机能,大脑是语言和思维的生理基础。

大脑由左右两个大致对称的半球构成,重 1500 克左右。大脑的表面有一层起伏不平的灰色层,叫大脑皮层。大脑皮层主要由 140 亿个神经细胞(也叫“神经元”)胞体密集而成,面积约 2200 平方厘米。大脑皮层的面积远远超过颅骨所能容纳的面积,于是就在颅内皱折、卷绕起来,好像把一大块海绵拥塞在一个头盔里,其三分之二是沟、裂,三分之一是露在表面的、沟裂之间的脑回。大脑皮层是脑的最重要的部分,是心理活动的最重要的器官。大脑皮层不同的区域有不同的机能,形成了不同的中枢,其中运动性语言中枢、听觉性语言中枢、视觉性语言中枢、书写中枢与语言文字有关。图 1—3[③] 是大脑皮层外侧面的重要中枢:

---

① 见胡明扬《语言和语言学》17 页,2004 年,语文出版社。

② 此图见王士元、彭刚《语言、语音与技术》,105 页,上海教育出版社,2006 年。

③ 此图见华东师范大学心理学系公共必修心理学教研室编《心理学》(修订本)37 页,华东师范大学出版社,1984 年。

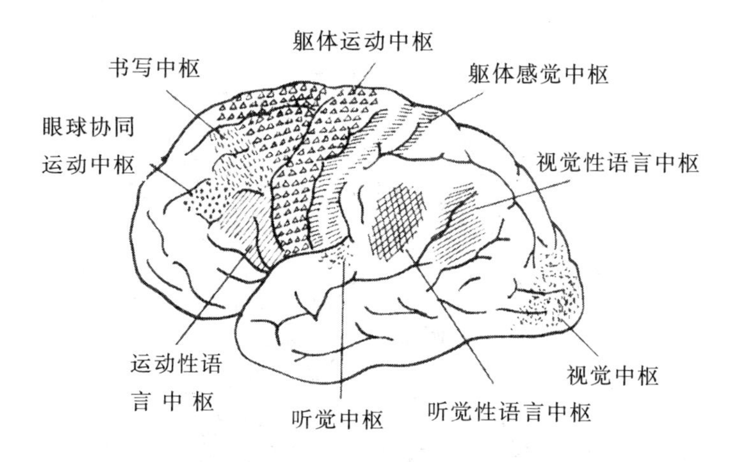

图 1—3　大脑外侧皮层重要中枢图

运动性语言中枢受到损伤时，病人说话会出现不同程度的障碍，甚至丧失语言能力。听觉性语言中枢受到损伤时，病人虽能讲话但言语混乱，常常答非所问，或能听到别人的话但不能理解话语的意义。视觉性语言中枢受到损伤时，能看却不能理解过去已经认识的文字符号，阅读发生障碍。书写中枢受到损伤时，听说能力都不受影响，但书写、绘画等精细运动发生障碍，甚至丧失书写、绘画能力。

大脑左右两个半球负责不同的身体器官，左半球掌管右半身的器官，右半球掌管左半身的器官。大脑左右两半球功能的不同，叫作“单侧化”。左右两个半球通过底部的神经纤维组织胼胝体相联系，两个半球各自获得的外界信息，均可立即通过胼胝体内的神经互相传送到另一半球。绝大多数人的运动性语言中枢、听觉性语言中枢、视觉性语言中枢集中在大脑左半球，左半球以语言、理解、逻辑思维、计算等机能占优势，右半球以形象感知、形象记忆、时间和空间感知、音乐、想象、情绪、情感等机能占优势。下面是大脑左右两半球的机能分工示意图[①]。

① 此图见石安石、詹人凤编《语言学概论》24 页，高等教育出版社，1988 年。

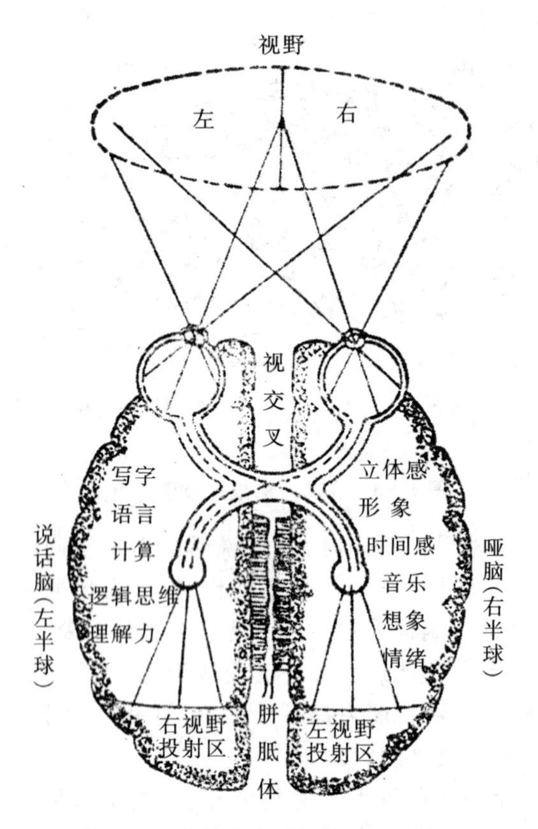

图 1—4　大脑两半球机能分工示意图

上文所述的语言中枢开始在两半球都有基础，以后在一侧半球逐渐发展起来，这样就形成了语言的优势半球。优势半球主要是在后天生活实践中逐渐形成的，绝大多数人的语言中枢都位于左半球，左半球掌管语言的表达和理解。语言的单侧化与利手有关，绝大多数人都是右利手，所以语言中枢一般都在左半球，左半球是语言的优势半球。大脑两半球的分工是人类特有的，与人类有近亲关系的猴子和猩猩都没有这种分工。

思维不同于本能，本能是人和动物在世代的发展中遗传下来的，不需要学习。例如狗吃食物时就会分泌唾液；把奶头放到婴儿的嘴里，婴儿就会吮吸；用针刺人的手，手就会缩回；用强光照射人的眼睛，眼睛就会眨。

思维也不同于条件反射，条件反射是后天形成的，其他动物经过强化训练也可以形成条件反射。例如，铃声一响老师就对儿童说“进教室”，以后只要铃声一响，即使老师什么也不说，儿童也会走进教室。

思维是大脑对现实间接的、概括的反映过程，它所反映的是现实事物的本质特征及其之间的内在联系。以对三角形的认识来说，思维能把三角形的具体形状、大小等非本质特征舍去，而把具有三条边和三个角这个本质特征概括出来。

思维包括动作思维、形象思维和逻辑思维，这里的思维指的是逻辑思维。逻辑思维是以概念、判断、推理的形式来反映现实事物的运动规律，以达到对事物的本质特征及其内在联系进行认识的过程。思维都要借助某种媒介进行，动作思维借助实际的动作，形象思维借助直观的形象和表象，而逻辑思维则要借助语言。

形成概念、进行判断和推理，主要借助物质的可感知的词和句子。词语把概念固定下来，句子把判断固定下来，只有利用词语才能对概念进行反复的思考、深刻的理解、形成新的概念；对现实现象之间联系的认识都体现在一次次的思维过程中，这样的过程也只有在句子甚至句群中才能展开和完成，因为只有在句子中概念和概念才能相互比较、联系，形成判断和推理。例如，要获得“书”的概念，就要把各种不同的书进行比较，舍弃新旧、大小厚薄、有图无图、中文外文、线装平装等非本质特征，从各种书中概括出“装订成册的著作”这个本质特征作为概念。在这个比较、概括的过程中，不借助“书”这个词是不行的。而那些完全脱离具体形象的抽象概念如“法制、民主、市场经济、联系、精神、物质”等，更是非借助词语不能形成。再如，如果了解北京、天津、济南、徐州、南京、上海几个城市的地理位置，夜间在京沪铁路乘坐开往上海的火车到达了济南，就可以做出“天津已经过去”、“下一个大城市是徐州”这样的判断，做这样的判断要借助一些词和句子。

人在进行智力活动的时候，不管出声与否，都存在着言语动觉，对正常人和聋哑人的实验都可证明这一点。人在沉思默想的时候，也在运用自己的发音器官“说话”，不过是不出声罢了。出声说的话叫“外部言语”，不出声说出的话叫“内部言语”。

不仅思维的过程需要语言参加，而且思维的结果也需要借助语言来巩固。概念、判断、推理形成之后，必须用词语和句子把它记录下来，所以，语言起着固定思维成果的作用。

除了抽象思维之外，还有依赖实际动作的动作思维，借助表象的形象思维。这两种思维可以不借助语言，而进行抽象思维的时候却可以有动作思维、形象思维的参与，因而，语言不是思维的惟一工具，而是思维的重要工具。

不同民族都有自己独特的语言,语言是民族的重要特征之一。不同语言之间的差别在语音、语法、词汇、语义各个方面都有表现,而在词汇方面的差别可能会使人认为是思维不同所造成的。客观现实对各个民族来说是相同的,而各个民族语言的词汇却可以对此作不同的划分。例如,同一条光谱,不同语言的词汇可以把它切成两段到十一段不等。英语用 cousin 一个词指称的人,汉语要用"堂兄、堂弟、堂姐、堂妹、表兄、表弟、表姐、表妹"八个词。汉语用词"哥哥、弟弟"指称的人,英语则要用短语 elder brother 和 younger brother 来指称。汉语只有一个"雪",而爱斯基摩语却有很多表示雪的词,如表示下着的、地上的、硬结的、半融化的雪等等。

尽管各民族的语言不同,但各民族的思维是相同的,都按照相同的规律形成概念、运用概念进行判断和推理。思维是大脑的一种机能,通过物种的遗传获得,而人类大脑的构造是一样的,因而思维也是相同的。思维是大脑的机能,语言是思维的工具、依托,工具的性质不能决定它所服务的思维过程的性质。语言的差别,不妨碍概念、判断、推理的形成,持不同语言的人都可以用各自的语言进行思维。比如,汉语用"三角形"这个词表达的概念,而英语用 trangle 来表达,俄语用 треугольник 来表达,这不妨碍说这三种语言的人形成三角形的概念。汉语用词来表达哥哥、弟弟、姐姐、妹妹的概念,而英语却用短语来表达,这也不妨碍中国人和英美人具有这四个相同的概念。汉语有系词"是",而俄语没有,但这两种语言却同样可表达"这是书"这个判断(俄语句子是:Это кника)。所以,不同的民族可以认识相同的现实世界,同一部著作、电影可以翻译成不同的语言,不同的民族也可以用同一种语言进行交际。

另一方面,语言对思维还是有影响的。人类的记忆可以分为短时记忆和长时记忆,短时记忆就像电脑中的"内存",是一个信息的操作平台,负责信息的加工整合。思维是把长时记忆中已有的知识储备调到短时记忆当中,再对这些信息进行加工、整合。如果提取到短时记忆中的信息表达方式不利于对该信息的操作,信息处理就会产生困难,从而影响思维。如果语言中的词汇比较丰富,对事物区分得比较细致,这些知识提取到短时记忆中时,就会有助于思维。反之,如果一些概念在大脑知识系统中没有分化,没有相应的符号表达,或符号表达的体系不利于处理,人们对相关事物的认识就会产生困难,在短时记忆中进行运算、操作时效率就会降低,甚至无法进行。例如,巴西亚马孙河流域的 Piraha 部落是一个几乎与世隔绝的

原始部落，部落居民的母语中，只有“1”、“2”以及“许多”这几个数词。在针对他们的实验中发现，他们可以轻松地计算低于3的数，而计算超过3以上的数时则表现得很吃力。

二、语言是社会生活的记录

语言的交流涉及人类生活的各个领域，语言又可以世代相传，因而语言中反映着社会生活的方方面面。所以，语言不仅是学习和了解古代、国外文化的工具，它本身就记载着一个民族的历史、文化，记载着不同民族之间的交往，它是古代文化的活化石。

从词源中可以探察古代文化的遗迹。用词语给事物命名，总是要符合当时当地的社会生活的实际情况，因而，我们可以通过考察词源去了解古代社会生活的风貌。例如，英语的pen(钢笔)是从拉丁语的penna来的，原义是羽毛，最初只用来指原始的鹅毛笔，后来又指金属笔尖的笔。从pen这个词的来源，我们可以知道古代欧洲人的笔是用鹅毛做的。再如，藏语的[gy^{55}]有“银子”和“钱”两个意义，前者是本义，后者是转义，这表明藏族在历史上曾用银子作为货币。一个民族某一历史时期的社会生活、生产、制度、风俗习惯、意识形态等方面的风貌，往往在当时语言的词汇中得到反映，因而，我们可以通过古代语言的词汇系统去了解古代的社会文化。

从造词的心理可以窥测古代的社会风貌。造词的根据之一就是人们对现实现象的看法，因而，我们可以从词的理据去了解过去的社会风貌。例如，云南福贡县的傈僳族把北方叫“水头”，把南方叫“水尾”，这是因为福贡县地处横断山脉北段，这个地区的怒江和澜沧江的走向是由北向南的。高黎贡山区的独龙族用[dzio]一个词指麻布、衣服、被子三种物品，这是因为几十年前，独龙族的生产力水平很底，生活贫穷，独龙人常常用一块麻布披在身上当衣服，夜里又用它当被子。英语中原有chairman(词义结构是“椅子上的男人”)一个词表示“主席”，女权运动出现以后，有些女权主义者要求把这个词改为没有性别歧视色彩的chairperson(词义结构是“椅子上的人”)，这个词的出现反映了妇女要求平等的心理。

从词语的对比中可以观察民族文化的差异。汉语表示亲属关系的亲属词很丰富，而英语却比汉语少得多。下面是英语的uncle和aunt两个词与汉语的对照：

uncle：伯伯、叔叔、舅舅、姑夫、姨夫

aunt：伯母、叔母、舅母、姑母、姨母

汉语对亲属关系的区分比英语细得多，这是中国古代的宗法制度在亲属词中的表现。再如，在汉语的“男女、夫妻、公婆、子女”这些词语中，表示男性的词总是在前，而表示女性的词总是在后。而在云南省丽江地区的纳西语中相当于汉语“夫妻、男女”的词语是表示女性的词在前，表示男性的词在后。在这种语言中，“母”与“大”是同义词，“男”与“小”是同义词，因此，“大树”直译成汉语是“树母”，而“小树”直译成汉语是“树男”。这些词反映了母系社会时期女性地位高的特点，记录了早期纳西社会的状况，而现在纳西族的家庭中以男性为主，妻子的地位很低。

从借词可以了解各个民族之间的文化交流。不同民族之间在贸易、文化、宗教等方面的交往接触往往在语言中留下印迹，我们正可以从借词了解不同民族之间的交流接触。例如，汉语中有梵语、中亚地区的语言、日语、西方语言的借词，这些词反映了不同时期中华民族与不同民族之间的交往。再如，汉语的“茶”在英语中叫 tea，在德语中叫 Tee，在法语中叫 the，都与福建厦门话的“茶”的读音相近；汉语的“茶”在俄语中叫 чай，在日语中叫ちゃ[cha]，与汉语北方话的发音相近。这说明，中国的茶是从两条路线传出去的，一条是从福建沿海运往西欧的，一条是从华北运往俄国、日本的。现代各种语言都有大量的借词，这些借词反映了各语言社会在不同时期与不同文化之间的交流。

三、语言是说话人身份的标志

语言一方面有地域方言的差别，另一方面有社会方言的差别（详见第五章第二节），即不同职业、年龄、性别、阶级或阶层、文化程度等的人在言语表达上的差别，因此，每个人的语言都带有不同的特点，从说话人的语言可以判断他的地域方言和其他一些社会特征。

在中国，地域方言分歧严重，不同方言区的人说普通话时常常带有本方言的一些口音，东北人、上海人、山东人、四川人、广东人、天津人、陕西人说出的普通话都有自己的一些特点，从他们说的话中可以判别他们所持的方言，进而判断他的籍贯，而小说、戏剧、影视等文艺作品往往借助方言塑造人物、增强作品的感染力。知识分子的话与工人、农民的话也有差别，知识分子的话往往文绉绉的，书面语词语多，而工人、农民、小商贩的话俚语

俗语多，不雅的词多，因而，不见其人也可判断出他的文化程度。此外，从事不同职业的人也可能把本职业的一些用语带入他的言谈话语。由于从言语可以判断说话人的一些信息，公安机关就可以凭借犯罪嫌疑人留下的书信、字条等推断犯罪嫌疑人的身份，为破案提供依据；而文学作品要塑造栩栩如生的人物，也必须使人物的语言符合说话人的身份。

第四节 语言是自然形成的符号系统

一、符号

符号是约定的代表事物或意义的标记。约定，指的是人为的规定或社会逐渐形成的习惯。例如，交通上的红灯表示“停止”，绿灯表示“通行”；军官肩章上的一道杠和两道杠分别表示“尉官”和“校官”；危险品包装箱上的骷髅图案表示“危险”，这些都是人为的规定。汉族人家里有丧事在门上贴白纸，有喜事在门上贴红纸；修理自行车的门口挂车胎，理发店门前安转灯，这些都是社会形成的习惯。

符号由内容和形式两部分构成。符号所代表的事物或意义是符号的内容，用来代表事物或意义的、用感官可感知的物质形式是符号的形式。比如红绿灯用视觉可感知的颜色作为形式，军号用听觉可感知的声音作为形式，交通警察用视觉可感知的手势作为形式，盲人的盲文用触觉可感知的凸点作为形式。

征候不是符号。例如，看见树叶动就知道有风，听见门外的脚步声就知道有人在走动，摸摸人的额头温度高就可判断人发烧，看看阴天就可推测下雨或下雪。树叶动、脚步声、温度高、阴天都是征候，都是事物本身的特征，它是事物的一部分，和事物之间的联系是天然的，不是人们约定的，因而都不是符号。

根据符号的形式和内容之间有无内在的联系，可以把符号分成象征性的和非象征性的两种。象征性符号的形式和内容之间有内在联系，形式是由内容来决定的，比如国旗、国徽都是象征性符号，它们的图案总与其所代表国家的特点之间有一定的内在联系。例如，中华人民共和国的国旗是五星红旗，红颜色象征革命，左上方的一颗大星代表中国共产党，围绕着大星的四颗小星象征中国共产党领导下的革命人民大团结，这样的图案与中华人民共和国的国体有关。此外，商品包装箱上的高脚杯和雨伞、公共场所不准吸烟的图案、公路拐弯处的交通标志S形等，也都是象征性的符号，从这些符号的图案可以推知它们所表达的意义。非象征性符号的形式与意义之间没有内在的联系，用什么形式表达什么内容是人们规定的。例如老师判作业时表示正确的钩儿，表示错误的叉儿，数学上分别表示加、减、乘、除的“+”、“-”、“×”、“÷”，军队的军号、口令，海军的旗语，做秘密工作的人的接头暗号等，都是非象征性符号。这些点、线、声音、手势及其组合体为什么能代表这些意义都没有什么必然的道理，完全决定于人们的主观规定。

二、语言符号

语言符号指的是语素和词，词组和句子是语言符号的序列①。语言符号的形式是声音，是通过听觉感知的物质形式；语言符号的内容是意义，是人的大脑对现实中事物概括的结果。例如，汉语的“山”这个符号，形式是shān这个声音，内容是“地面形成的高耸的部分”这个意义。英语的bed这个符号，形式是[bed]这个声音，内容是a piece of furniture for sleeping on（躺在上面睡觉用的家具）这个意义。语言符号的意义所反映的现实中的事物，就是语言符号的所指物。语言符号可以图示如下：

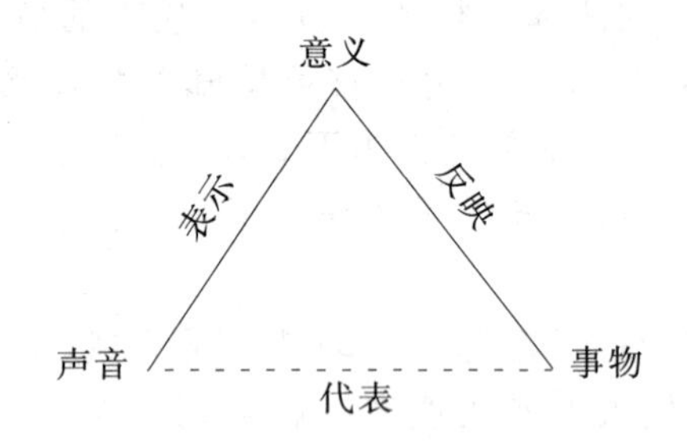

图1—5 语言符号示意图

声音表示意义，意义是对事物的反映，联系都是直接的。声音和事物之间是通过意义建立联系的，二者之间的联系是间接的，因此用虚线连接起来。有了语言符号，就可以用它代表现实中的任何事物，语言交际就可以不受交际情景的限制，所谈论的事物也就不必出现在语言交际的情景之中，从而大大提高了交际的效能。

---

① 严格地说，复合词也是语言符号的序列，语素、词、词组、句子的含义、功能将在第三、四章介绍。

除语言符号之外，其他符号都是为了某个交际目的而创制的人工符号①，只在一个领域中使用，比如五线谱和简谱只在音乐上使用，莫尔斯电码只在通信上使用，口令只在军队上查岗使用，信号弹只在军事行动上使用。语言符号是在人类漫长的演化进程中自然地形成和发展起来的，任何人都可以使用并且改变它，其使用范围远远超过任何一种人工符号。

人工符号和自然形成的语言符号之间有多种区别。第一，人工符号都是单义的，一个符号只表示一个意义，否则人们无法理解其意义。比如交通上的红灯只表示“停止”，绿灯只表示“前进”；数学上的“＋”、“－”、“×”、“÷”都只分别表示“加”、“减”、“乘”、“除”。语言符号除了某些专业术语外，常用的词多是多义的。第二，人工符号之间没有互相制约，互不影响。比如，红绿灯的红绿黄中的任何一种颜色发生了变化都不影响其他颜色的意义，数学上的任何一种运算符号发生了变化也不影响其他运算符号的意义。语言符号的意义是互相影响的，只有在与其他语言符号的关联中才能理解一个语言符号的意义。例如，“及格”在“及格”、“不及格”两级成绩中代表好成绩，而在“不及格”、“及格”、“良好”、“优秀”的四级成绩中代表很一般的成绩，“及格”的含义决定于它与其他词之间的关系。第三，人工符号不能发展变化，它的形式和内容都不能改变，否则人们不能理解其意义。语言符号是可以改变的，不仅声音可以变化，而且单义词可以变成多义词，实词可以变成虚词、词缀，甚至词组也可以变成词。第四，人工符号只表达理性意义，不能表达感情，而语言符号既可以表达理性意义，也可以表达感情②。

三、语言符号的特点

语言符号以人类发出的声音为形式，以从现实事物中概括出的意义为内容，而人类能够发出的声音是有限的，意义则是无限的，这个矛盾决定了语言符号的声音和意义之间不能有内在的联系，即具有任意性的特点。声音在空气中传递，因此语言符号只能按照先后的顺序出现，即具有线条性的特点。语言符号必须能够反复地使用，不能是一次性的，所以语言符号

---

① 文字是人工创制的符号系统，但由于是记录语言的，所以语言符号的音和义的变化就会造成文字的音和义的变化。每个人都可以使用文字，每个人都可以改造文字，此外，政府还可以对文字进行规划和管理。因此，文字无论归入天然的，还是人工的符号系统，都是特殊的。

② 这四点参见〔苏〕兹维金采夫著，伍铁平等译《普通语言学纲要》66页，商务印书馆，1981年。

之间的界限必须是清清楚楚的，即具有离散性的特点。任意性、线条性、离散性是语言符号的三个突出特点。

1. 任意性

语言符号的任意性指的是声音和意义之间没有内在的或必然的联系，用什么声音来表示什么意义是社会约定俗成的。人的形象与照片之间、国家的性质或特点与国旗和国徽之间都有内在的或必然的联系，内容要在形式上反映出来，形式要体现内容。语言符号的内容不决定形式，形式也不反映内容，二者之间的联系是由使用该语言的社会成员约定的。例如，在汉语普通话中，用 shū 这个声音来表示“装订成册的著作”这个意义，是由汉民族约定的，从 shū 这个声音看不出它为什么表示“装订成册的著作”这个意义，从“装订成册的著作”这个意义也看不出它为什么要用 shū 这个声音来表示。语言符号的语音形式和意义内容之间没有内在的或必然的联系，语言符号属于非象征性符号。

语言符号有任意性，声音和意义不一一对应，因而在同一种语言中就会出现语音与语义不对应的现象：一个声音对应多个意义，一个意义对应多个声音。前一种语音与语义不对应的现象就是同音词，即用一个声音表示几个不相关的意义的词，如汉语普通话的 qiān 可以代表“千”、“牵”、“签”、“铅”、“迁”等几个词，英语以[sait]为声音的词有 site(地点)和 sight(目光)，以[bai]为声音的词有 buy(买)和 by(在……旁边)。后一种语音与语义不对应的现象就是同义词(绝对同义词)，即意义相同而声音不同的词，如汉语普通话的“激光”和“镭射”、“靶子”和“靶”等等。语言符号的任意性也是世界语言多样性的原因之一，同是“装订成册的著作”这个意义，汉语用 shū[ʂu^{55}]表示，英语用 book[buːk]表示，俄语用 книга [kniga]表示，可见语言的声音和意义之间是不可论证的。

语言符号的声音与意义的结合是不可论证的，但这些具有任意性的语言符号的组合却是非任意的。例如，“脏”与“糖”不能组合成“脏糖”、“凉”与“脸”不能组合成“凉脸”、“香”与“饭”不能组合成“香饭”。复合词内部语素之间的组合是非任意的，是可以论证的，这是造词的理据。但是，复合词的声音与意义的结合仍然是任意的。例如，“电灯”中“电”与“灯”的结合是非任意的，但这不妨碍 diàndēng 这个声音与“利用电能发光的灯”这个意义的结合的任意性。

语言符号的声音与意义一旦结合起来构成一个语言符号之后，全体社会成员就要遵守这种约定，不能随意更改语言符号的音义关系，否则就会

妨碍交际。但是，这并不等于语言符号的任意性消失了，因为，语言符号声音与意义之间始终没有天然的或内在的联系。任意性与遵守约定是两回事，不能用后者来否定前者。

模拟自然界的某种声音而造的拟声词不具有任意性，这些语言符号的声音与所模拟的声音之间存在一定程度的联系。例如，汉语普通话的“哗啦”(huālā)、“轰隆”(hōnglōng)、“咕咚”(gūdōng)、“蝈蝈儿”(guō・guor)，英语中的 coo(鸽子的叫声)、tinkle(丁丁声)、cukoo(布谷鸟)等等。任何语言中这些象征性的语言符号的数量都是非常有限的，而且，这些拟声词本身也存在着一定程度的任意性。例如，同是模拟狗的叫声，汉语的声音是 wāngwāng(汪汪)，英语的声音是 bowwow；同是模拟公鸡的叫声，汉语的声音是 wōwō(喔喔)，英语是 cock-a-doodle-doo。总之，任意性是语言符号的重要性质。

2. 线条性

语言符号的线条性指的是语言符号只能按先后的次序出现，呈线型排列，而不能在空间里一起铺开。这就是说，我们说话的时候只能一个词一个词地说，一次不能同时说出两个词。这与图和表格很不同，图和表格上的字、符号、图案是同时向多个方向展开的，不受时间的限制，而人的发音器官在一个时间内只能做出发一个声音的动作，不能同时做两个发音动作，语言符号只能像一条线一样地相继出现。例如，“我们是中国人”这句话，只能按“我－们－是－中－国－人”这样的顺序说，说话速度再快的人也不能一下说出两个或更多的词。

句子中词与词在空间里的排列是线性的，而词与词的组合常常是非线性的，相邻的两个词之间的关系可能是很远的，因而，在由多个词组成的句子中，词与词的排列顺序不能反映词的组合顺序。语言符号的线条性只是表面现象，不能反映线性的语言符号序列内部的结构本质。语言研究，就是从线性的语言符号序列入手，探索其中的词之间、词的意义之间、词的声音之间，甚至其中的语言符号与大脑中的文化背景知识之间的联系。

3. 离散性

语言符号的离散性指的是语言符号之间的界限是清楚的。由于语言符号是离散的，可以把语言符号的链条一段一段地切分，直到分到最小的语言符号。例如，“我们是中国人”这段语言符号的链条，可以分成“我”、“们”、“是”、“中”、“国”、“人”这几个语言符号。语言符号具有离散性，就可以反复地使用，反复地与其他语言符号进行组合，用有限的语言符号表达无限的思想。动物的交际方式，比如黑猩猩的叫声、蜜蜂的舞蹈、蚂蚁发出的气味等，都是连续的，不能进行切分，只能是整体表达一个意义。

四、语言符号系统的特点

语言是个表达力极强的符号系统，可以用少量的单位按规则组合成数量无限的句子，表达无限的思想。语言符号系统之所以具有这样的效能，除了语言符号的任意性和离散性在起作用，还与语言符号系统的两层性和创造性两个特点有关。语言是自然形成的符号系统，它处在不断的变化之中，还具有动态性的特点。

1. 两层性

语言符号系统分两层，底层是一套音位，上层是音义结合体。音位本身没有任何意义，但可以组合成音节来表示意义。一种语言只有几十个音位，但它们可以自相组合，构成上千个音节，为语言符号提供形式部分。例如，现代汉语普通话只有 30 个左右的音位，但可以组合成 418 个音节，这些音节再和四个声调配合，就可以得到 1600 多个音节。由于不是所有的音节都有四个声调，实际上现代汉语只有 1300 个左右的音节①，汉语普通话就利用这些语音形式表达无限的思想。上层的音义结合体可以分为语素和词两级，语素是最小的音义结合体，语音和意义在语素这一级上实现了结合。语素可以用来构词，但不能用来造句，所以语素还要构成更高一级的单位词。一种语言的语素得有上千个，甚至几千个，而语素组合构成的词则有上万、几万、几十万，甚至上百万，不过常用词也就是几千个，用这些词可以创造出无限的句子。

通俗地来说，语言系统由两种单位构成，一种是本身有意义的单位，另一种是本身无意义但可以区别意义的单位。区别意义的单位是音位，例如，汉语普通话中的 b、p、m、f、d、t、n、l、a、o、e、i、u 等音位，本身无任何意义，但可以把词的意义区分开，比如“棒”与“胖”的意义是靠 b 和 p 来区别的，“难”与“兰”的意义是靠 n 和 l 来区别的。本身有意义的单位是语素和词，它们是形式和内容的复合体。可见，语言系统的底层和上层有质的区别，音位只有形式而没有内容，语素和词既有形式也有内容。

动物的交际方式都是有意义的单位，一些常见的符号，如国旗和国徽、交通信号灯、商品包装箱上的标志等，也都是有意义的单位。

---

① 见吴宗济主编《现代汉语语音概要》133 页，华语教学出版社，1992 年。

2. 创造性

和其他符号系统相比，语言系统还有创造性，即可以反复地使用有限的符号和规则创造出无限的句子。各种动物的交际方式、交通标志、专业符号等，所表达的意义是非常有限的，而人类的语言在表义上可以不受任何限制，这是因为语言符号系统具有创造性，有限的语素、词和语法规则可以被反复地运用。语言符号是有限的，因而不会给记忆造成负担，但又可把它们在规则允许的范围内进行无限的组合，这就使语言成为一种既容易掌握又高效实用的交际工具。

3. 动态性

与人工符号相比，语言符号系统还具有动态性，即不断地变化。人工符号只在一个领域中、为了一个交际目的、由少数人使用，而且都遵守符号的使用规则，因而不会变化。比如，电报代码只在无线电通信上由收发报员使用，简谱只在音乐上为了唱歌或演奏使用。自然语言是在人类漫长的进化历程中、为了满足交际需要而自然地产生的，语言的使用者是某个语言社会（部落、部族、民族）的全体成员，语言的使用领域比人工符号广泛得多。语言要为每个社会成员的交际服务，不同地域的、不同社会特征的社会成员都会把自己的意志体现在语言上，语言就会产生种种变体，比如地域方言变体、社会方言变体（见第五章第二节），各种地域变体之间、各种社会变体之间都会互相影响。文字产生之后，语言还有口头形式和书面形式，这两种形式之间也会互相影响。此外，不同的语言之间也互相影响。由于语言的变体之间和语言之间的互相影响，语言就会不断地变化。语言的变化表现在很多的方面，比如产生新词、新语，旧词产生新的意义，句子凝固化为固定词组，自由词组凝固化为词，词的意义由实变虚以至原来的实词变成虚词、词缀，常用词变得不常用以至消失，产生新的声音，词的组合规则发生变化，句法格式调整，等等。在一个历史时期内，语言的变化并不明显，但经过数百年，古今语言的差别就会明显地显现出来。语言是自然形成的符号系统，变是绝对的，不变是相对的。

五、语言符号系统内部的两种关系

系统由单位和关系构成。音位是语言形式层面的单位，语素和词是形式和内容组合体层面的单位，这些单位之间存在着多种关系，这些关系中最重要的有两种，即组合关系和聚合关系，正是因为这两种关系存在，人类才能用有限的语言符号表达无限的思想。

1. 组合关系

组合关系是语言符号的链条上各个符号之间的关系，具体说来就是句子内部词与词之间、词内部语素与语素之间的关系。例如，“他们还没走呢”中的“他们”和“还没走呢”之间的关系就是组合关系，“看书”中的“看”和“书”之间的关系、“快来”中的“快”和“来”之间的关系都是组合关系。组合关系有远有近，如上例中“没”和“走”之间的组合关系比较近，而“还”和“走”之间的组合关系比较远。“衣服”、“登陆”这两个词内部的语素“衣”和“服”、“登”和“陆”之间的关系也是组合关系。在语言符号的链条上，不仅语言符号之间有组合关系，构成语言符号的音位和音位之间、意义和意义之间也有组合关系。例如，北京话的“天”这个语言符号的语音形式是tiān，t—i—a—n 四个音位之间就有组合关系。再如，“看书”中“看”的意义和“书”的意义也实现了组合。语言符号之间、音位之间、意义之间的组合是有规则的，探讨这些规则是语法学、语音学和音系学、语义学的任务。

组合关系存在于现成的词或句子中，是实现了的关系。一个言语片段上如果有两种组合关系，这个言语片段就有两种语义解释。例如，“你这个孩子”中的“你”与“这个孩子”之间既可以有领属关系，也可以有复指关系。按照前一种理解，“你这个孩子”表示“这个孩子是你的”；而按照后一种理解，“你这个孩子”表示“你是孩子”。

2. 聚合关系

聚合关系是具有某种共同特点的语言符号之间的关系。可以从语音、语法、语义任何一个角度给语言符号分类，同一类中各个语言符号之间的关系就是聚合关系。如汉语的“笨、布、帮、别、病、兵”等词的声母是 b，“路、壶、粗、租、雇、俗”等词的韵母都是 u，这些同声母或同韵母的词之间就有共同的聚合关系。再如，单义词之间、多义词之间、同义词或反义词之间的关系也都是聚合关系，表示亲属关系的词之间、表示军衔的词之间、表示颜色的词之间也都有聚合关系，名词、动词、形容词、副词、介词等同一个词类的词之间的关系也都是聚合关系，动词内部的及物动词或不及物动词之间也有聚合关系。聚合关系不仅存在于语言符号之间，也存在于构成语言符号的音位之间、语义之间。例如，同是汉语普通话的辅音 b、p、m、f、d、t、n、l 之间或元音 a、o、e、i、u、ü 之间都有聚合关系。

聚合关系是潜在的，存在于人们的大脑中，人们知道哪些符号有什么共同特点，说汉语的人知道哪些词声母相同，哪些词韵母相同，哪些词声调相同，哪些词是同义词，哪些词是反义词，哪些词是表示亲属关系的，哪些

词是表示身体器官的，哪些词的词性相同等等。人们具备这些语言知识，所以汉语的字典或词典都把声母相同、韵母相同、声调相同的字或词排列在一起，便于检索。

小 结

简单地说，语言是词汇和语法构成的系统，言语是对语言的运用及运用语言产生的结果，包括说话的过程和所说出的话。语言存在于言语之中，是从言语中概括出来的。

语言有书面语和口语两种存在形式，书面语是口语的加工形式，与口语大体上是一致的，但由于二者使用场合和物质表现形式不同，还存在一些差别。

语言最基本的社会功能是充当人类的交际工具，人类其他的交际工具，如体态语、文字、电码、旗语等都以语言为基础，有的是语言的代用品，而且这些交际工具使用范围受到的限制多，不如语言方便，因此，语言是人类最重要的交际工具。

语言是人类特有的，其他动物都没有语言。人类语言与动物的交际方式有重要的差别。

除了充当人类的交际工具外，语言还是人类的思维工具，还可以用来纪录社会生活，反映说话人的身份。

语言是音义结合的符号构成的系统，是在人类漫长的进化历程中自然产生的。语言符号的音义结合是不可以论证的，语言符号还具有线条性和离散性的特点。语言系统分两层，第一层是没有意义的音位，第二层是音义结合体，包括语素、词两级。音位不能表示意义，只能区别意义，而语素和词本身都有意义，可以表示意义。因而，第一层的音位与第二层的音义结合体有质的区别。语言符号系统具有创造性，可以用有限的符号和规则创造出无限的句子。语言系统是动态的，处在不断的发展变化之中。语言系统内部最重要的关系是聚合关系和组合关系，前者是具有相同特点的语言符号之间的关系，后者是语言符号的线条上各个符号之间的关系。

第二章 语　音

语音出自说话人之口，经过在空气中的传递到达听话人之耳，具有生理属性和物理属性。语音是和意义联系在一起的声音，它还具有社会属性，即具有区别词的意义的功能。人类能发出的音很多，但可以根据是否具有区别词的意义的功能把每种语言中的声音划分成少量的单位，即音位。音位也有不同的类型，音位可以通过比较分析成更小的区别特征。在语流中音位之间互相影响，会产生种种变化。

第一节　语音的物理属性和生理基础

一、语音的物理属性

语音是人类发音器官发出的、表示一定意义的声音。打呼噜、咳嗽、呻吟的声音尽管是人类发音器官发出的，但这些声音并不表示意义，都不是语音。语音出自说话人的口，经过空气的传递，到达听话人的耳，因此，可以从发音、传递、感知几个方面研究。研究发音的叫生理语音学（也叫发音学），研究语音传递的叫声学语音学，研究语音感知的叫感知语音学（也叫听觉语音学）。感知语音学目前尚处于探索阶段，本节只介绍声学语音学和生理语音学的基础知识。

1. 声波

同自然界的其他声音一样，语音是由物体振动而产生的一系列声波所构成的，也具有其他声音所具有的物理属性，要认识语音的性质就需要了解语音的物理属性。

振动的物体对包围着它的空气粒子产生压力，受到压力的空气粒子就会做往复运动，使振动的物体周围的空气忽稀忽密，形成一种疏密波，即声波。声波传到人的耳朵，振动鼓膜，就听到了声音。传播声音的不仅有空

气，也可以是固体和液体，而且固体和液体传播声音的速度更快，但空气是传播声音最重要的媒介。

声波和水波都是振动波，但性质是不同的。水波的质点是上下运动的，而传播的方向是水平的，质点的运动方向与波的运动方向是垂直的，如下图[①]所示：

图 2—1　水波运动方向示意图

声波的质点的运动方向与传播方向是相同的。物体开始振动以后，空气中的质点受到压力的作用随着振动的方向运动，各质点之间忽稀忽密，形成一种与声波运动方向一致的疏密波。图 2—2 中是一支音叉，上方的箭头表示音叉振动的方向，小黑点表示空气中的质点，空气质点运动的方向与声波传播的方向是一致的。

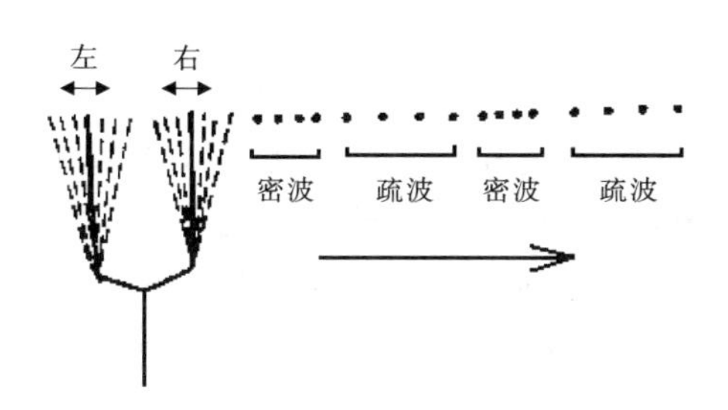

图 2—2　声波运动方向示意图

尽管声波和水波的性质不同，但也可以用类似水波的图形表现声波。声波和水波相比，声波的密部相当于水波的波峰，声波的稀部相当于水波的波谷，这样就可以用正弦波把声波表现出来。有一种叫作音叉的器件，它的振动是单纯的振动，它产生的声波如下图[②]所示：

① 图 2—1 和图 2—2 取自林焘、王理嘉《语音学教程》10 页，北京大学出版社，1992 年。

② 此图取自叶蜚声、徐通锵《语言学纲要》48 页，北京大学出版社，2002 年版。

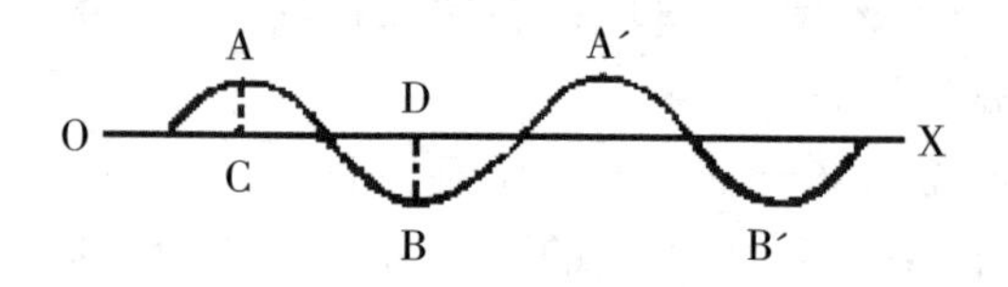

图 2—3 声波的正弦曲线图

这是两个完全的声波，A、A'叫波峰，B、B'叫波谷，AA'或 BB'叫作波长。每个声波都包括振幅、周期、频率三个物理量。

振幅，即振动的幅度，指的是空气粒子离开平衡位置的最大距离，如图 2—3 中 A 到 C 或 B 到 D 之间的距离。振幅的大小决定于空气粒子受到的作用力的大小，空气粒子受到的作用力大，振幅就大，反之就小。

周期，即振动的周期，指的是空气粒子完成一个往返振动所需要的时间。声波振动的周期长，波长也就长，反之，波长就短。

频率，即声波每秒振动的周期的次数。频率的单位是赫兹（Hz），简称"赫"。例如声波每秒钟振动 100 个周期，它的频率就是 100 赫兹；声波每秒钟振动 1000 个周期，它的频率就是 1000 赫兹。人耳可以感受到的声音的频率范围大约在 20～20000 赫兹之间，低于 20 赫兹的次声和超过 20000 赫兹的超声，人耳都感觉不到。

音叉发出的声音是非常单调的，这样的声音只有一种单纯的频率，这种声音叫作纯音。自然界里各种各样的声音大多是由许多纯音组成的复音，复音的波形复杂，叫作复波。组成复音的各个纯音的振幅和频率都不相同，其中频率最低的纯音叫基音，其他的纯音都叫陪音（泛音），基音的频率叫作基频。陪音的频率都是基音的整数倍，振幅也比基音要小，通常说某个声波的频率是多少，指的就是基音的频率。由于基音和陪音之间的频率和振幅的互相影响，形成了世界上千差万别的声音。下图①是三个纯音组成的复音：

① 此图取自邢公畹主编《语言学概论》42 页，语文出版社，1996 年版。

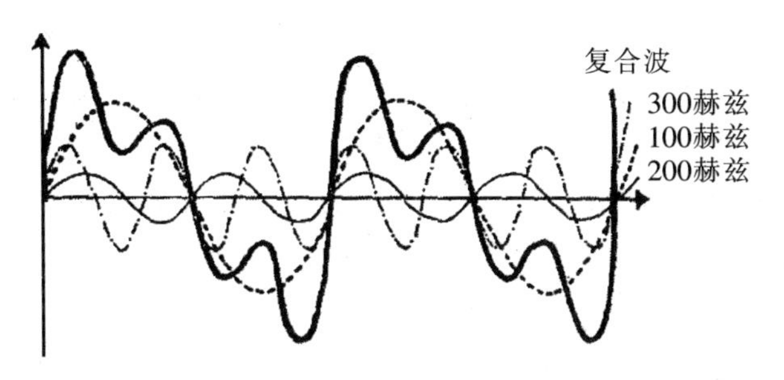

图 2—4 复合波形图

图中的复波由 3 个纯音构成，基音的频率是 100 赫兹，另外两个陪音的频率分别是 200 赫兹和 300 赫兹。

声音的产生还与共振或共鸣有关。任何物体都有它固有的振动频率，一个静止的物体，受到一个频率与它相同或相近声音的影响，也会随之振动而发出声音，这种现象叫作声音的共振，受到声音影响而被动发出声音的物体叫共鸣器。共鸣器固有的频率是由许多频率组成的，如果和声波产生共振，声波中和共鸣器固有频率相同或相近的那些频率就会因共振作用而得到强化，而其他的频率或保持不变，或因受到抑制而减弱、消失。所以，声波经过共鸣器时，因共振作用而改变了波形，如果波形改变得比较大，听起来就成了不同的声音。对着粗细两种不同的瓶口吹，瓶子发出的声音不同，粗口瓶子发出的声音低，细口瓶发出的声音高，这是因为两个瓶子的固有频率不同所致。

2. 语音四要素

任何声音都具有音高、音长、音重、音质四个方面的物理属性，我们也可以从这四个方面来分析语音。

1）音高 就是声音的高低，取决于发音体振动的频率——每秒钟振动次数的多少。长、大、粗、厚的物体振动慢，发出的声音低，短、小、细、薄的物体振动快，发出的声音高。所以，钢琴的低音弦粗而长，高音弦细而短；二胡的弦也一样，粗的是低音，细的是高音。拉二胡或小提琴的时候，把弦调紧一点或用手指头缩短振动的部分，声音就高，反之，声音就低。男性的声带变声前（14～16 岁）是 12～13 毫米，成人后为 18～24 毫米；女性的声带变声前（14～16 岁）是 10～12 毫米，成人后为 14～18 毫米[①]。因此，儿童和女

① 见吴学愚主编《喉科学》（第二版）27 页，上海科学技术出版社，2002 年。

性发出的声音就比男性高一些，男性声音的频率大致在 60 赫到 200 赫之间，而女性声音的频率大致在 150 赫到 300 赫之间，儿童声音的频率大致在 200 赫到 350 赫之间。同一个人也可以绷紧或放松声带，使声音有高低的变化。

声调是某些语言中音节所固有的区别意义的音高变化，发音的时候声腔的形状不变而只改变音高就形成不同的声调，例如汉语的“妈”“麻”“马”“骂”四个词声音的差别就在声调上。

2）音长　就是声音的长短，取决于发音体振动持续时间的长短。

有的语言有长短元音，发长元音时声带振动的时间长，发短元音时声带振动的时间短，例如英语的 beat[biːt]（打）中的元音是长的，bit[bit]（一点）中的元音就是短的。

3）音重　就是声音的轻重，取决于振幅的大小。发音时用力大振幅就大，反之，振幅就小。

有的语言词有重音，重音就是音重增加，发音时用力。例如，英语 present[ˈpreznt]（礼物）前一个音节有重音，present[priˈznt]（赠送）后一个音节有重音。

4）音质　就是一个声音区别于其他声音的个性、特点。用钢琴和黑管演奏同一个曲谱，音高和音重都相同，人们一听就知道哪个是钢琴，哪个是黑管，这说明音质是独立于音高和音重之外的一个声音要素。上文已经讲到，声音的差别是陪音的频率和基音的频率之间的倍数关系造成的，这是从声学上解释音质差别形成的根源。

从声音的产生来说，音质的差别是由以下三个原因造成的。第一，发音体不同，发出的声音就不同。例如，敲鼓的声音和敲锣的声音不同，因为鼓的发音体是牛皮，而锣的发音体是铜。第二，发音方法不同，发出的声音也不相同。例如，鼓掌的声音与搓掌的声音不同就是因为这种原因。第三，共鸣器的形状不同，即使发音体和发音方法相同，发出的声音也不相同。例如，同样的弦，在二胡、京胡和板胡上拉，发出的声音是不同的，因为琴筒是共鸣器，这三种胡琴的琴筒的形状是不同的。

语音的音质不同也应该从这三个方面来分析。第一，发音体。声带是很重要的发音体，元音的发音体都是声带，辅音的发音体则是口腔中阻碍气流的部位，这些不同的发音体造成了元音和辅音之间以及不同辅音之间的区别。第二，发音方法。从声门出来的气流用什么方法阻碍？是把气流完全堵住然后突然放开，还是给气流留出狭窄的缝隙让气流摩擦而出？抑或先把气流完全堵住然后放开狭窄的缝隙让气流摩擦而出？口腔中某个部位阻碍气流的时候声带是否振动？从口腔中排出的气流是强的还是弱

的？这些不同的发音方法都会造成不同的声音。第三，共鸣器的形状。这个因素只影响元音的发音，同样是声带振动产生的声音，经过不同形状的口腔时，就会变成不同的声音。从声门到口腔的发音通道可以比作一根管子，这个管子的外端是开着的，底端是关着的，因为发音时声门需要关闭。发不同的元音时这个管子的形状是不同的，因而自身固有的频率会发生变化，对原始的声带音进行不同的调节。下面是[ə] [i][a][u]四个元音发音时声道的形状图[①]：

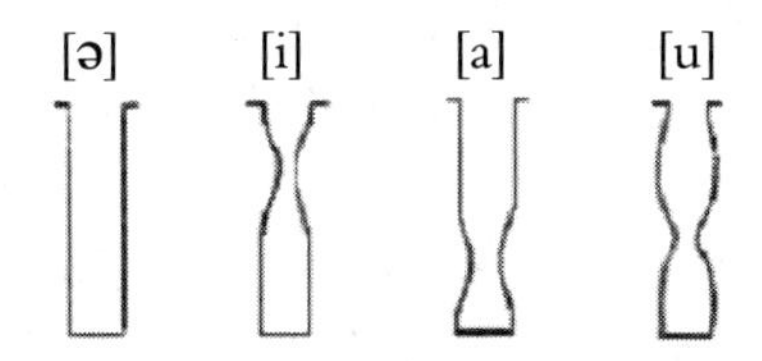

图 2—5　元音发音声道形状示意图

二、语音的生理基础

语音是发音器官在大脑神经支配下进行一系列活动的结果，发音器官的构造及其组成部分的协同动作是语音的生理基础，因此，要认识语音的性质就必须了解发音器官的构造及其发音原理。

人类的发音器官由声门下系统、喉系统和声门上系统三部分构成，下面依次介绍这三部分的构成及其功能。

1. 声门下系统

声门下系统又称呼吸器官，由气管、支气管、肺、胸廓、呼气肌群、吸气肌群和膈肌构成，发音的动力是呼吸时肺产生的气流，因此，声门下系统是发音的动力器官。

肺是由无数气泡组成的海绵状的组织，它本身不能运动，它的运动要靠呼气肌群、吸气肌群和膈肌的推动。肋骨之间的肋间外肌收缩把肋骨提起，同时横膈膜的膈肌收缩使横膈膜下降，胸廓因此开大，肺随之扩张而吸气。肋骨之间的肋间内肌收缩使肋骨下降，同时横膈膜的膈肌松弛使横膈膜上升，胸廓因此缩小，肺随之收缩而吸气。语音绝大多数是呼气音，也有少数的吸气音。

① 此图取自吴宗济、林茂灿《实验语音学概要》85页，高等教育出版社，1989年。

肺只是给发音提供动力，此外，呼吸量的大小与语音的强弱密切相关，语音的其他性质与肺的活动没有直接的关系。

2. 喉系统

喉上与喉咽相通，下由气管和支气管与肺相连，它有呼吸和发声两种功能。呼吸的时候，喉内的声门张开，气流自由出入；发声的时候，喉内的声带受到肺中呼出气流的冲击而有规律的开合，产生原始的声带音。

喉由甲状软骨、杓状软骨、环状软骨、会厌软骨以及连接它们的肌肉和韧带组成。喉的最下部是环状软骨，它前低后高，形状像带印章的指环。环状软骨下面连接气管，前部上方连着甲状软骨，后部上方则是杓状软骨。杓状软骨是一对体积很小的软骨，位于喉的后部、环状软骨之上，它的前端叫声带突，声带的后端就附着于此。甲状软骨是喉头最大的软骨，分左右两片，在脖颈前部正中合而为一，形状像盾甲，成为喉的保护层。成年男子甲状软骨的前部突出比较明显，称为喉结，可以用手摸到，也可以看出。甲状软骨后面是一块树叶状的软骨，叫会厌软骨。会厌软骨附着于甲状软骨内侧的前面，可以自由开关，起喉盖作用。呼吸或说话的时候，它就升起，空气可以顺利地通过喉头；吞咽食物的时候，它就被推弯盖住喉管，防止异物进入气管。喉的结构如下图①所示：

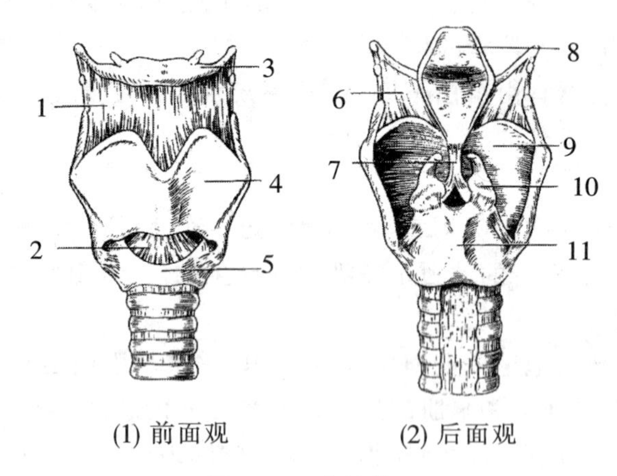

图 2—6　喉结构图

1 甲状舌骨膜　2 环甲膜　3 舌骨　4 甲状软骨　5 环状软骨　6 甲状舌骨膜
7 甲会厌韧带　8 会厌软骨　9 甲状软骨　10 杓状软骨　11 环状软骨

① 此图取自吴学愚主编《喉科学》（第二版）28 页，上海科学技术出版社，2002 年。

喉是由软骨和连接软骨的肌肉和韧带组成的空腔，空腔的中部有两对两两相对的韧带褶，上面一对叫假声带，下面一对叫真声带。假声带不能闭拢，在发音中起什么作用尚不清楚。声带的前端固定在甲状软骨上，后端分别固定在两块杓状软骨上，声带之间的空隙称为声门裂，简称声门，是喉部，也是呼吸道的最狭窄之处。喉部的诸软骨和关节依靠喉肌的牵引而运动，喉肌分为内肌和外肌，外肌管喉位的升降和固定，内肌负责牵引环甲关节和环杓关节的转动，以改变声门的形状并且改变声带的紧张度。在喉内诸肌的相互协同作用下，两块杓状软骨可以靠拢和分开，使得声带并合和分开。下面左图是不发音时喉的状态，右图①是发音时的喉的状态。

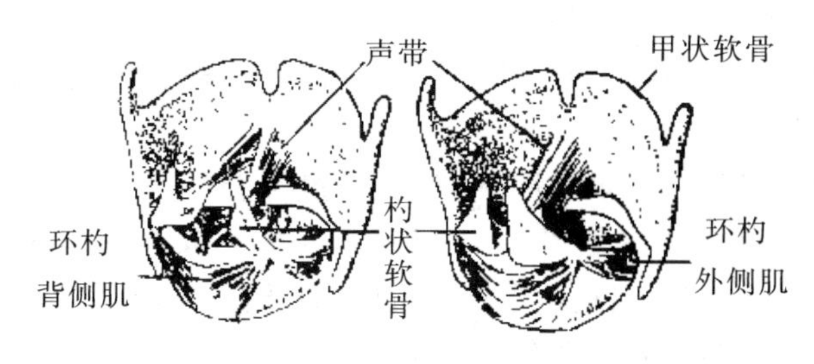

图 2—7　声门结构图

不发音的时候，声带是分开的，呈倒“V”形，气流自由出入；发音的时候，声带并合，声门关闭，从肺中呼出的气流被阻塞在声门下，形成压力，把关闭的声带冲开。压力解除后声带重新并拢，声门关闭，气流又被阻塞并再形成压力，冲开声门。如此循环往复，声门不断开闭，声带在气流的冲击下持续颤动，产生嗡嗡的声带音。图 2—8 是声门常见的四种状态的示意图：

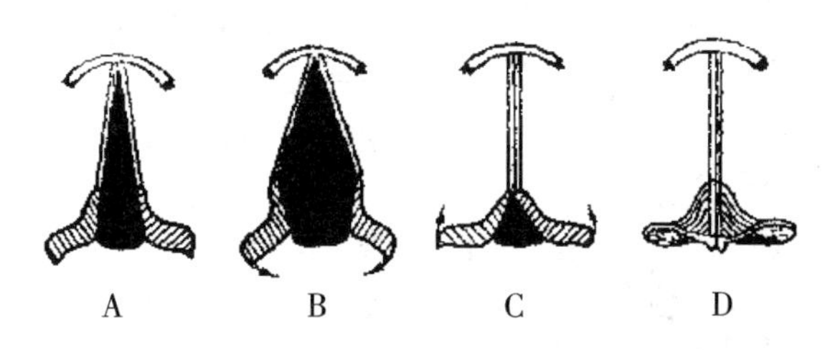

图 2—8　声门状态示意图

A 是正常呼吸状态。由于环杓背侧肌的作用，杓状软骨外推，声门张

① 图 2—7 和图 2—8 取自林焘、王理嘉《语音学教程》20 页和 21 页，北京大学出版社，1992 年。

开。B是深呼吸状态，声门大开。C是耳语时的状态。声带并拢，音声门关闭，气流从杓状软骨之间的三角空隙（气声门）中出来，摩擦声带的边缘，发出细微的声音，就是耳语。D是发音状态。音声门和气声门完全关闭，气流冲开声带，引起声带的振动而发声。

声带从外到内由表层、过渡层和体层三部分构成。实验证明，声带每层的负荷力是不同的，从外到内负荷力越来越弱。由于各层的负荷力不同，声带的振动总是从体层开始，然后波及过渡层，最后到达表层。由于各层的动作特性不同，声带产生的声波是包含不同频率的复波。

3. 声门上系统

声门上系统又叫喉上器官、共鸣腔、声腔、声道，由咽腔、口腔和鼻腔组成。声门上系统在发音中的功能是对从声门出来的气流进行调节，使之成为不同的音素。

从声门往上经咽腔、过口腔到双唇，或过鼻腔到鼻孔，是一条不规则的管状通道。由声带振动而产生的声带音通过这条声道时，声道的形状会发生种种变化，形成种种不同的共振，因而对原始的声带音进行不同的调节，产生种种不同的声音，就是我们实际听到的声音。下图是人类声腔的横剖面图[①]：

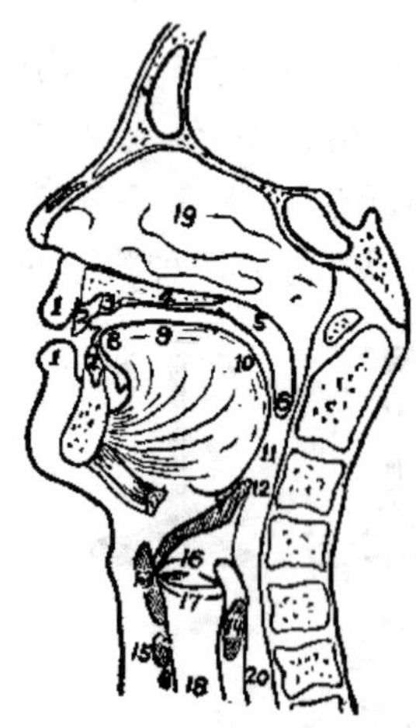

1. 上下唇　2. 上下齿　3. 齿龈
4. 硬腭　5. 软腭　6. 小舌
7. 舌尖　8. 舌叶　9. 舌面前部
10. 舌面后部　11. 咽头　12. 会厌
13. 甲状软骨　14. 环状软骨（后板）
15. 环状软骨（前弓）　16. 假声带
17. 声带　18. 气管　19. 鼻腔
20. 食道

图 2—9　发音器官部位图

① 此图取自罗常培、王均《普通语音学纲要》50页，商务印书馆，1981年。

咽腔是声带和小舌之间的空腔，咽喉壁的肌肉富有弹性，咽腔的形状和大小随咽壁的收缩和扩展、舌头活动和喉头的升降而发生变化。咽腔形状的变化，影响进入咽腔后的声带音的共振，产生种种不同的声音。此外，由于咽壁的肌肉可以收缩，也可以发出喉塞音。

口腔是发音器官中最重要的部分，发音器官中可以活动的部分，如唇、舌、软腭和小舌都集中在口腔里，所以，复杂的发音活动都是在口腔里进行的，这些活动可以改变口腔的形状、大小和气流的通道，因而对原始的声带音进行不同的调节，使之产生不同的共振，从而形成不同音质的元音和鼻音。此外，口腔的活动部分可以和固定的部位接触，构成种种不同的阻碍，使气流受阻，发出不同音质的辅音。

口腔由上腭和下腭构成，附在上腭的有上唇、上齿、齿龈、硬腭、软腭和小舌。上齿龈是上腭前端凸出的部分，硬腭是上齿龈之后口腔上壁坚硬的部分，硬腭又可以分为前硬腭和后硬腭。软腭与硬腭相连，是口腔上壁柔软的部分，同样，软腭也分前后两部分。软腭后面连接着一个小肉坠儿，叫小舌，软腭和小舌可以上下自由升降。下图是上腭分区图[①]：

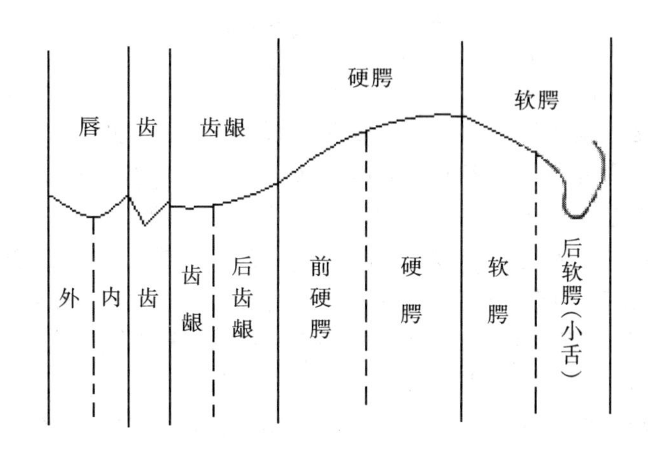

图 2—10 上腭分区图

下腭由下唇、下齿和齿龈构成，下腭的开合就造成口腔的开合。

舌头是口腔中最灵活的发音器官，它可以上升或下降，也可以前伸或后缩，舌头的活动可以使口腔的形状发生种种变化，因而产生种种不同的

① 图 2—9 和图 2—10 均取自吴宗济、林茂灿《实验语音学概要》45 页，高等教育出版社，1989 年。

声音。舌头可以分为舌尖、舌叶、舌面和舌根。舌头的尖端叫舌尖。舌叶是舌头自然平伸时舌尖之后与齿龈相对的那一部分。舌叶后面的部分叫舌面，分前、后两部分，当舌头静止时硬腭下面的部分是舌面前，软腭下面的部分是舌面后，舌面前部与后部的中间，称为舌面中。舌头后部与会厌软骨相对的部分叫舌根。下面是舌的分区图：

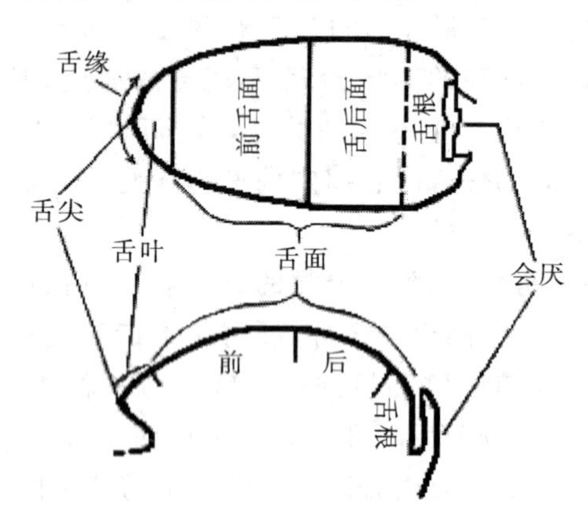

图 2—11　下腭分区图

鼻腔在口腔上面，以上腭与口腔相隔。软腭和小舌是活动的发音器官，其作用是改变气流的通路。呼吸时，软腭和小舌下垂，悬在舌根和咽壁之间，口腔和鼻腔与喉头相通，气流可以自由地从口腔和鼻腔进出。说话的时候，软腭和小舌上升，抵住咽壁，挡住鼻腔的通路，气流只能从口腔出去，这样发出的声音是口音；软腭和小舌下降，咽腔通往口腔和鼻腔的通路都打开，同时口腔中某个部位闭塞，挡住气流，气流只能从鼻腔出去，这样发出的声音是鼻音；如果口腔和鼻腔的通路都打开，气流可以同时从这两条通路出去，这样发出的声音就是鼻化音，也叫口鼻音。

除了咽腔、口腔和鼻腔以外，胸腔、前额和两颧也有共振作用。低音歌唱家在唱低音的时候，胸腔也在共振；高音歌唱家在唱高音的时候，前额和两颧也在共振[①]。

声带是主要的发音体，口腔中阻碍气流的部位也可以起发音体作用，口腔还是重要的共鸣腔，咽腔和鼻腔都只起共鸣作用。发每个声音都需要几个发音器官协同作用。

---

① 见林俊卿《歌唱发音的科学基础》112页，上海文艺出版社，1962年第1版，1984年第3次印刷。

第二节 音素

一、音素

认识、研究语音，要先确定语音中最小的单位，然后研究这些单位的性质、类别、相互之间的关系以及组合规则。切分、归纳最小的语音单位要从说出的话语入手。

我们在语言交际中所说的话，在空间里表现为一串串的音流，凭着我们的听感，可以把它切分成一个个的最小片段。像 nánkāidàxuézàitiānjīn（南开大学在天津）这一串音流，可以把它切分成 nán—kāi—dà—xué—zài—tiān—jīn 这样几个最小的片段。这些最小的片段就是音节。音节是一般人自然感觉到的最小语音片断，即使是没有任何语言学知识的人，甚至不识字的人，也能感觉到音节，也能把一串音流分成音节。

音节还不是最小的语音片段，它还可以再继续分下去。上面这几个音节可分成下面一个个更小的语音片段：n—a—n—k—a—i—d—a—x—u—e—z—a—i—t—i—a—n—j—i—n。这些小的语音片段不能继续往下分了，在语言学上，把这些从音质上切分出来的最小语音片段叫作音素，它是语音研究的最小单位。

每个人都有自己的发音特点，所以，如果是熟人，一拿起电话就能听出对方是谁。即使同一个人，不同时候发同一个音素也可能有差别。比如每次发 a 的时候，嘴开合的程度、舌体降低的程度、时间的长短、用力的大小等都可能有所不同，但这些差别不仅非常细小，只有在仪器上才能显示出来，而且人们在感知语音的时候对它们是非常漠然的。因此，语言学上的音素是概括的，舍弃了一些细小的差别。

二、国际音标

分析和研究语音，就必须把语音准确地记录下来，这需要一套精细、完善的记音符号。汉字是意音文字，不能表示音素，因此不可以作为记音的符号。即使是拼音文字，也不能作为记音的符号。首先，任何一套拼音文字都是为一种语言而设计的，都只能记录一种语言的声音，而人类语言音素的数量要比任何一种多得多，所以，任何一套拼音文字都不能完全记录人类语言的声音。其次，语言是不断地发展变化的，而文字是保守的，因而使得文字与语言的实际发音不一致。例如，英语的 cat（猫），any（任何），want（要），can't（不能），call（叫），came（来，过去时），along（沿着）这几个词中都有一个 a，但这些 a 的发音是不同的[①]。另外，同一个体系的字母，比如拉丁字母，在不同的语言中记录的音素也可能不相同。例如，z 在英语中读[z]，在德语中读[ts]；v 在英语中读[v]，在德语中读[f][②]。所以，需要有一套完备的、可以准确地记录世界上各种语言的音素的音标。

现在国际上通行的是 1888 年国际语音协会公布的国际音标，后来进行过多次修订和增补。国际音标的制订原则是"一个音素只用一个音标表示，一个音标只表示一个音素"，因此，音素和音标一一对应，不存在含混或两可的现象。国际音标的符号采用很多民族通用的拉丁字母的小写形式，由于拉丁字母只有二十多个，小写形式不够用，就采用字母的合体形式（如[æ]、[œ]、[ʦ]、[ʥ]、[pf]）、小写尺寸的大写字母（如[ᴇ]、[ʏ]、[ᴀ]、[ɢ]、[ʀ]、[ᴡ]）、倒写形式（如[ə]、[ɯ]、[ɹ]）、变形形式（如[ç]、[ŋ]、[ʂ]、[ʃ]）、希腊字母（如[θ]、[φ]、[β]）。国际音标中还有一些附加符号，例如：

送气符号：在音标右上方加小号 h，如[pʰ]。

圆唇符号：在音标右上方或下方加小写的ʷ，如[sʷ]、[θʷ]、[z̫]、[k̫]、[n̫]。

鼻化符号：在音标上方加～，如[ĩ]、[ã]、[õ]。

腭化符号：在音标右下方加小写的 j，如[tⱼ]、[kⱼ]。

此外，还有表示清音化、浊音化、挤喉音、圆唇化、齿化、舌位的高低前后等的附加符号，用这些附加符号就可以准确地记录各种语言的音素，因此，国际音标是相当完备的一套记音工具。国际音标使用时一般要加上方括号[ ]，以区别于字母。由于国际音标有很多优点，它已经得到了各国语言学界的公认，在国际上广泛使用。我国在分析汉语语音、调查汉语方言和少数民族语言、外语教学等工作中都采用国际音标，产生了良好的效果。

国际音标是主要采用拉丁字母创制的记音符号，而很多语言的文字也是采用拉丁字母创制的，所以要把国际音标与这些拼音文字区分开来。国际音标是可以记录任何语言的语音的工具，记音符号与音素一一对应，而

① 见岑麒祥《国际音标》6 页，湖北人民出版社，1982 年。

② 同上书，7 页。

任何语言的拼音文字都只能记录该语言的声音,不能记录其他语言的声音,而且字母与音素常常不能一一对应。由于国际音标是记音符号,不是文字,所以不能连写,没有大小写,没有印刷体和手写体的区别,而拼音文字则可以有这些变化。例如,a、ɑ、ᴀ 在拉丁字母中是第一个字母的不同书写形式,而在国际音标中则是三个不同的音标。

汉语拼音方案采用的是拉丁字母,其中 b 和 p、d 和 t、g(ɡ)和 k 三对字母与国际音标完全相同,但这六个字母与国际音标记录的音是不同的。在汉语拼音方案中,b 发[p]("爸"的声母),p 发[p^h]("怕"的声母),d 发[t]("大"的声母),t 发[t^h]("他"的声母),g(ɡ)发[k]("个"的声母),k 发[k^h]("可"的声母),而在国际音标中,[b](英语 big 中 b 的发音)和[p]、[d](英语 dog 中 d 的发音)和[t]、[ɡ](英语 good 中 g 的发音)和[k]这三对音中的第一个是浊音,第二个是清音。这三对字母在汉语拼音方案中代表的是不送气音和送气音,而在国际音标中这三对符号则代表浊音和清音。

国际音标有严式标音和宽式标音两种用法。严式标音是把语言的实际发音,包括细微的发音特点都记录下来,而宽式标音只把语言中能区别意义的声音记录下来。例如,汉语普通话中"鼓"用严式标音是[k̫u],宽式标音是[ku];英语的 bit(一点儿)严式标音是[bɪt],宽式标音是[bit]。严式标音和宽式标音根据需要而定,二者之间没有严格的界限,如果不是为了精确地记录语言的实际发音,常常使用介于两者之间的标音方法。

三、元音和辅音

音素可以分成元音和辅音两类。汉语拼音方案中的 a、o、e、i、u、ü 几个字母代表的音素都是元音,其他的字母代表的音素都是辅音。元音和辅音的区别表现在以下三个方面:

1. 发元音的时候,从肺里呼出的气流经过声门时使声带振动,而经过咽腔、口腔、鼻腔时不受阻碍。元音的发音体都是声带,发音方法都是气流冲击声带,形成的声波都是周期性的,都是浊音。发辅音的时候,从肺里呼出的气流一定在通过发音器官的某个部位时受到阻碍,气流冲破这种阻碍而出。辅音的发音情况比较复杂,可以是喉头以上的某个部位形成阻碍发出声音,也可以是兼有声带振动和喉头以上的某个部位形成阻碍而发出声音。

2. 发元音的时候,由于气流在声门以上的声腔中不受阻碍,所以,除声带以外,发音器官的各个部分保持均衡的紧张状态。发辅音的时候,由于气流在声门以上的声腔中一定受阻碍,所以,只有形成阻碍的那个部位特别紧张，其他的部位不紧张。

3. 发元音的时候，从肺里出来的气流在声门受到阻碍，而在声门以上的声腔不受阻碍，因而呼出的气流比较弱。发辅音的时候，气流要冲破声门以上某个部位的阻碍，因而呼出的气流比较强。

四、元音的分类

发元音的时候，气流冲击声带，造成声带振动，产生声带音，同时软腭和小舌上升，堵住鼻腔的通路，使声带音从口腔出去。元音的发音体都是声带，发音方法都是气流冲击声带使声带振动，所以元音音质的差别是由口腔形状的差别造成的。口腔是人类声腔中最富于变化的部分，口腔中任何一个部位的变化都可以造成口腔形状的变化，从而产生不同的共振，对原始的声带音进行不同的调节，使原始的声带音变成不同的元音。

舌头在口腔中的活动都会造成口腔形状的变化。发元音的时候，舌头隆起的最高点和上腭形成口腔中最狭窄点，这个最狭窄点把口腔分成前腔和后腔两部分，舌头细微的变化都会造成口腔中前后腔的变化，进而改变口腔的形状。以汉语普通话的[a]和 [i]的发音来说明这个道理。发[a]的时候，舌头隆起的最高点在舌面的后部，所以前腔大而后腔小；而发[i]的时候，舌头隆起的最高点在舌面的前部，所以前腔小而后腔大。如下图①所示：

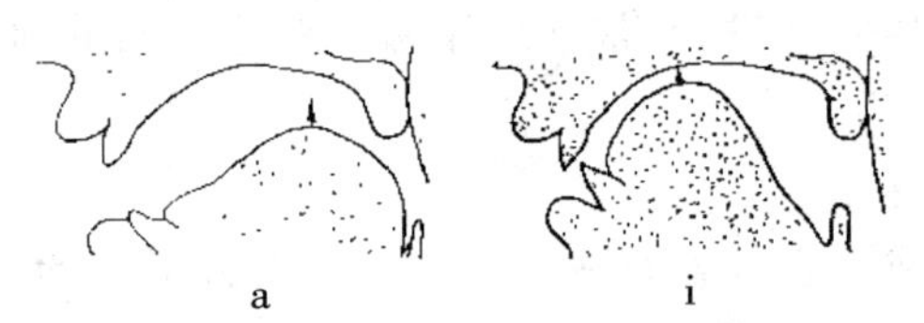

图 2—12 [a]和[i]舌头在口腔的位置图

其他元音的音质的不同，也可以是由于舌头隆起的最高点对口腔分割不同所造成的。

舌头隆起的最高点在口腔中所处的位置称为“舌位”，舌头可以前伸和后缩，也可以抬高和降低，所以，舌位的变化有高低和前后两个度向。舌位差别的比较，应在另一度向相同的条件下进行。例如，[i]和[a]都是前元音，但前者是高元音而后者是低元音；[i]和[u]都是高元音，但前者是前元音而后者是后元音。

---

① 此图取自林焘、王理嘉《语音学教程》37 页，北京大学出版社，1992 年。

嘴唇的变化也会造成口腔形状的变化。在唇和齿之间有一个小小的空腔，叫唇腔，嘴唇平展的时候，唇腔很小，双唇撮圆时唇腔就拉长，改变了口腔的形状，就会对原始的声带音进行不同的调节。

舌面元音的音质主要决定于舌位和唇形的变化[1]，舌位的高低、前后和唇形的圆展这三方面的因素互相配合，就可使口腔的形状发生种种不同的变化，从而发出一个个音质不同的元音。给舌面元音分类，最方便的办法是根据舌位和唇形，舌位的高低、舌位的前后、唇形的圆展是舌面元音分类的三个标准。语言里的元音绝大多数是舌面元音，对舌面元音的分析和描写也从这三个方面进行。下面从这三个方面介绍舌面元音。

舌尖抵住下齿背，舌面前部尽量向硬腭抬起，但不能摩擦硬腭，同时嘴唇向两边展开，这时发出的元音是[i]，像北京话的“衣”。舌尖仍然抵住下齿背，舌面前部尽量下降，嘴张得最大，这时发出的元音是[a]，像北京话的“爱”开头的元音。舌头尽量下降，向后缩，嘴唇大张，这时发出的元音是[ɑ]，像北京话的“昂”开头的元音。舌头尽量后缩，舌面后部尽量向软腭提升，嘴唇撮圆，这时发出的元音是[u]，像北京话的“屋”。这四个元音代表了舌头活动的前后高低四个极点，把这四个极点连起来，就形成了一个不等边的四边形，叫作元音舌位图，这个不规则的四边形就是发元音时舌头活动的大致范围。把前后两道线三等分，共得到前面四个和后面四个八个点，这八个点通常用来作为元音舌位定点的坐标，在这八个点上的元音称为标准元音或定位元音，学习元音首先要学习这八个标准元音，其他元音的发音可以根据这八个元音的位置去体会。下面是标准元音舌位图：

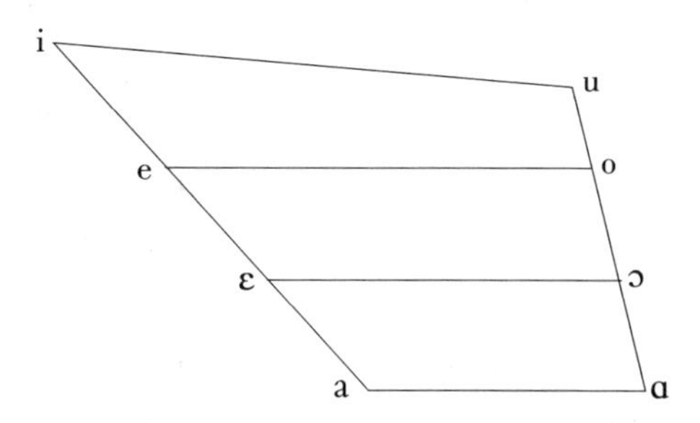

图 2—13　标准元音舌位图

---

① 除了舌位和唇形之外，舌头的凹凸度、双唇之间的上下距离、咽腔的宽度、喉头的高度等因素也影响口腔的形状，造成元音音质的变化，见吴宗济主编《现代汉语语音概要》25 页，华语教学出版社，1992 年。

把其他的元音填在舌位图上，就得到全面的舌面元音的舌位图，如下：

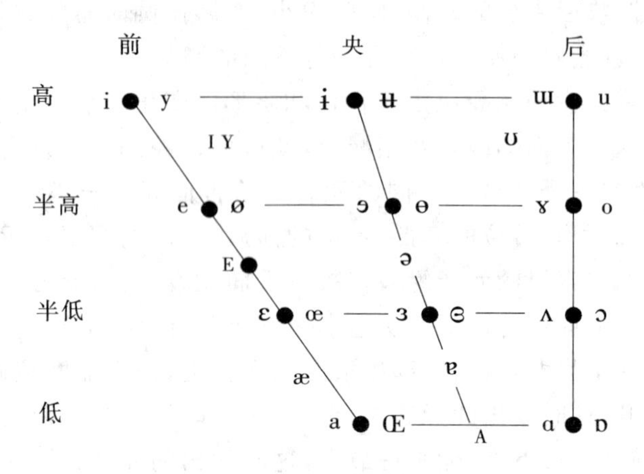

图 2—14　元音舌位图

从图上可看出，前元音随着舌位的降低（口腔张大）而逐渐后缩，所以前元音这条线往后偏斜。高元音随着舌位的后缩而逐渐降低，所以高元音这条线往下偏斜。

下面给这八个标准元音及其相对的圆唇元音或不圆唇元音举出一些例子：

音标	北京话	英语
[i]	衣[i]	beat[biːt]（打、敲）
[e]	累[lei]	bed[bed]（床）
[ɛ]	灭[miɛ]	pair[pɛə]（对儿）
[a]	担[tan]	bike[baik]（自行车）
[ɑ]	昂[ɑŋ]	hard[hɑːd]（硬的）
[ɔ]		ball[bɔːl]（球）
[o]	窝[uo]	
[u]	布[pu]	pull[pul]（拉）

从舌位图上可看出，舌面元音的性质可从舌位的前后、高低、圆展三个方面来确定，如[i]是前、高、不圆唇元音，[u]是后、高、圆唇元音等等。对舌面元音的分类，也可从这三个方面进行。

1. 根据舌位的前后，可以把舌面元音分为前元音、后元音、央元音。前元音是舌头隆起的最高点在舌面前部的元音，如[i]、[e]、[ɛ]、[a]、[y]

(鱼)、[æ](英语 back[bæk])等;后元音是舌头隆起的最高点在舌面后部的元音,如[u]、[o]、[ɔ]、[ɑ]、[ɤ](哥[kɤ])、[ʌ](英语 but[bʌt](但是))等等;舌头隆起的最高点不前不后的叫央元音,如[ə](助词"的"[tə])、[ᴀ](花[xuᴀ])。

2. 根据舌位的高低或口腔的开闭可以把舌面元音分成高元音和低元音。舌头隆起的最高点在口腔中最高位置的是高元音,如[i]、[y]、[u]等;舌头隆起的最高点在口腔中最低位置的是低元音,如[a]、[ᴀ](鸭[iᴀ])、[ɑ]。此外,还有半高元音、半低元音等。

3. 根据唇形的圆展可以把元音分成圆唇元音和不圆唇元音。双唇前伸撮圆发出的元音是圆唇元音,如[y]、[u]、[o]、[ɔ]等;双唇展平发出的是不圆唇元音,如[i]、[a]、[e]、[ɛ]、[ɑ]。从原则上说,前后元音都有圆唇音与不圆唇音相配,但实际上前元音以不圆唇音多见,后元音以圆唇音多见,八个标准元音中前四个都是不圆唇的,后四个除[ɑ]外都是圆唇的。

舌面元音是舌面向上腭抬起发出的声音,还有的元音是舌尖向上腭抬起发出的,这样的元音叫舌尖元音。根据舌尖所处位置的前后可以把舌尖元音分成舌尖前元音和舌尖后元音,发舌尖前元音时舌尖靠近齿龈,发舌尖后元音时舌尖靠近硬腭。汉语普通话的"资"[tsɿ]、"此"[tsʰɿ]、"思"[sɿ]的韵母[ɿ]就是舌尖前元音,"知"[tʂʅ]、"尺"[tʂʰʅ]、"诗"[ʂʅ]的韵母[ʅ]就是舌尖后元音。[ɿ]和[ʅ]都是舌尖不圆唇元音,另外还有两个与它们相对的圆唇舌尖元音[ʮ]和[ʯ],如苏州话的"诗"[sʮ],湖北麻城的"鱼"[ʯ]。舌尖元音共有四个:

	不圆唇	圆唇
舌尖前	[ɿ]	[ʮ]
舌尖后	[ʅ]	[ʯ]

发舌面元音时舌尖同时向硬腭翘起,就发出了卷舌元音。为印刷方便,卷舌元音的表示法是在元音的后面加[r],如[ar]、[ur]等。汉语普通话中有一个独立的卷舌韵母[ər],汉语方言的卷舌元音大都出现在儿化韵中,如北京话的"把儿"[par]、"沫儿"[mor]、"铺儿"[pʰur]等。美国英语中也有很多的卷舌元音,如元音后的 r 在英国英语中并不发音,而在美国英语中大部分人都要把 r 和它前面的元音一起发成卷舌元音,如 bar、sir、board、poor 等。

元音还有口元音和鼻化元音的分别。发音时软腭、小舌上升,堵住鼻腔的通路,让气流从口腔流出,这样的元音就是口元音,上面讲的元音都是口元音。发音时软腭、小舌下垂,打开鼻腔通路,让气流同时从口腔和鼻腔流出，这样的元音就是鼻化元音。鼻化元音的表示法是在元音的上方加一道波浪线～。汉语的很多方言都有鼻化元音，如济南话的“般”[p æ̃]，西安话的“天”[t^hi æ̃]，绍兴话的“三”[s æ̃]。法语、藏语都有鼻化元音。

五、辅音的分类

辅音是气流在声腔中受到阻碍时发出的声音。发音器官中可以活动的部位都能够阻碍气流，阻碍气流的方式和解除阻碍的方式也可以有多种，而且从形成阻碍到解除阻碍有一个过程。因此，辅音的发音要比元音复杂得多。对辅音的分析，可以从阻碍气流的部位（即发音部位）和形成阻碍并解除阻碍的方法（即发音方法）两个方面进行。

1．发音部位

口腔中的发音器官有些是能够活动的，如唇、舌、软腭、小舌，有些是不能活动的，如牙齿、齿龈、硬腭，前者叫作主动的发音器官，后者叫作被动的发音器官。主动的发音器官去接触或靠近被动的发音器官就会阻碍气流，主动的发音器官接触或靠近被动发音器官的不同位置，就会发出不同音质的辅音。主动的发音器官与被动的发音器官接触或靠近的位置叫作阻碍点、收紧点，可以分为十一个，如下图[①]所示：

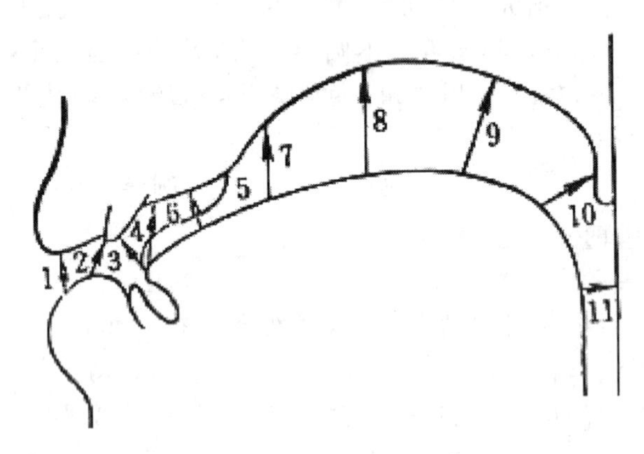

图 2—15　口腔阻碍点示意图

在这十一个阻碍点上可以发出十一类辅音。

双唇音　上唇和下唇形成阻碍发出的音，如北京话“八”[pA]里的[p]、

① 此图取自林焘、王理嘉《语音学教程》61页，北京大学出版社，1992年。

“怕”[pʰ]里的[pʰ]，英语 bad [bad]（坏的）里的[b]，北京话“妈”[mᴀ]里的[m]等。

唇齿音 上齿和下唇形成阻碍发出的音，如北京话“发”[fᴀ]里的[f]、英语 vine[vain]（葡萄酒）里的[v]、兰州话“追”[pfei]里的[pf]和“吹”[pfʰei]里的[pfʰ]等。

舌尖-齿音 舌尖和上齿尖接触形成阻碍发出的音，也可以是舌头平伸到上下齿之间，和上下齿尖同时接触发出的音，所以又叫齿间音，如山东费县话“灾”[tθɛ]里的[tθ]和“仓”[tθʰɑŋ]里的[tθʰ]，英语 think [θiŋk]（想）里的[θ]。

舌尖-齿龈音 又叫舌尖前音，舌尖和上齿龈或上齿背形成阻碍发出的音，如北京话“大”[tᴀ]里的[t]、“他”[tʰᴀ]里的[tʰ]、“那”[nᴀ]里的[n]、“杂”[tsᴀ]里的[ts]、“擦”[tsʰᴀ]里的[tsʰ]、“仨”[sᴀ]里的[s]等。

舌尖-硬腭音 又叫舌尖后音、卷舌音，舌尖向上翘起，和硬腭前部形成阻碍发出的音，如北京话“扎”[ʈʂᴀ]里的[ʈʂ]、“叉”[ʈʂʰᴀ]里的[ʈʂʰ]、“杀”[ʂᴀ]里的[ʂ]等。

舌叶-齿龈音 舌叶和齿龈形成阻碍发出的音，发音时舌面前部向硬腭抬起，除舌叶和齿龈接触外，舌面的边缘也和上臼齿接触，如英语 ship[ʃip]（船）里的[ʃ]、山东龙口话“尖”[tʃan]里的[tʃ]和“取”[tʃʰu]里的[tʃʰ]。

前舌面-前硬腭音 又叫舌面前音，舌面前部和硬腭前部形成阻碍发出的音，如北京话“家”[tɕiᴀ]里的[tɕ]、“桥”[tɕʰiao]里的[tɕʰ]、“西”[ɕi]里的[ɕ]。

中舌面-后硬腭音 又叫舌面中音，舌面中部和硬腭后部形成阻碍发出的音，如山东荣成话“肩”[cian]里的[c]、“曲”[cʰy]里的[cʰ]、“休”[çiou]里的[ç]。

后舌面-软腭音 又叫舌面后音、舌根音，舌面后部和软腭形成阻碍发出的音，如北京话“高”[kɑo]里的[k]、“靠”[kʰɑo]里的[kʰ]、“好”[xɑo]里的[x]。

舌根前-小舌音 舌根的前部和小舌形成阻碍发出的音，如湘西苗语“见”[qæ]里的[q]是这个部位上的塞音，浙江永康话“虎”[χu]里的[χ]是这个部位的擦音。

舌根-喉壁音 简称喉音，舌根和喉壁形成阻碍发出的音，如英语 hand [hænd]里的[h]是喉擦音。喉下部靠近声门的地方紧缩，然后突然放开，可发出喉塞音[ʔ]。汉语方言里的喉塞音往往出现在元音之后，使人有元音突然结束的感觉,如苏州话的“识”[sɤʔ]。

2. 发音方法

发辅音时,声腔从静止、气流畅通到形成阻碍、解除阻碍,是动态的,这个动态的过程按照时间顺序分为成阻、持阻、除阻三个阶段。在成阻阶段,活动的部分接触或靠近固定的部分以阻碍气流;在持阻阶段,形成阻碍的肌肉保持一定时间的紧张状态,使阻碍持续;在除阻阶段,活动的部分离开固定的部分,肌肉放松,解除阻碍。在辅音发音的这三个阶段采取不同的方式活动,就会发出不同的辅音。此外,辅音的音质还受到声带振动与否、除阻时呼出气流的强弱与否的影响。因此,发辅音的方法表现在形成阻碍和解除阻碍的方式、声带是否颤动、呼出气流的强弱三个方面,辅音可以根据这几个方面的差别分类。

根据形成阻碍和解除阻碍的方式,辅音可以分成八类:

塞音 又叫闭塞音,在成阻阶段,发音器官的某两个部位完全闭塞,堵住气流,经过短暂的持阻,然后突然解除阻碍,气流骤然冲出而发出声音。除阻的瞬间,口腔内外出现空气压力差,空气骤然逸出,发出劈啪或滴答的声音,所以,塞音也叫爆破音、爆发音、破裂音。各种语言中最常见的塞音是在双唇、舌尖和舌根三个部位发出的,其他的部位也可以发出塞音。例如:

[p]双唇塞音,北京话的“爸”[pA] [t]舌尖塞音,北京话的“大”[tA]

[k]舌根塞音,北京话的“刚”[kɑŋ] [ʈ]卷舌塞音,西安“超”[ʈʰau]

[c]舌面中塞音,山东烟台“经”[ciŋ] [ʔ]喉塞音,上海话“百”[paʔ]

擦音 又叫摩擦音,在成阻和除阻阶段,发音器官的某两个部位不完全闭塞,而是给气流留出缝隙,让气流摩擦而出发出声音。例如:

[f]唇齿擦音,北京话的“发”[fA] [θ]齿间擦音,英语 thin[θin](薄的)

[s]舌尖擦音,北京话的“三”[san] [ʂ]卷舌擦音,北京话“杀”[ʂA]

[ʃ]舌叶擦音,英语 shoe[ʃuː](鞋) [x]舌根擦音,北京话“花”[xuA]

塞擦音 在成阻和除阻阶段,发音器官的某两个部位完全闭塞,堵住气流;进入持阻阶段,阻挡气流的部位不是全部放开,而是略微放开一道窄缝,让气流摩擦而出发出声音。例如:

[pf]唇齿塞擦音,西安话的“猪”[pfu] [tθ]齿间塞擦音,山东费县话的“租”[tθu]

[ts]舌尖塞擦音,北京话的“在”[tsai] [tʂ]卷舌塞擦音,北京话的“住”[tʂu]

[tʃ]舌叶塞擦音,山东诸城话的“家”[tʃɑ] [tɕ]舌面塞擦音,北京话的

“鸡”[tɕi]

鼻音 在成阻阶段，口腔中的某处完全闭塞，阻挡气流，同时软腭、小舌下降，打开鼻腔通路；在持阻阶段，气流从鼻腔流出而发出声音。例如：

[m]双唇鼻音，北京话的“妈”[mA] [n]舌尖鼻音，北京话的“那”[nA]

[ȵ]前舌面鼻音，成都话“泥”[ȵi] [ŋ]舌根鼻音，苏州话的“咬”[ŋæ]

边音 舌尖抵住上齿龈，让气流从舌头的两边缝隙通过而发出声音。例如：

[l]舌尖边音，北京话的“里”[li] [ɬ]舌尖边擦音，藏语的[ɬa](神)

发边擦音时舌的空隙小，气流摩擦舌边。[l]在语言中最常见，[ɬ]在我国很多少数民族语言中都有。

颤音 舌尖、小舌连续颤动发出的声音，例如：

[r]舌尖颤音，俄语 pyka[ruka](手) [ʀ]小舌颤音，法语 Paris[paʀi](巴黎)

闪音 舌尖、小舌快速地、轻轻地颤动一次发出的声音，例如：

[ɾ]英语 very[veɾi] (非常)中的[ɾ]

半元音 在持阻阶段，口腔的通路接近于开放，气流通过时稍微带有摩擦。例如：

[j]中舌面半元音，北京话“一”[ji] [w]双唇舌面半元音，北京话“五”[wu]

[ɥ]中舌面圆唇半元音，北京话“鱼”[ɥy]

根据发辅音时声带振动与否，可把辅音分成清音和浊音。清音是声带不颤动的辅音，浊音是声带颤动的辅音。一般的鼻音、边音等都是浊音①，所以，只有塞音、擦音、塞擦音才有浊和清的分别。例如：

清	浊	清	浊	清	浊
[p]	[b]	[f]	[v]	[pf]	[bv]
[t]	[d]	[θ]	[ð]	[tθ]	[tð]
[k]	[g]	[s]	[z]	[ts]	[dz]
[ʈ]	[ɖ]	[ʂ]	[ʐ]	[tʂ]	[dʐ]
		[ʃ]	[ʒ]	[tʃ]	[dʒ]
		[ɕ]	[ʑ]	[tɕ]	[dʑ]

根据除阻时送出气流的强弱，可把辅音分成送气音和不送气音两类。送气

① 鼻音和边音发音时声带不颤动，就可发出清化鼻音和边音，在符号的上或下加“。”表示清化。

音是除阻时气流较强的辅音，不送气音是除阻时气流较弱的辅音。最常见的送气音是塞音和塞擦音，送气擦音少见，而且送气的塞音和塞擦音中常见的是清音，浊送气音少见。例如：

不送气：[p]　[t]　[k]　[ʈ]　[pf]　[tθ]　[ts]　[tʂ]
[tʃ]　[tɕ]

送气：[p^{h}]　[t^{h}]　[k^{h}]　[ʈ^{h}]　[pf^{h}]　[tθ^{h}]　[ts^{h}]　[tʂ^{h}]
[tʃ^{h}]　[tɕ^{h}]

下面以辅音的发音方法为经，发音部位为纬，把常见的辅音绘成下表：

发音部位 / 发音方法		双唇音	唇齿音	舌尖—齿音	舌尖—齿龈音	舌尖—硬腭音	舌叶—齿龈音	前舌面—前硬腭音	中舌面—后硬腭音	后舌面—软腭音	舌根前—小舌音	舌根—喉壁音
塞音	清	p p^{h}			t t^{h}				c c^{h}	k k^{h}		ʔ
	浊	b			d					g		
鼻音	浊	m			n					ŋ		
擦音	清	ɸ	f	θ	s	ʂ	ʃ	ɕ	ç	x		h
	浊		v	ð	z	ʐ	ʒ					
塞擦音	清		pf pf^{h}	tθ tθ^{h}	ts ts^{h}	tʂ tʂ^{h}	tʃ tʃ^{h}	tɕ tɕ^{h}				
	浊				dz		dʒ					
颤音	浊				r						R	
闪音	浊				ɾ							
边音	浊				l							
半元音	浊	w ɥ				ɹ			j (ɥ)	(w)		

第三节　音位

人类能够发出的音素的数量是很多的，各种语言只从中选取了一部分

构成了自己的语音系统。各种语言的语音系统都不相同，语音系统差别最容易观察到的是那些特有的音素，例如，汉语普通话有舌面前的圆唇元音[y]，而英语则没有这个音；英语有齿间擦音[θ]，而汉语普通话则没有这个音。汉语北京话有舌尖后辅音[tʂ]、[tʂʰ]、[ʂ]，而山东龙口话则没有这套辅音；山东龙口话有舌叶辅音[tʃ]、[tʃʰ]、[ʃ]，而北京话则没有这套音。不同语言的音系之间更隐蔽的差别是：同样的音素在不同的语言中有不同的作用。例如，在汉语普通话中，[p]和[pʰ]被用来区别“爸”和“怕”、“办”和“盼”等很多词的意义，因此，说汉语的人对[p]和[pʰ]的差别很敏感，把它们看作两个不同的单位。英语中也有[p]和[pʰ]这两个音素，而说英语的人却感觉不到这两个音素的差别，认为port（港口）中的p和sport（运动）中的p是同一个单位。同样的道理，汉语普通话中的[a]、[A]、[ɑ]三个不同的音素也不能区别词的意义，说汉语普通话的人感觉不到“买”、“马”、“忙”三个词中的主要元音的差别，如果把其中的一个读成另外的任何一个，只会使人感到读音不地道，不会使人误解词的意义。由此可见，说话人只对能够区别意义的音素敏感，把那些能够区别意义的音素看作一个独立的单位，而对不能区别意义的音素很漠然，不把这样的音素看作一个独立的单位。

上述现象表明，从物理、生理上看是不同的音素，它们在语言中所起的作用可能相同，也可能不同。因此，我们在上两节分析了语音的生理属性和物理属性的基础上，还要分析语音的社会属性，即音素在语言中所起的作用。那些能够起区别意义作用的音素，被说话人看作独立的语音单位，这个语音单位就是音系的基本单位，即音位。语言的音系就是由处在某些关系中的一定数量的音位构成的，尽管语言中音素的数量非常大，但由于音素要成为音位会受到条件的限制，所以音位的数量比音素要少得多。要了解语言的音系，就要知道音素成为音位的条件、音位的表现形式、音位的类别、把不同音位区分开来的特征以及音位的组合规则，这些都是音系的内容。

一、对立和互补

对立和互补是音素之间的两种关系，要理解音位首先要懂得这两种关系。

两个或几个音素可以在相同的语音位置上出现且可以区别词的意义，这样的音素之间的关系就是对立的。以汉语普通话为例：

布[pu^{51}]　　铺[pʰu^{51}]　　木[mu^{51}]　　富[fu^{51}]
肚[tu^{51}]　　兔[tʰu^{51}]　　怒[nu^{51}]　　路[lu^{51}]

从以上的例子中可以看出，音素[p]、[pʰ]、[m]、[f]、[t]、[tʰ]、[n]、[l]都可以在[u]之前出现，而且这几个词的韵母和声调都相同，正是这几个不同的声母辅音，把这几个词的意义区别开来，这样的音素之间的关系就是对立的。再以汉语普通话的元音为例：

梨[li^{35}]　　炉[lu^{35}]　　驴[ly^{35}]　　拉[lᴀ^{35}]

[i]、[u]、[y]、[ᴀ]都可以在[l]之后出现，而且能够把这几个词的意义区别开来，这几个音素就是对立的。再举英语的例子：

by[bai]（在……旁边）　die[dai]（死）　high[hai]（高的）
my[mai]（我的）　pie[pʰai]（馅饼）
why[wai]（为什么）　tie[tʰai]（线；绳）

英语的[b]、[d]、[h]、[m]、[pʰ]、[tʰ]、[w]几个音素都可以在[ai]之前出现，且区别了这几个词的意义，这几个音素都是对立的。

两个或几个音素不可以在相同的语音位置上出现，它们各有自己出现的语音位置，这样的音素之间的关系就是互补的。

以汉语普通话为例，鼻音[m]只在元音之前出现，即作声母，鼻音[ŋ]只在元音之后出现，即作韵尾，如 ang[ɑŋ]、eng[əŋ]、ong[uŋ]、iang[iɑŋ]、ing[iŋ]、iong[yŋ]、uang[uɑŋ]、ueng[uəŋ]，[m]不可以出现在元音之后作韵尾，[ŋ]也不可以出现在元音之前作声母，这两个音素是互补的。

再如，汉语普通话的辅音[tɕ]、[tɕʰ]、[ɕ]只出现在齐齿呼和撮口呼韵母之前作声母，如"家"[tɕiᴀ]、"缺"[tɕʰyɛ]、"学"[ɕyɛ]，而[k]、[kʰ]、[x]这三个辅音只出现在开口呼和合口呼韵母之前作声母，如"干"[kan]、"哭"[kʰu]、"坏"[xuai]。[tɕ]、[tɕʰ]、[ɕ]不可以在开口呼和合口呼韵母之前出现，如没有[tɕa]、[tɕʰu]、[ɕe]这样的音节；[k]、[kʰ]、[x]也不可以在齐齿呼和撮口呼韵母之前作声母，如没有[ki]、[kʰy]、[xi]这样的音节。所以，[tɕ]、[tɕʰ]、[ɕ]与[k]、[kʰ]、[x]这两组辅音也是互补的。

英语的不送气塞音[p]与送气塞音[pʰ]也是互补的，[p]出现在 s 之后，如 spill[spil]（溢出），[pʰ]出现在其他语音位置上，如 pill[pʰil]（药丸）、cup[kʌpʰ]（杯子）。如果 s 之后的 p 发成送气的，其他语音位置上的 p 发成不送气的，只是使人感到发音不地道，不会造成意义的混淆。同样的道理，英

语不送气的塞音[t]与[t^h]、[k]与[k^h]也是互补的。

判断两个音素是否对立，只借助一个语音位置就可以，只要二者在一个语音位置上形成对立，它们就是对立的。判断两个或几个音素是否互补，要检查这些音素出现的所有的语音位置，在所有的语音位置上都没有发现两个或几个音素可以出现，才能确定它们互补。

二、音位

上文已经说到，有些音素被用来区别词或语素的意义，说话人把这些具有区别意义功能的音素看作是独立的语音单位，而不把没有区别意义功能的音素看作独立的语音单位，这样的语音单位就是音位。可见，音位是具有区别意义功能的最小语音单位。音素是根据音质划分出来的最小语音单位，两个声音的音质不同就是不同的音素；音位是根据区别意义的功能划分出来的最小语音单位，两个音素必须能够区别意义才能成为独立的音位，不具有区别意义的功能不能成为独立的音位。为了把音素和音位相区别，把音素写在方括号[ ]内，把音位写在两道斜线/ /之间。

凡是有对立关系的音素都是可以区别意义的，都应该是独立的音位，例如，上文谈到的汉语普通话的辅音音素[p]、[p^h]、[m]、[f]、[t]、[t^h]、[n]、[l]和元音音素[i]、[u]、[y]、[A]都能够区别意义，都应该是独立的音位/p/、/p^h/、/m/、/f/、/t/、/t^h/、/n/、/l/、/i/、/u/、/y/、/A/。判断两个音素是不是对立的，要找一个语音位置，然后把这两个音素填入这个位置，看是否可以产生两个不同的词，如果可以产生不同的词，那么这两个音素就是对立的。仍用上文的例子，在[_u^{51}]的语音位置上填入[p]产生的词是“布”[pu^{51}]，填入[p^h]后产生的词是“铺”[p^hu^{51}]，“布”和“铺”的元音和声调都相同，所不同的就是开头的辅音[p]和[p^h]，可见这两个词的意义是靠[p]和[p^h]来区别的，这两个音素应该各是一个音位。像“布”[pu^{51}]和“铺”[p^hu^{51}]这样的只在同一个语音位置上有差别的两个词叫作“最小对比对儿”或“最小对立体”，像“梨”[li^{35}]、“炉”[lu^{35}]、“驴”[ly^{35}]、“拉”[lA^{35}]这样的只在同一个语音位置上有差别的几个词叫“最小对比组”，要判断两个或几个音素是否对立，就要寻找由这些音素构成的最小对比对儿或最小对比组。如果两个词的语音差别不在同一个语音位置上，这样的两个词就不是最小对比对儿。例如，“布”[pu^{51}]和“圃”[p^hu^{214}]的声母和声调都不相同，“蓝”[lan^{35}]和“壮”[tʂuaŋ^{51}]的辅音、元音、声调都不相同，都不是最小对比对儿。

有互补关系的音素由于不可以在同样的语音位置上出现，不能造成最小对比对儿，就不能区别词的意义，这些音素是否要归并为一个音位，要看这些音素是否在语音上相似。如果几个音素互补且语音相似，这几个音素就可以归并为一个音位，否则也不能归并为一个音位。例如，英语的[p]和[pʰ]是互补的，[p]只出现在 s 之后，[pʰ]出现在其他环境，而且这两个音素的语音相似，说英语的人对这两个音素不加区分，所以这两个音素应该归入一个/p/音位。再如，汉语普通话的[ε]、[a]、[A]、[ɑ]四个音素是互补的，它们出现的语音环境是：

[ε]：在[i]或[y]与[n]之间，如"天"[tʰiεn]、"捐"[tɕyεn]。

[a]：在[i]、[n]之前，如"来"[lai]、"兰"[lan]。

[A]：在无韵尾韵母中，如"家"[tɕiA]、"花"[xuA]。

[ɑ]：在[u]、[ŋ]之前，如"帮"[pɑŋ]、"包"[pɑu]。

在听感上，[ε]、[a]、[A]、[ɑ]四个音素也是很相近的，说普通话的人对它们的区别很漠然，因而可把它们归入一个/a/音位，而汉语拼音方案也用 a 一个字母代表这三个音素，说明已经把这几个音素看作一个音位。

有互补关系的音素如果语音上的差别太大，也不宜归并为一个音位。例如，汉语普通话的[ŋ]只出现在元音之后作韵尾，与除[n]以外的其他辅音都互补，但除了与[m]语音相似外，与其他的辅音的音感差别都很大，也不能把[ŋ]与任何一个辅音归入一个音位①。再如，汉语普通话的[tʂ]、[tʂʰ]、[ʂ]总是在开口呼、合口呼韵母之前出现，而[tɕ]、[tɕʰ]、[ɕ]总是在齐齿呼、撮口呼韵母之前出现，这两组辅音呈互补状态。但是由于这两组辅音的语音差别很大，也不能分别把它们归入一个音位。

音位总是属于一定的语言或方言的，不存在超语言或超方言的音位，同样的音素在不同的语言或方言中所起的作用不一定相同。例如，英语和汉语都有[p]和[pʰ]两个音素，但这两个音素在这两种不同语言中起的作用却不相同。在汉语中，这两个音素是对立的，能区别词的意义，而在英语中这两个音素是互补的，不能区别词的意义。再如，[n]和[l]两个音素在北京话和汉语的很多方言中是可以区别意义的，而在兰州话中却不可以，在兰州话中这两个音素可以互相替换，而说话人感觉不到这两个音之间的差别，在兰州人听感上"南"和"蓝"是同音的。

---

① 汉语普通话的[ŋ]与[m]互补且语音相似，可以归并为一个音位，但粤语仍有[m]韵尾，为了显示出汉语普通话与粤语的差别，这两个音素还是各自独立成一个音位。

由于同样的音素在不同的语言中起不同的作用，所以两种语言可以有相同的音素，但音系不一定相同。以英语和泰语的双唇塞音为例：

英语 spill[spil]（溢出） pill[pʰil]（药丸） bill[bil]（账单）
泰语 [pa:]（森林） [pʰa:]（裂） [ba:]（肩）

英语和泰语都有[p]、[pʰ]、[b]三个音素，但这三个音素在泰语中是相互对立的，应该归并为三个音位。在英语中，[pʰ]与[b]对立，而与[p]互补，[p]与[b]也互补，再考虑语音相似，英语的[p]与[pʰ]应该归并为一个音位，而[b]应该独立成为一个音位。

三、音位变体

两个或几个有互补关系且语音相似的音素、两个互相替换后不区别词的意义的音素都可以归入一个音位，这两个或几个音素就是一个音位的变体，可见，音位变体是属于同一个音位的各个音素。

音位变体有自由变体和条件变体两种。能在同样的语音环境中互相替换而不区别意义的音素叫音位的自由变体，如兰州话的[n]和[l]。再如，在东北的某些方言中，[ʦ]、[ʦʰ]、[s]与[ʈʂ]、[ʈʂʰ]、[ʂ]不分，在同样的语音环境中读哪一个也可以，因而 [ʦ]与[ʈʂ]、[ʦʰ]与[ʈʂʰ]、[s]与[ʂ]都可看作同一个音位的两个自由变体。

具有互补关系的音位变体叫音位的条件变体。例如，汉语普通话的[ɛ]、[a]、[A]、[ɑ]四个音素是互补的，把它们归入一个/a/音位后，它们就是/a/音位的四个条件变体。英语的[p]和[pʰ]两个音素归入/p/音位后，它们就是/p/音位的两个条件变体。此外，英语的[t]与[tʰ]、[k]与[kʰ]也都是互补的，都可看作同一个音位的两个条件变体。

音位变体是音位的具体发音，是音位的具体表现形式，而音位则是从这些具体的音素中抽象出来的功能单位。无论是自由变体，还是条件变体，说话人都把它们看作同一个语音单位，感觉不到变体之间的差别，因此，“音位”的概念反映了说话人的语感。音位和音位变体是一般和个别的关系，一般存在于个别之中，通过个别来体现，任何个别都是一般的一种表现形式。比如，英语的/p/音位就存在于[p]和[pʰ]两个变体之中，通过这两个变体体现出来，[p]和[pʰ]是/p/在不同的语音位置上的代表。由于音位的条件变体都有出现的语音条件，因而音位的具体发音是可以预测的，可以列成规则。例如，汉语普通话的/a/的发音规则如下：

/a/
- [ε]/[i],[y]____[n]　　眼[iεn]　远[yεn]
- [a]/____[i],[n]　　白[pai]　蓝[lan]
- [A]/____#　　花[xuA]　家[tɕiA]
- [ɑ]/____[u],[ŋ]　　包[pɑu]　帮[pɑŋ]

斜线之前是/a/音位的变体,斜线之后是变体出现的语音位置,# 表示无韵尾,音素之间的逗号表示"或"。

为语言设计拼音文字时,要用为数有限的字母拼写语言中的全部音素,就要以音位理论为指导。首先要归纳语言的音位,然后以音位为单位设计字母,字母的实际发音由语音条件决定。如果给每个音素都设计一个字母,这样的文字系统必然很繁杂,不易掌握和使用。

四、非音质音位

音素是根据音质的区别划分出来的语音单位,因而,像上面由归并音素而得到的音位叫音质音位。在音质音位相同的条件下,音高、音长、音重也可能具有区别意义的作用,这种有区别意义作用的音高、音长、音重就叫作非音质音位。

语言里的每个音节都有一定的音高,有些语言利用音节的音高变化来区别意义,这些有区别意义作用的音高变化就是声调,由声调充当的非音质音位叫调位。汉语的各个方言都有声调,汉语普通话有阴平、阳平、上声和去声四个声调。例如,"妈"、"麻"、"马"、"骂"四个词的音质音位都是/ma/,所不同的是词的声调:

/ma^{55}/(妈)　/ma^{35}/(麻)　/ma^{214}/(马)　/ma^{51}/(骂)

这四个词的意义是靠声调来区别的,可见声调同音质音位一样也有区别意义的作用,应该看作音位。

调位也可以有变体,例如汉语普通话的上声调位就有以下三个变体:

[35],在上声音节前,例如"海水""管理"

[21],在阴平、阳平、去声音节前,例如"美金""美元""美丽"

[214],在其他位置上,例如"黑马""白马""卖马"

世界上许多语言都有声调[①]，这些语言被称为“声调语言”。声调语言主要分布在非洲、亚洲和美洲。有声调的语言最少有两种声调，如南非的祖鲁语有高、低两种声调。汉藏语系的绝大多数语言都有声调，如汉语、藏语、苗语、壮语、侗语等。汉语方言最少的有三个声调，如西北某些方言、山东胶东某些方言、河北某些方言，多的有十个，如广西博白话。

重音是相连的音节中某个音节发音突出的现象，重音有句重音和词重音两类。句重音是句子中的某个词被重读，说话时要强调哪个词哪个词就可以读得响亮。词重音是词的某个音节重读，是词的语音结构的一部分。有的语言的词重音总是固定在某个音节上，这样的词重音叫“固定重音”。例如捷克语、拉脱维亚语、芬兰语、匈牙利语、蒙古语的词重音在词的第一个音节上，法语、维吾尔语、哈萨克语的词重音在词的最后一个音节上，波兰语、马来语的词重音在词的倒数第二个音节上。有的语言的词重音虽然在词里的位置是固定的，但就整个语言来说，重音并不固定在词的某个音节上，比如英语、俄语就是这样的语言，这样的词重音叫“自由重音”。

在有自由重音的语言中，尽管两个词的音质音位相同，但重音位置不同，可以把词的意义区别开来，像这样有区别意义作用的重音叫重位。例如：

英语	instinct[inˈstiŋkt]（活跃的）	instinct[ˈinstiŋkt]（本能）
	commune[kəmˈjuːn]（交谈）	commune[ˈkəmjuːn]（公社）
俄语	замок[zaˈmək]（锁）	замок[ˈzamək]（城堡）
	мука[muˈka]（面粉）	мука[ˈmuka]（痛苦）

英语和俄语的重音主要是通过增加音重实现的，这样的重音叫“力重音”。有的语言的词重音主要是通过增加音高来实现，这样的重音叫“乐调重音”，像梵语、古希腊语、立陶宛语、日语、挪威语、瑞典语等都有乐调重音。以日语为例：

はし[ˈhaʃi] 筷子　　　　はし[haˈʃi]桥梁

---

① 〔英〕戴维·克里斯特尔《剑桥语言百科全书》（中国社会科学出版社，1995年）第269页：世界上超过半数的语言都可能仅通过改变所说的词的调级来改变词的意义。允许这样做的语言为声调语言，有区别性的调级称作声调或调位。〔美〕维多利亚·弗罗姆金、罗伯特·罗德曼《语言导论》（北京语言学院出版社，1994年）第93页：说全世界大部分语言是声调语大概不会有错。单在非洲就有1000多种声调语，许多亚洲语言，如汉语、泰语、缅语，也是声调语，还有好多原住民美洲语言也是。

あめ['ame] 雨	あめ[a'me]糖
はな['hana] 开端	はな[ha'na]花儿

音素都有一定的音长，比如英语的 sit(坐)和 see(看见)中都有[s]这个音素，但前一个短后一个长。有些语言用音长的不同来区别意义[1]，这些有区别意义作用的音长叫作时位。例如：

蒙古语	[u:d]门	[ud]中午
	[i:m]这样的	[im]牲畜的耳记
	[o:d]上坡	[od]翎
广州话	考[ha:u^{35}]	口[hau^{35}]
	街[ka:i^{55}]	鸡[kai^{55}]

法语、德语、藏语、蒙古语、壮语、达斡尔语、独龙语等语言都有长短音的对立。

音质音位可以独立地存在，而非音质音位则不然，它必须依附于一定的音节或音质音位，自己不能独立。随着非音质音位的变化，音素的音质也可能会发生变化。例如，英语的 commune(交谈)的重音在后一个音节上，非重读音节的字母 o 读作弱的[ə]，而 commune(公社)的重音在前一个音节上，字母 o 读作[ɔ]。

五、区别特征

音位之间能够形成对立并区别意义，一定是音位在语音特征上有差别。例如，汉语普通话的“爸”[pa^{51}]和“怕”[p^{h}a^{51}]是靠/p/和/p^{h}/的对立来区别意义的。/p/和/p^{h}/在语音上惟一的区别在于前者不送气，而后者送气，不送气和送气这两个语音特征使/p/和/p^{h}/形成对立，把这两个音位区别开来。再如，英语的 seal(图章)和 zeal(热心)是靠/s/和/z/来区别意义的，/s/和/z/惟一的区别在于前者清而后者浊，清和浊这两个语音特征使/s/和/z/形成对立，把这两个音位区分开来。

在上面两个例子中，两个音位之间的对立表现在一对语音特征上，而有的音位之间的对立则表现在两对语音特征上。例如，汉语普通话的“骂”[ma^{51}]和“大”[ta^{51}]是靠/m/和/t/来区别的，把/m/和/t/区别开来的语音

---

① 多数语言中区别意义的长短音表现在元音上，但也有的语言利用辅音的长短区别意义，见〔美〕维多利亚·弗罗姆金、罗伯特·罗德曼《语言导论》(北京语言学院出版社，1994 年)第 87 页。

特征既有双唇和舌尖，也有鼻和塞。这些能够把音位区别开来的语音特征就叫作区别特征，音位之间的对立总是表现在一对语音特征或两对语音特上，而不是在所有的语音特征上。

一个音位的区别特征是什么，或者说有几个区别特征，要在音系中把该音位与其他音位进行对比。以汉语普通话为例：

/p/	双唇	塞	清	不送气
/p^h/	双唇	塞	清	送气
/m/	双唇	鼻		
/t/	舌尖	塞	清	不送气
/k/	舌根	塞	清	不送气

以/p/为比较的基点，它与/p^h/在不送气和送气上形成对立，与/m/在塞和鼻上形成对立，与/t/在双唇和舌尖上形成对立，与/k/在双唇和舌根上形成对立。经过这样的对比，可以把每个音位都分解为若干个区别特征，比如汉语普通话/p/的区别特征是双唇、塞、不送气，/p^h/的区别特征是双唇、塞、送气，/m/的区别特征是双唇、鼻，/t/的区别特征是舌尖、塞、不送气，/k/的区别特征是舌根、塞、不送气。因此，可以说音位是区别特征的总和。

不是所有的语音特征都能成为区别特征，语音特征能否成为区别特征要看它能否使音位形成对立。汉语普通话中由于没有浊音音位，因此，没有两个音位在清浊上形成对立，清这个语音特征也就不能成为区别特征。英语中既有送气音素，也有不送气音素，但送气音素和不送气音素不能区别意义，因此，送气和不送气这两个语音特征也不能使音位形成对立，也就不能成为区别特征。像汉语普通话中的清这个语音特征、英语的送气和不送气这两个语音特征就是音系中的冗余特征，冗余特征不是音系的构成要素。可见，区别特征总是属于一定的语言或方言，某个语音特征在一种语言中是区别特征，而在另一种语言中却不一定是。比如，送气与不送气在汉语中是音位的区别特征，而在英语、俄语、法语中却不是；清与浊在英语、俄语、法语中是音位的区别特征，而在汉语普通话中却不是。因而，考察音位的区别特征必须在具体语言的音系中进行。

人类语言中音素的数量是很大的，国际音标记录语音的符号有 200 个左右，区分这些音素的语音特征有几十个，比如区分元音的语音特征有高、半高、半低、低、前、央、后、圆唇和不圆唇等。由于不是所有的语音特征都能成为区别特征，人类语言中区别特征的数量比语音特征要少得多[1]。

可以用区别特征的矩阵表把一种语言的区别特征展示出来。下表是汉语普通话9个辅音音位的区别特征矩阵表，表中的“+”表示有斜线前的特征，“－”表示有斜线后的特征。

区别特征＼音位	p	p^h	m	t	t^h	n	k	k^h	ŋ
唇/非唇	+	+	+	－	－	－	－	－	－
齿/非齿	－	－	－	+	+	+	－	－	－
软腭/非软腭	－	－	－	－	－	－	+	+	+
鼻/口	－	－	+	－	－	+	－	－	+
送气/不送气	－	+		－	+		－	+	

音位的区别特征不仅可以使音位之间构成对立，还可以使音位联系在一起，形成聚合群。比如，汉语普通话的/t/音位，它一方面与/t^h/、/n/、/s/、/p/对立，另一方面与/t^h/、/n/、/l/具有共同的区别特征，构成一个舌尖音的聚合群。语言中的音位都是处在既与别的音位对立又与别的音位聚合的关系之中。

音位既可以只在一个区别特征上与其他音位形成聚合群，如汉语普通话的/l/只在发音部位上与/t/、/t^h/、/n/构成一个舌尖音的聚合群，/f/只在发音方法上与/s/、/ʂ/、/ɕ/、/x/构成一个擦音的聚合群，这种只在一个区别特征上形成的聚合群叫单向聚合群。音位也可以同时在两个区别特征上与其他的音位构成聚合群，例如，汉语普通话的/p/一方面在发音部位上与/p^h/、/m/构成一个双唇音的聚合群，另一方面又与/t/、/k/构成一个不送气塞音的聚合群。语言中的大部分音位都可以同时在两方面的区别特征上与其他音位构成聚合群。以英语为例：

/p/	/b/	/m/
/t/	/d/	/n/
/k/	/g/	/ŋ/

① 雅科布逊等根据声学和生理特征建立了12对区别特征，见雅科布逊等《语音分析初探》，译文载《国外语言学》1981年第3、4期。美国学者Ladefoged在前人的基础上把区别特征扩充为20对，见吴宗济、林茂灿主编《实验语音学概要》第261页，高等教育出版社，1989年。

在这个聚合群中，每一横行的音位发音部位相同，每一竖行的发音方法相同，这种同时在两个区别特征上形成的聚合群叫双向聚合群。双向聚合群中的音位，总是与其他音位处在平行对称的关系之中，如果我们知道了其中一个音位的特点，就可以推知与它处于同一个聚合群的其他音位的特点。

第四节 音位的组合

一、音节

音节是听感上最容易感觉到的最小语音片段，也是音位组合的最小结构单位。一般人都可以感觉到音节之间的界限，能把语流切分成音节，判断音节是否表达意义，表达什么意义。在汉语中，一个汉字通常代表一个音节，如“花”“买”“做”等。一个音节可以由一个音质音位构成，如汉语普通话的“一”/i/，也可以由若干个音质音位构成，如汉语普通话的“装”/tʂuaŋ/由四个音质音位构成。

音节和语素不在语言的同一个层面上，二者之间不存在对应关系。比如，英语的一个语素既可以是单音节的，如 dog（狗），ball（球），也可以是双音节的，如 student（学生），pencil（铅笔），也可以是多音节的，如 envelop（信封），history（历史），而在汉语中，多数情况下一个音节就是一个语素，如“大”、“走”、“家”等。

关于音节的定义有若干种①，比较通行的是“肌肉紧张说”。每发一个音节，发音器官的肌肉（主要是喉头的肌肉）就紧张一次，先增强后减弱，发音器官肌肉的紧张从增强到减弱的一个过程就是一个音节。肌肉紧张的顶点叫音峰，紧张逐渐减弱的最低点叫音谷，这是一次紧张结束然后开始下一次紧张的地方。例如，发“开门”/kʰaimen/时，肌肉有两次紧张，因而是两个音节，音峰落在/a/和/e/上，/i/与/m/的分界处就是音谷。如下图所示：

① 见吴宗济、林茂灿主编《实验语音学概要》193 页，高等教育出版社，1989 年。

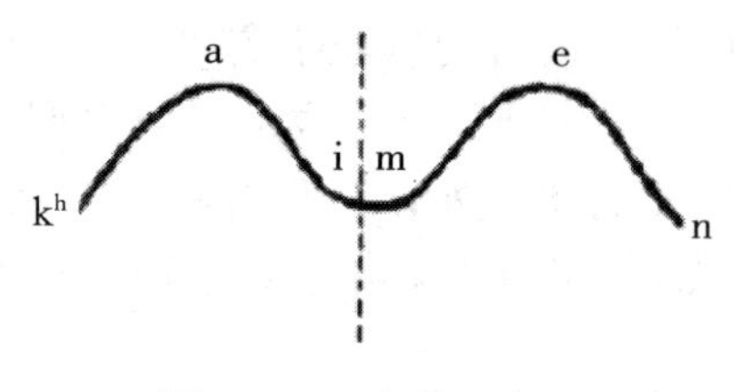

图 2－16　音节示意图

根据肌肉紧张的程度，可把音节内部分成三部分。处在音峰位置的音叫领音，领音之前的叫起音，领音之后的叫收音。一个音节必有领音，起音和收音可有可无。根据领音与起音、收音的配合情况，音节结构可分以下四种：

1)领音	“一”[i]、“五”[u]、“鱼”[y]
2)起音＋领音	“压”[iA]、“大”[tA]
3)领音＋收音	“哀”[ai]、“恩”[en]、“阴”[in]
4)起音＋领音＋收音	“烟”[iɛn]、“帮”[paŋ]

领音一般由元音来充当，有时鼻音、边音、擦音也可以充当领音。例如，山西文水话的“你”[n̩]，上海话的“五”[ŋ̍]，“姆妈”的“姆”[m̩]，法语 pst [pst](喂!)。能充当领音的辅音叫成音节辅音，国际音标的表示法是在成音节辅音下方或上方加小短竖表示。

用 V 代表元音，C 代表辅音，根据音节内元音和辅音的组合情况，可以把音节分为以下四类：

1)V	2)C＋ V	3)V＋ C	4)C＋ V＋ C
1)元音	2)辅音＋元音	3)元音＋辅音	4)辅音＋元音＋辅音

这四种音节结构在汉语中都有，其中“辅音＋元音”这种音节结构在世界各种语言中都存在。音节中的元音可以是单元音或复合元音，音节中的辅音也可以是单辅音或复辅音，因而，一个音节最多可以不止三个音位。

一般的音节都有元音，而辅音可有可无，如果用括号表示可有可无，可以把音节概括成这样的公式：

(辅音)＋元音＋(辅音)

以辅音收尾的音节叫闭音节，以元音收尾的音节叫开音节。有的语言只有开音节而无闭音节，如我国的彝语、哈尼语、纳西语、傈僳语等；有的语

言有丰富的闭音节，如英语、俄语、法语、维吾尔语等；汉语普通话、日语只有以鼻音收尾的少量的闭音节。判断音节属于开音节还是闭音节应以音节的实际发音为准，而不应以收音的字母为准，因为字母常常与实际的发音不一致。如英语的 name[neim]（名字）以元音字母结尾，但它已经不发音了，因而应看作闭音节。

各种语言都有自己独特的音节结构，比如，汉语、英语、日语的音节结构都不相同。汉语的音节分声、韵、调三部分。声母是音节开头的辅音（没有声母的音节被认为以零声母开头），韵母是声母以后的部分。韵母又分韵头、韵腹、韵尾三部分，韵腹是音节中必有的部分，而韵头、韵尾则可有可无。声调覆盖在整个音节之上，是音节必有的部分。英语音节的起音、收音位置上都可以有复辅音，音节中可以有复元音。两个音节的单词中一个音节要有重音；三音节以上的单词中，除有一个音节有主重音之外，主重音之前的某个音节还有一个次重音。此外，英语还有几个长元音。日语的音节既没有复辅音，也没有复元音。日语音节中有由音高变化构成的乐调重音。

二、音位组合的限制

音节是音位组合的最小单位，也是语音结构的最小单位，音位组合的特点集中表现在音节的构造上，音位组合的限制也最突出地表现在音节之内。

音节结构的公式，实际上是由元音、辅音可能出现的几个位置构成的，这些可能的组合位置，在不同的语言中有不同的实现方式。例如，在英语、法语、俄语中，辅音在音节的开头和结尾两个位置都可以出现；在只有开音节的语言，如彝语、哈尼语、纳西语、傈僳语、缅语等语言中，辅音只能出现在音节的开头；在汉语的各个方言中，绝大多数辅音只能出现在音节开头，能出现在音节末尾的限于少数的几个辅音，北京话中只有/n/和/ŋ/两个音位可以出现在音节末尾，广州话中则有/p/、/t/、/k/、/m/、/n/和/ŋ/六个辅音。即使能出现在音节的开头或结尾的位置，不同的辅音也有差别。例如，在英语中，如果音节开头出现三个辅音，第一个辅音一定是清擦音/s/，第二个是清塞音/p/、/t/、/k/中的一个，第三个是/l/、/r/、/w/、/j/中的一个。

在音节内，音位的组合要受到种种限制。在英语、汉语、羌语、景颇语、缅语等语言中，元音和元音可以直接组合，而在俄语、法语、日语中元音不可以组合。日语、汉语、朝鲜语、景颇语中辅音不可以组合，而在英语、俄语、羌语、纳西语、彝语凉山话中可以。在汉语北京话中，/i/不能和/k/或/kʰ/组合，而在英语中却可以。各种语言都有自己的音位组合规则，比如在汉语普通话中，/tɕ/、/tɕʰ/、/ɕ/只与齐齿呼、撮口呼韵母组合，不能与开口呼、合口呼韵母组合，而/tʂ/、/tʂʰ/、/ʂ/、/ts/、/tsʰ/、/s/、/k/、/kʰ/、/x/三组辅音则恰好相反，只与开口呼、合口呼韵母组合，不能与齐齿呼、撮口呼韵母组合，而/n/和/l/则与这四呼韵母都可以组合。

语言中音位的数目是有限的，就目前所知，音位数最多的是高加索的阿布哈兹语，有71个音位，最少的是澳洲的阿兰答语，有13个音位。音位组合的可能性却是非常大的，远远超出了我们的想象。例如，汉语普通话约有30个音位，不算声调，每个音节的长度可以是1到4个音位不等，那么汉语普通话中理论上可以构成 $30^4+30^3+30^2+30^1=837930$ 个音节。但是音位组合是有限制的，比如，汉语普通话不允许辅音相连，元音相连的长度最大是3，一个辅音不可以成音节，/tʂ/、/tʂʰ/、/ʂ/、/ts/、/tsʰ/、/s/、/k/、/kʰ/、/x/之后不能出现齐齿呼、撮口呼韵母，/tɕ/、/tɕʰ/、/ɕ/之后不能出现开口呼、合口呼韵母，除/n/、/ŋ/外，辅音不能处在末尾等等。排除这些不符合规则的组合之后，符合规则的组合也没有全部被利用起来。例如，/pia/、/pʰia/、/mia/这几个音位组合都是符合规则的，但汉语普通话中并没有这样的音节。实际上，汉语普通话中只用了400多个音位组合，每个音位组合再配上四个声调，可以形成1600多个音节，但声韵调的配合是有条件的，实际上只形成了1300多个音节。音节的数目虽然不大，但是，它和意义结合以后，就可以构成几千个语素，语素自相组合就可以构成上万个甚至几万个词，词自相组合就可构成无限的句子，以满足人们的交际需要。

三、复元音和复辅音

在一个音节内部元音和元音组合起来就构成复元音。复元音不是几个元音相连，几个单元音相连是几个不同的音节，如汉语普通话的“阿姨”[a⁵⁵ i³⁵]、“义务”[i⁵¹ u⁵¹]都是两个音节。复元音实际上是从一个点开始向另一个点滑动的一段音，如果它中间没有拐点，就是二合元音；中间有拐点，就是三合元音。例如，汉语普通话的二合元音 ei[ei]就是从[e]开始向[i]滑动的一段音，实际上终点不到[i]，而是到[ɪ]。三合元音 uai[uai]是从[u]开始，在[a]处拐弯向[i]滑动的一段音，实际上起点并不到[u]，大约是[ʊ]；拐点也不到[a]，大约是[æ]；终点也不到[i]，大约是[ɪ]。由于复元音是滑

动的，音质是逐渐变化的，元音之间并没有明确的界限。汉语普通话既有二合元音，也有三合元音；英语有二合元音，没有三合元音；法语、俄语、日语、彝语没有复元音。

复辅音是同一音节内同处在起音或收音位置上的辅音的组合。复辅音在印欧语系的语言里很常见，绝大多数是由两个或三个辅音组成的。如英语 blow[blou]（吹）中的[bl]、last[lɑ:st]（最后的）中的[st]、spring[spriŋ]（春天）中的[spr]、linked[liŋkt]（联系，过去时）中的[ŋkt]，俄语 глаз[gla:s]（眼睛）中的[gl]，план[plan]（计划）中的[pl]。有的复辅音由四个到五个辅音组成，如英语 glimpsed[glimpst]（瞥，过去时）中的[mpst]、俄语 встреча[fstrietʃæ]（遇见）中的[fstr]。

复辅音与复元音不同，复元音中音质的变化是连续的，中间没有明显变化的界限；而复辅音是几个辅音的组合，各个辅音都有自己的发音过程，音质的变化有明显的界限。为了和复元音相区别，有的学者又把复辅音称为“辅音丛”或“辅音群”。

汉语、藏语、土家语、日语都没有复辅音①。有复辅音的语言，不仅各自的复辅音不一定相同，而且复辅音出现的位置也不一定相同，例如，苗语、彝语的复辅音只出现在起音的位置，蒙古语、维语的复辅音只出现在收音的位置，英语、俄语的复辅音在这两个位置上都可以出现。

四、语流音变

我们说出的每一句话都是一串语流，音位在语流中发生的临时性变化叫做语流音变。语流音变的起因或者是音位之间的相互影响，或者是音位处于不重要的位置（如在词的末尾、作助词等）而发音变轻，或者是快速的说话。常见的语流音变有同化、异化、弱化、脱落等。

1. 同化 两个不同或不相近的音位在语流中一个影响另一个，使之变得与自己相同或相近。后面的音同化前面的音的同化现象叫作“逆同化”，例如汉语普通话：

面[mian]＋貌[mao]→面貌[miammao]
慢[man]＋板[pan]→慢板[mampan]

“面”和“慢”的收音[n]是舌尖音鼻音，“貌”起音[m]是双唇鼻音，“板”的起

① 有学者认为，上古汉语有复辅音。

音[p]是双唇塞音,后面的双唇音[m]和[p]把前面的舌尖音[n]同化成双唇音[m]。同化是各种语言中都很常见的语流音变,比如在英语中,舌尖鼻音[n]后面出现双唇音、舌根音时,[n]都要受后面辅音的同化,变成与后面辅音同部位的鼻音。例如:

ten[ten](十)+pigs[pigz](猪)→tenpigs[tempigz]
ten[ten](十)+gifts[gifts](礼物)→tengifts[teŋgifts]

前面的音同化后面的音的同化现象叫作顺同化。再如英语:

dog[dɔg](狗)+s[s](名词复数)→dogs[dɔgz]
boy[bɔi](男孩)+s[s](名词复数)→boys[bɔiz]
look[luk](看)+ed[d](动词过去时)→looked[lukt]

名词复数词尾 s 本来读清音[s],受它前面浊音[g]、元音[ɔi]的影响变成了浊音[z]。动词词尾 ed 本来读浊音[d],受它前面清音[k]的影响变成清音[t]。

2. 异化　两个相同或相近的音位在语流中一个影响另一个,使之变得与自己不同或不相近。与同化现象相比,异化要少见一些。例如在俄语中,同一个词中出现两个相连的塞音时,前一个塞音要变成同部位的擦音。例如,字母 к 应读[k],但 доктор(医生、博士)中的 к 应读[x],这个词的实际发音是[ˈdɔxtər],к 被后面的塞音 т 异化成了舌根擦音[x]。再如,легко(容易)中的 г 本应发成浊塞音[g],而这个单词的实际发音是[lie xˈkɔ],г 被后面的塞音 к 异化成了舌根擦音[x]。汉语普通话中两个上声相连时,前一个上声要变成阳平,调值由 214 变成 35,如"海水、美好、管理、野草、雨水"等。

3. 弱化　有些音在语流中的发音变弱。发音时用力大的音是比较强的音,反之,是比较弱的音。辅音中,清音、塞音是比较强的音,浊音、擦音是比较弱的音;元音中,复元音、高元音、低元音、前元音、后元音是比较强的音,单元音、央元音是比较弱的音。在语流中,清辅音变成浊辅音,塞音变成擦音,复元音变成单元音,高元音、低元音、前元音、后元音向央元音靠拢或变成央元音,这些变化都是弱化。例如,汉语普通话:

爸[pA^{51}]+爸[pA^{51}]→爸·爸[pA^{51}bə]
弟[ti^{51}]+弟[ti^{51}]→弟·弟[ti^{51}dɪ]
姑[ku^{55}]+姑[ku^{55}]→姑·姑[ku^{55}gʊ]

上[ʂaŋ^{51}]+来[lai^{35}]→上·来[ʂaŋ^{51}lɛ]
交[tɕiao^{55}]+代[tai^{51}]→交·代[tɕiao^{55}dɛ]

在有词重音的语言中,与重读音节相比,非重读音节往往是弱化的音节。英语有一批小词有强式和弱式两种发音,在弱式的发音中元音往往弱化成央元音[ə]。例如,冠词 a 的强式发音是[ei],弱式发音是[ə];连词 but 的强式发音是[bʌt],弱式发音是[bət];介词 of 的强式发音是[ɔf],弱式发音是[əf]。再如在俄语中,o[ɔ]和 a[a]两个字母在重读音节中读本来的音,在重读音节前的第一个音节都读[ʌ],在距离重音更远时读[ə],如 хорошо [xərʌˈʃɔ](好)、карандаш [kərʌnˈdaʃ](铅笔)。

4. 脱落 有些音在语流中消失。在弱化的音节中,很容易出现音的脱落。例如北京话:

我们[uomen]→[uom]
五个[ukɤ]→[uə]
仔细[tsɿɕi]→[tsɿɕ]
天气[t^{h}iantɕ^{h}i]→[t^{h}iantɕ^{h}]

再如英语:

and[ænd]→[ənd]→[ən]→[n](和)
them[ðem]→[ðəm]→[ðm]→[m](他们,宾格)

英语中有很多省音现象,这也是一种脱落,例如:

I am[aiæm]→I'm[aim](我是)
I will[aiwil]→I'll[ail](我将要)
last night[lɑːst nait]→[lɑːs nait](昨天晚上)
is not[iz nɔt]→[iznt](不是)

在连续的发音中也产生脱落现象,如北京话的儿化就常常造成脱落:

盆[p^{h}ən]→盆儿[p^{h}ər]　　　位[uei]→位儿[uər]

俄语的两个辅音之间的 т 或 д 也常常出于发音的方便而省略,如 известно[izˈvesnə](知道)中的 т,поздно [ˈpoznə](晚)中的 д 是不发音的。

小　结

语音具有物理属性，有音高、音长、音重和音质四个要素。语音还具有生理属性，是人类发音器官协同动作的结果。人类的发音器官由声门下系统、喉系统和声门上系统构成，声门下系统提供发音动力，喉系统中的声带是重要的发音体，声门上系统起共鸣作用。

音素是从音质的角度划分的最小语音单位，是从语流中切分出来的。国际音标是国际上通用的记录音素的一套符号，记音准确，使用方便。语音分元音和辅音两类，元音在喉部以上的发音通道中不受阻碍，辅音在喉部以上的发音通道中一定受到某种阻碍。元音大部分是舌面元音，少量的是舌尖元音。舌面元音的差别表现在舌位的前后、高低和唇形的圆与不圆三个方面，辅音的差别表现在发音部位和发音方法两个方面。

音位是特定的语言或方言中具有区别意义作用的最小语音单位，有对立关系的音素不能归并为一个音位，有互补关系且语音相似的音素才可以归并为一个音位。属于同一个音位的各个音素是音位的变体，包括条件变体和自由变体两种。音位除了音质音位外，还有非音质音位，包括调位、重位和时位。音位可以进一步分解为更小的区别特征。

音位组合的最小单位是音节，音节一般按照"起音—领音—收音"分析。音位在音节内部的组合要受到限制。复元音是音节内部两个以上元音的组合，复辅音是音节内部同处在肌肉紧张的增强或减弱阶段上的两个以上的辅音组合。音位组合时发生的变化是语流音变，包括同化、异化、弱化和脱落等。

第三章 语　法

在言语交际中，发话人通过句子表达自己的思想，受话人通过句子了解对方的思想，句子是言语交际的基本单位，也是语法研究的最大单位。句子由词或词组构成，词由语素构成，词或词组构成句子，语素构成词，都有规则。有些语言中，实词在句子中还要发生语法形式变化，词的语法形式变化也有规则。词或词组构成句子的规则是句法，语素构成词的规则是构词法，词的语法形式变化的规则是构形法，构词法和构形法合称为词法。词法和句法构成了语法。

第一节　语法的性质和单位

一、什么是语法

正常的人都会说话，人们在说话的时候不需要思考用什么语法规则、怎样才能说出合格的句子，但这不能说明语言里没有语法规则，造句的时候不需要语法规则。事实上，人们可以辨别出什么是合格的词和句子，什么是不合格的词和句子。例如，汉族人听到或看到外国留学生造的下面这些句子时就会觉得别扭或不顺畅：

1）我实在唱不好，你别再麻烦我了。

2）贵校提供了方便的交通、良质的食饭、热情的导游。

3）为了我不太舒服，我不参加今晚的晚会。

4）等我找到座位的时候，已经电影开始了。

5）他千言万语说不尽对祖国热爱[①]。

① 例5）见刘月华等《实用现代汉语语法》（增订本）502页，商务印书馆，2002年。

6）北京的大街上充满了人和自行车。

7）我看了几眼他。

8）我买了一件丝绸漂亮的衬衫。

9）后来，梨花姑娘到山那边出嫁了[①]。

1）中的“麻烦”只能在对别人客气时使用，这里应该改为“难为”；2）中的“良质”“食饭”是生造词，汉语中相对应的词是“优质”和“饭食”；3）是因果复句，前一个分句表示原因，应该用表示原因的连词“因为”，不应该用表示目的的连词“为了”；4）中的“已经”是表示时间的副词，时间副词应该出现在谓语动词“开始”之前，不应该在分句的开头；5）中的述补结构“说不尽”后面需要名词性成分作宾语，而“对祖国热爱”却是状中结构，是动词性成分，应在“祖国”之后加上“的”；6）中“充满”的宾语名词应是抽象名词，如“期望”、“歉意”、“感激之情”等，而“人和自行车”表示的是具体事物，应改为“挤满”；7）中的“几眼”与“他”的语序应该颠倒过来，“他”传递的信息是旧的，“几眼”传递的信息是新的，句子的信息安排应该是旧信息在前而新信息在后，这样便于受话人理解；8）中“丝绸”与“漂亮的”语序应颠倒过来，因为“丝绸”表示衬衫的材料，是衬衫本身的性质，而“漂亮的”则是发话人对衬衫的临时的评价。因此，在语义上“丝绸”与“衬衫”的关系比“漂亮的”更接近，在语序上“丝绸”应紧挨着“衬衫”，而“漂亮的”应离“衬衫”远一点；9）中“出嫁”的事件发生在“到山那边”的事件之前，我们先感知到出嫁而后感知到到山那边，在汉语中先感知到的应该在语序上先于后感知到的，因此，“出嫁”应在“到山那边”之前，不过语序变化后“出嫁”也应改为“嫁”。

汉族人在学习外语时也会出现一些错误，下面几例就是英语的初学者造的：

10）Some friends visit our school next week.

11）His twin brother study in the same class.

12）Some visitor visited our library and lab.

13）He said he has a good holiday.

10）讲的是将要发生的事，动词 visit 不能用现在时，而应该用将来时 will visit 形式；11）中的主语 his twin brother 是单数形式，动词是现在时，study 应该改为现在时第三人称单数形式 studies；12）的主语 some visitor

① 例 9)见李大忠《外国人学汉语语法偏误分析》，北京语言文化大学出版社，1996 年。

表示复数，visitor 应该改为复数形式 visitors；13）的句子讲的是过去发生的事，句子的主要动词 said 采用的是过去时，相应地宾语从句中的动词 has 应该用过去式 had 。

上述句子中错误的性质并不相同。1）的错误是某个词使用不当，只要改换一个词即可，这样的错误是词汇错误。2）的错误出现在造词中，3）至 9）的错误都出现在造句中，都属于语法方面的错误。本族人听到或看到这些句子，不仅会感觉到别扭、不顺畅，而且能够把它们改成正确的，这是因为他们掌握了母语的造词、造句的规则，他们根据这些规则来判断句子是否合格，但由于一般人没有关于语言的理论知识，就不能清楚地说明造成这些错误的原因。

简单地说，言语交际就是发话人创造言语，受话人理解言语的过程。句子是言语的最小构成单位，是由词组或词构成的；词是构成句子的最小单位，是由语素构成的。语素、词都是语言符号，词组、句子都是语言符号的序列，都是音义结合体，这些音义结合体在语言中的作用并不相同，因而处在不同的层面。句子是最高层次的音义结合体，语素是最低层次的音义结合体，词和词组是处在这两者之间，从低层次的音义结合体到高层次的音义结合体都有规则，语法就是低层次的音义结合体构成高层次的音义结合体的规则。

词可以由一个语素构成，如汉语的“山”、“走”、“大”，英语的 pen（钢笔），bake（烤），red（红）等。词也可以由几个语素构成，如汉语的“朋友”、“治疗”、“老乡”，英语的 classroom（教室），underwear（内衣），smoker（吸烟者）等等。词的构成成分的次序不能随意改变，如“朋友”不能改成“友朋”、“老乡”不能改成“乡老”、classroom 不能改成 roomclass、smoker 不能改成 ersmok。词的构成成分也不能随意更换，如“治疗”不能改成“治医”，如果改成“医疗”就成了另一个词。再如，“老乡”不能改成“老村”，underwear 不能改成 beneathwear。此外，词也不能随意添加另一个语素或删除一个语素，如“朋友”不能改成“朋和友”，father-in-law（岳父、公公）不能改成 father-law。可见，词的构成是有规则的。像 2）中的“良质”就是用语素“良”替换“优”生造的词，“食饭”就是把“饭食”中的两个语素颠倒语序生造的词，因此，“良质”“食饭”都违反了汉语的造词规则。

在有些语言中，词与词组合时，在不同的情况下词的语法形式要发生不同的变化，以表达不同的语法意义。例如，在英语中，可数名词的复数形式加-s，规则动词的过去时形式加-ed，动词的现在分词形式加-ing，形容词的比较级形式加-er，最高级形式加-est。现代俄语是词形变化比较丰富的语言，比如它的每个名词都有单数、复数两种形式，单数、复数形式又各有六个格的变化，每个名词应有十二种语法形式。以 газета（报纸）为例：

	单数	复数
主　格	газета	газеты
属　格	газеты	газет
与　格	газете	газетам
宾　格	газету	газеты
工具格	газетой	газетами
前置格	газете	газетах

可见，词的语法形式的变化也是有规则的。像 10）中的动词 visit、11）中的动词 study、13）中的动词 has 都没有根据英语动词词形变化规则进行变化，违反了词的语法形式的变化规则。

句子可以由一个词构成，由一个词构成的句子是独词句，例如：

老鼠！
冷。
六。
说！

独词句与单个儿的词是不同的，它有表示某种语气的语调，具有特定的交际功能。多数的句子是由多个词构成的，词与词的组合要遵循一定的规则，这些规则就是词与词组合时多方面的限制，这包括句法形式的、句法语义的、发话人的交际意图或信息的安排、人类感知世界的经验、方法和策略等。例如，3）是误用了连词，4）是“已经”的位置不对，5）是“说不尽”的宾语“对祖国热爱”的词性不对，这些错误是虚词、语序、词性方面的，违反的都是汉语的句法形式的规则；6）中的“充满”应该与抽象名词组合，而却与具体名词组合，违反的是句法语义的规则；7）违反的是句子的信息安排规则；8）和 9）违反的都是汉族人感知世界方法的规则。总之，违反的都是句法方面的规则。

语素构成词的规则是构词法，词的形式变化规则是构形法，构词法和构形法合称为词法。词或词组构成句子的规则是句法，词法和句法构成了语法。语法是词的构成规则、变化规则和组词成句规则的总和。词法和句法在不同的语言中占的比重可能有所不同。在汉语中，词没有语法形式的

变化，因而词法的内容就少一些，但句法却很复杂。在俄语中，词的变化比较复杂，词法的内容比较多，但句法相对汉语来说就简单一些。

二、语法的抽象性

语法是规则，无论词法规则，还是句法规则，都是从大量的语法事实中概括出来的。因此，语法规则是抽象的。

词的构成规则都是抽象的。例如：

A. 司令　开幕　伤心　管家　悦耳　刺眼　关心　动人　挑刺　下海

B. 黑板　化肥　农民　香肠　平台　白菜　棉袄　铅笔　短信　阔佬

C. 海啸　脸红　心疼　地震　心虚　人为　肉麻　胆怯　手软　性急

以上每组词的词义虽然不同，但都遵守同样的构词规则，比如 A 组的词都是按照“支配成分＋被支配成分”的规则构成的，B 组的词都是按照“修饰成分＋被修饰成分”的规则构成的，C 组的词都是按照“被说明成分＋说明成分”的规则构成的。

词的变化规则都是抽象的。例如，英语的规则动词有四种语法形式：

汉义	原形	第三人称单数现在时	现在分词	过去时和过去分词
		-s	-ing	-ed
工作	work	works	working	worked
洗	wash	washes	washing	washed
烤	bake	bakes	baking	baked
帮助	help	helps	helping	helped
修理	repair	repairs	repairing	repaired

不管动词的词义是什么，规则动词都要按照这样的规则发生变化。

组词成句的规则也是抽象的，以汉语的存现句为例：

院里长着一蓬蓬的野草。

桌子上放着一摞碗。

门外刮来一阵凉风。

邻居家来了一大帮客人。

他们班又走了几个人。

墙上掉下一层皮。

楼上住着客人。

……

这些句子的词汇意义都不相同，但都是按照“处所词＋动词＋着/了/趋向动词＋(数量词)＋名词性词语”的格式构成的，这个格式是从大量的存现句的实例中概括出来的，按照这个格式也可以造出无限多的存现句。

语言的三个组成部分，即语音、语法和语义都是概括的，都具有抽象性，但与语音、语义相比，语法抽象的对象不同，它抽象的程度更高。

音位也具有抽象性，它是从音素中概括出来的，例如汉语北京话的/a/音位就是从[a]、[A]、[ɑ]、[ε]几个音素中概括出来的，英语的/p/音位就是从[p]和[ph]两个音素中概括出来的。词义也具有抽象性，它是从现实的事物中概括出来的，例如汉语“雷”的词义“云层放电时发出的响声”就是从各种各样的雷，如响雷、闷雷、声音小的雷、串雷中概括出来的，汉语“山”的词义“地面形成的高耸的部分”就是从各种各样的山，如石头山、土山、雪山、荒山、大山、小山中概括出来的。

构词法是从语素与语素的组合中概括出来的，构形法是从词的语法形式的变化中概括出来的，句法是从词与词的组合中概括出来的，概括的都是语言符号或语言符号序列之间的关系。显然，语法的抽象性比音位和词义要高一个层次，抽象的程度比音位和词义要高得多。抽象性是语法的特点。

了解语法的抽象性特点，有助于区分语法现象与词汇现象。例如，例1）中的“麻烦”应该改为“难为”，这两个词都是及物动词，都可以带宾语。因此，这两个词之间的变化不影响这两个词与其宾语之间的关系，所以这样的现象就是词汇现象，而从3）到9），所有的改动都要对组合产生影响，都是句法现象。比如，3）把“为了”改为“因为”，使两个分句之间的语义关系成为因果关系；4）中的“已经”移动到“开始”之前，修饰的对象就是“开始”；5）中的“对祖国热爱”改为“对祖国的热爱”，使“说不尽”与“对祖国的热爱”就有了述宾关系；6）中的“充满”需要与抽象意义的名词组合，“挤满”则需要与具体意义的名词组合，都涉及到与宾语名词的组合；7）中“几眼”与“他”排列顺序影响到信息的排列顺序；8）中“丝绸”的位置的变化影响到这个词修饰的对象的变化；9）中“到”在“出嫁”之前就是连动结构，而“到”在“嫁”之后就是述补结构。

三、语法单位

认识一种语言的语法规则，就要看高一级的语法单位是如何由低一级的语法单位构成的。句子中词与词之间的组合与篇章中句子与句子之间的组合遵循不同的规则，句子内部的组合遵守语法规则，而句子之间的组合遵守话语规则。因此，要了解语言的语法规则，就可以以句子作为最大的单位，看看它是如何组织起来的。

句子中的一切音义结合体都是语法单位。句子可以进一步分解为词或词组，词可以分解为语素，语素不能再分解为更小的音义结合体，句子、词组、词、语素都是语法单位。语素只参与更大的语法组合但不可分解为更小的音义结合体，句子可以分解为更小的音义结合体而不参与更大的语法组合，词、词组既参与更大的语法组合，也可以分解为更小的音义结合体。能参与更大语法组合的语法单位都具有组合能力，可以分解为更小的音义结合体的语法单位都是结构，句子、词组、词、语素这些语法单位在是否具有组合能力、是否是结构两方面的差别如下表所示：

	组合能力	结构
句子	－	＋
词组	＋	＋
词	＋	＋
语素	＋	－

正号表示“有”，负号表示“无”。

句子、词组、词、语素具有不同的语法功能，因而是不同层面的语法单位。对于这些语法单位，我们既要知道它们在语法功能上的差别，还要知道它们之间的联系，我们从这两个方面认识语言的语法规则。

语素是用来构词的，像“课本、庄稼、逃跑、讨论、干净、清楚”这些双音节词是由两个语素构成的，像“人、手、家、来、看、说、小”这些单音节词是由一个语素构成的，不过这些单音节词与构成它们的语素是同一个音义结合体。

语素获得了词的功能就成为词，词的功能包括充当句子成分、在句子中起组织作用等。比如，孤立的一个“水”是语素，而下面几例中的“水”就不是语素，而是词：

水开了。　　喝了一碗水。　　水下有人！

像“图书馆”、“连衣裙”等由三个语素构成的词中的“图书”、“连衣”，是词的构成成分,又不是语素,也不能看作词,而是语素组。语素组的功能与语素一样,也是用来构词的。实际上,像“黑板”、“土地”、“讨论”、“美丽”这些音义结合体既是词,也是语素组,它们在句子中充当句子成分的时候是词,而孤立的时候都是语素组。

词是用来造句的,词与词组合而成的词组也是用来造句的,词和词组都可以单独回答问题、充当句子成分,在句子中的作用是相同的,因此,二者是同一个层面的语法单位。如果词或词组获得了句子的功能,即加上语调后可以单说,就不再是词,而是句子。例如,下面这些带有语调的音义结合体都是句子,不是词或词组:

人!
水?
好孩子。
他往那边去。
在哪儿写?

语法单位可以分为构词的、造句的、表达或交际的这样由低到高的三个层级。这三级语法单位之间的区别和联系可以概括为下图[①]:

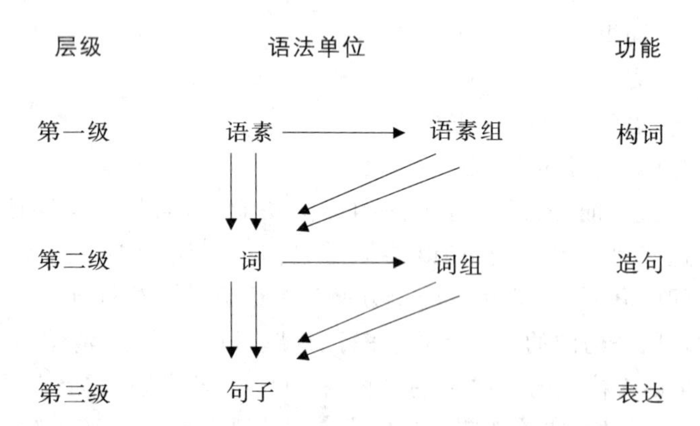

不同级的语法单位之间有质的差别,这种差别是功能性的。同级语法单位之间的差别是量的差别,大的语法单位是由小的语法单位组成的,如语素组是由语素组成的,词组是由词组成的。同级语法单位之间的关系是组成关系,用单箭头表示。不同级语法单位之间的关系是实现关系,用双箭头

① 此图根据郭锐《汉语语法单位及其相互关系》(载 1996 年第 1 期《汉语学习》)的图改造而成。

表示。实现就是低一级语法单位获得高一级语法单位的功能，语素获得了造句的功能就成为词，词、词组获得了交际的功能就成为句子。因此，同一个音义结合体属于哪一级语法单位要看它的功能。实现是一种能力，同一级语法单位的能力并不相同，同样是语素、语素组，有的可以获得词的功能实现为词，有的则不可以；同样是词、词组，有的可以获得句子的功能实现为句子，有的则不可以。

语素构成词、实现为词的规则都是词法，语素是词法的最小单位，词是词法的最大单位。词构成词组的规则、词和词组实现为句子的规则都是句法。词是句法的最小单位，句子是句法的最大单位。

第二节　构词法

一、语素

语素是从词中分解出来的，是语言中最小的音义结合体。

语素既有语音形式，又有意义内容，只有语音而无意义内容不能成为语素。例如，汉语“琵琶”中的“琵”和“琶”、“沙发”中的“沙”和“发”，英语China（中国）中的 Chi 和 na、sister（姊妹）中的 sis 和 ter 都只有语音形式没有意义内容，都不是语素。语素还是不能再分割的单位，例如，sister、“沙发”都不能再分割，是语素；“椅子、铅笔”可以分别分割为“椅”和“子”、“铅”和“笔”，所以都不是语素。

第一章第四节讲到，语言是两层性的符号系统，第一层是只有语音形式而没有意义内容的单位，第二层是音义结合的单位。语素是音义结合体，与音节不在一个层面上，二者之间没有对应关系，因此，确定语素的时候不能把语素与音节联系起来。例如，英语中既有单音节的语素，也有多音节的语素：

单音节语素：cut（切），face（脸），small（小的），last（最后的），book（书），write（写），buy（买），bread（面包），desk（课桌），read er（读者，两个音节两个语素），un clean（脏的，两个音节两个语素）

双音节语素：wa ter（水），stu dent，stru ggle（斗争），bo rrow（借），gen tle（绅士），go vern（统治），sta tue（雕像），li on（狮子）

三音节语素：ma ga zine（杂志），sap phi re（蓝宝石），de si re（愿望）

像英语这样有多音节语素的语言还有法语、俄语、蒙古语、维吾尔语、黎语、侗语、景颇语、东乡语、保安语等。

汉语的语素以单音节的居多，多音节的比较少，多音节语素限于一些联绵语素和音译外来语素。例如：

联绵语素：琵琶、澎湃、蜘蛛、踌躇、仿佛、倜傥、慷慨、蹊跷、玲珑、犹豫、从容、葱茏、葫芦、糊涂、匍匐、灿烂、蜿蜒、朦胧、邋遢、啰嗦、怂恿、婆娑、峥嵘、彷徨

音译外来语素：克隆、桑拿、布丁、的士、巴士、尼龙、吉普、坦克、芭蕾、沙发、咖啡、白兰地、凡士林、马赛克、比基尼、迪斯科、可卡因、金利来、厄尔尼诺、可口可乐、奥林匹克

除以上两种情况以外，汉语的语素绝大部分是单音节的[①]，因此，汉语语素的识别比较容易。以单音节语素居多的语言还有越南语、缅甸语、藏语、彝语、瑶语、毛南语、仫佬语、水语、独龙语等。

由于语素与音节是不对应的，因而词内语素的切分存在一些困难。例如，英语 worker（工人）包含 work（工作）和-er（干……的人）两个语素，但按音节 worker 却应分成 wor 和 ker 两段。再如，boxes（盒子，复数）包含 box（盒子）和-es（复数）两个语素，但按音节，-x-[ks]却应分开：[k]归前一音节，[s]归后一音节。这种现象在其他语言中也存在。

二、语素的变体

语素由语音形式和语义内容两个方面构成，语素的语音形式和语义内容不止一个，就说语素有不同的变体。语素的变体有语音变体和语义变体。

同一个语素有几个语音形式，这几个语音形式就是这个语素不同的语音变体。例如，汉语普通话的“美”有两个读音，在非上声前读上声，在上声前读阳平，“美”有两个语音变体。英语表示“不、非”的前缀语素在齿音前读[in]（如 indefinite，“不确定的”），在唇音前读[im]（如 impossible，“不可能的”），在软腭音前读[iŋ]（如 incorrect，“不正确的”），在 l 前读[il]（如 illegal“不合法的”），在 r 前读[ir]（如 irregular，“不规则的”）。

有些语素的语音变体出现的时候需要一定的条件。一种是词汇条件，

① 儿化语素、合音语素不足一个音节，重言语素（如“黑森森”的“森森”）大于一个音节。

即在甲词中读这个音,而在乙词中读那个音。例如,在汉语普通话中,“指”有三个读音:在“指甲”中读阴平,在“手指”中读上声,在“手指头”中读阳平。再如,“绿”在“绿林、鸭绿江”中读 lù,在其他词中读 lǜ;“迫”在“迫击炮”中读 pǎi,在“压迫”等词中读 pò。

另一种是语音条件。例如,在汉语普通话和汉语的各个方言中,很多语素都有变调现象,变调常常以前后语音为条件,如汉语普通话的上声语素的变调就以它后面语素的声调为条件。再如,英语表示过去时的语素-ed在不同的辅音后面有以下三个变体:

读音	语音条件	例词
[t]	在清辅音之后	finished(结束),helped(帮助)
[d]	在浊辅音及元音之后	borrowed(借),listened(听)
[id]	在[t][d]之后	planted(种植),handed(交)

还有些语素的语音变体出现的时候不需要条件,有的人这样读,有的人那样读,即使同一个人也可能此时这样读而彼时那样读。例如,英语的which(哪一个),why(为什么),white(白的)等以 wh 开头的词,wh 有[w]和[hw]两种读音。汉语普通话中的“波”有 bō 和 pō 两种读音,“教室”的“室”有 shì 和 shǐ 两种读音,“弄”有 nòng 和 nèng 两种读音[①]。语素的这种语音变体可看作自由变体。

如果两个相同的语音形式表示的意义不相同或不相近,这两个语音形式就不是同一个语素的语音变体,而是两个同音语素或不相干的语音形式。例如,“奠基”的“奠”是“建立”的意思,“祭奠”的“奠”是“用祭品向死者致祭”的意思,两个意义不相干,这两个“奠”就是两个同音语素。“菠菜”的“菠”有意义,而“菠萝”的“菠”没有意义,前者是语素,后者不是语素。

同一个语素有几个不同的意义,这几个不同的意义就是这个语素的语义变体。例如,“晶”有以下三个意义:

① 光亮,如“晶莹”、“亮晶晶”。

② 水晶,如“水晶”、“墨晶”。

③ 晶体,如“结晶”。

语素的语音变体和语义变体都是语素的具体表现形式,语素就是从它

---

① “波”规范的读音是 bō,“教室”的“室”规范的读音是 shì,“弄”规范的读音是 nòng,在正式场合应读规范的音,但分析语言应根据真实的语言事实。

具体的表现形式中概括出来的。

三、语素的分类

可以从不同的角度给语素分类，但语素是在词中起作用的语法单位，因而，语素分类最重要的标准应该是构成词的能力或语素在词中的作用。

根据语素构成词的能力，可以把语素分为成词语素和不成词语素。成词语素是可以实现为词的语素，语素实现为词就是取得造句的能力，包括单独成句、充当句子成分、起语法作用。例如，下面汉语、英语中的A组语素都是成词语素，汉语B组语素都是不成词语素，英语B组下划波浪线的语素是不成词语素：

汉语：

A 山、钱、家、沙发、说、炒、买、高、深、黑、十、个、斤、男、女

B 警、威、懈、践、究、椅、涧、历、民、协、粮、净、一子、一头、老一

英语：

A table（饭桌），house（房子），dance（跳舞），kill（杀死），fresh（新鲜的），blue（蓝色的），spy（间谍），peach（桃子），hot（热的）

B huckleberry（越橘），dis gruntle（使不满），un couth（笨拙的）[①]，unfair（不公平的），reader（读者），cooperate（合作），useful（有用的）

成词语素不仅可以独立成词，而且也可以与其他语素组合成词。例如，如汉语的“山”可以与“沟”组成“山沟”，“高”可以与“傲”组成“高傲”，“十”可以与“五”组合成“五十”。英语的table（桌子）可以与land（土地）组成tableland（高原），kill（杀）可以与 -er（干……的人）组成killer（杀人者），hot（热）可以与bed（床）组成hotbed（温床）。不成词语素是没有造句能力而不能实现为词的语素，它只能与其他语素组合成词。如汉语的“警”不能单独回答问题或充当句子成分，只能与其他语素组合成词，如“警察”、“警钟”、“警告”、“警醒”、“示警”；英语huckleberry中的huckle也不能成词，只能与berry组合成一个词。

根据语素在词中的作用，可以把语素分成构词语素和构形语素。

构词语素是用来构造新词的语素，又分词根和词缀两类。词根是有实

---

① B组自此以上三个例子取自〔美〕维多利亚·弗罗姆金 & 罗伯特·罗德曼著，沈家煊等译《语言导论》，138页，北京语言学院出版社，1994年。

在意义的构词语素，是词的核心部分，词的词汇意义主要由词根来表达，没有词根不能成词。如上面汉语、英语的例子中A组语素都是词根，汉语B组例子中除“一子、一头、老一”以外的语素也都是词根，英语B组例子中除dis-，un-，-er，co-，-ful以外的语素也都是词根。

词缀是黏附在词根上的构词语素，表示附加性的词汇意义，词缀不能单独成词。根据在词中相对于词根的位置，词缀又可分为黏附在词根之前的前缀、黏附在词根之后的后缀、插在词根中间的中缀。以下各例中下划横线的是词根，下划波浪线的是词缀：

汉语：老刘、第四、刀子、黄儿、前头、记者、绿化、地方性、多面手

英语：uncover（打开），miscount（误算），prewar（战前的），subway（地道），widen（加宽），action（行动），foolish（愚蠢的），friendly（友好的），harmless（无害的）

中缀比较少见，马来语中有一些中缀，如gemuruh（雷声隆隆）由词根guruh和中缀-em-构成，gerigi（锯齿形的）由词根gigi和中缀-er-构成。

构形语素（又叫“变词语素”）是黏附在词干上的附加性语素，它的作用是构成词的语法形式，并表示语法意义。例如下面例子中下画浪线的都是构形语素：

英语：

desks（课桌，复数），worked（工作，过去时），working（工作，现在时），smaller（小，比较级），smallest（小，最高级）

俄语：

сделать（做，完成体），написать（写，完成体），книга（书，阴性、主格、单数），новый（新的，阳性、主格、单数），читает（读，第三人称，单数，现在时，未完成体）

构形语素黏附在词根之前的比较少，黏附在词根之后的比较多，黏附在词干之后的构形语素叫词尾。英语的词尾比较少，俄语的词尾很丰富，汉语没有词尾[①]。汉语动词之后的“着、了、过”，指人名词之后的“们”，都没有加在词上，不是词的表示语法形式的部分，也都不是词尾，而是虚词。

① 早期有的汉语文献把名词后缀“子、儿、头”等叫作词尾。

四、词

词是词汇的基本构成单位，有固定的读音和意义。词具有造句功能，是最小的造句单位。

造句功能指的是能够参与造句，作为句子的一个构成成分。以下两种能力都属于造句能力，具有其中一种能力的音义结合体就是词。

1. 充当句法成分

句法成分指的是词组中直接组合的成分，如主语与谓语、述语与宾语、述语与补语、定语与中心语、状语与中心语以及其他一些特殊结构的直接组合的成分，可以充当这些句法成分而又不可分解为更小的造句单位的音义结合体都是词。例如：

小刘把材料送办公室了。

"小刘"是句子的主语，而且不可再分解为更小的造句单位，是词。谓语"把材料送办公室了"，不是最小的造句单位，自然不是词。同理，"把材料"和"送办公室了"也不是最小造句单位，也不是词。"把"和"材料"是介宾词组"把材料"中直接组合的成分，都不可再分解为更小的造句单位，都是词。同理，"送"和"办公室"也都是词。

2. 起句法作用并表示语法意义

句法作用包括连接、组织作用，还包括帮助实词构成某种语法形式的作用。句子中有些最小的构成成分并不是句法成分，但在句子中起上述的句法作用，也是句子必不可少的，句子中的这些构成成分也具有造句功能。例如汉语的"和、跟、同、及、或者、而且、虽然、但是、如果、就、因为、所以"，英语的 and（和），both... and（既……又），neither... nor（既不……也不……），if（如果），because（因为），though（虽然），but（但是），yet（可是），whether（是否）都有连接的功能。汉语的"的"能把定语与中心语组织在一起，"地"能把状语与中心语组织在一起，"得"能把述语与补语组织在一起。英语 have 的各种形式帮助动词构成完成体，be 的各种形式帮助动词构成进行体、被动态等语法形式，do 的各种形式帮助动词构成否定形式，把肯定句变成疑问句等。在起句法作用的同时，句子中这些最小的构成成分还表示语法意义。例如，汉语的"和、跟、同、及"和英语的 and 表示所连接的成分在语法上是并列的，汉语的"虽然"、"但是"和英语的 though，but 表示转折，汉语的"如果"、英语的 if 表示假设，汉语的"的"表示前后的成分是定中关系,“得”表示前后的成分是述补关系,英语的 have 表示动词的完成体,do 在句首时表示句子是问句,在 not 之前时表示句子是否定句。句子中这些起句法作用并且表示语法意义的最小成分也是词。

不具有上述造句功能的音义结合体都不是词,而只是语素。例如上文讲语素分类时所举汉语的 B 组语素,英语的 B 组下划波线的语素都不可能具有这两种功能,只能是语素,不可能实现为词。

词不仅是造句单位,而且由于意义和结构都很固定,还是最小的造句单位,即不能再分解为更小的造句单位。很多词内部的语素结合得很紧,不能插入其他的成分,例如:

语言↛语和言　　课本↛课的本　　改良↛改得良
司机↛司着机　　人为↛人所为　　冷笑↛冷地笑

有些词内部虽然可以插入其他的成分,但却改变了原义,不再是原来的词。例如:

手软≠手很软　　水泥≠水和泥　　白菜≠白的菜
挂锄≠挂起锄　　管家≠管着家　　佛手≠佛的手

不等号左边的是词,右边的是词组,意义不同。再如英语的 newcomer(新来的人;移民;新手)是一个词,中间不能插入其他成分,而 new bread(新面包)就是词组,中间可以插入另一个词组变成 new freshly baked bread(刚烤制的面包)。

汉语中还有些语言片断,中间可以插入其他的成分,但原来的意义并不改变。例如,“睡觉”可说成“睡了一觉”,“造谣”可说成“造他的谣”,“考试”可说成“考了试”。这些语言片断不分的时候是词,分开后是词组。

五、词的变体

词不仅可以有语音变体和语义变体,而且由于参与了句法组合,还可以有语法变体,而作为词的构成成分的语素则没有语法变体。

一个词的几个不同语音形式是词的语音变体。有的语素可以实现为词,这样的语素如果有语音变体,由它实现的词也就有语音变体。例如,汉语普通话的“不”有两种语音形式:在非去声前读去声(如“不说、不来、不好”),在去声前读阳平(如“不去”)。“不”的这两个语音变体既是语素“不”的语音变体,也是词“不”的语音变体。如果语素有自由的语音变体,那么由它构成的词也有自由的语音变体。例如,汉语普通话的"乒乓球"有pīngpāngqiú和bīngbāngqiú两种读音,"亚洲"有yàzhōu和yǎzhōu两种读音,"质量"有zhìliàng和zhǐliàng两种读音,"乘客"有chéngkè和chèngkè两种读音[①]。

更多的词的语音变体是有条件的。同语素的某些语音变体一样,有些词的语音变体是以语音为条件的,如上文举的"不"。再如,汉语普通话句末表示语气的"啊",随着前一个语素收尾的音的变化有a(啊)、na(哪)、ia(呀)、wa(哇)、nga(啊)、za(啊)、ra(啊)几个读音。英语的定冠词the在辅音之前读[ðə],在元音之前读[ðiː],都是the的语音变体。不定冠词有a和an两个变体,a用在辅音之前,an用在元音之前,而a又有强式的[ei]和弱式的[ə]两种读音,an也有强式的[æn]和弱式的[ən]两种读音。

语素和词都是音义结合体,都是语言的构成成分,但由于二者的性质不完全相同,因此,二者的语音变体出现的条件也就不完全相同。语素是词的构成成分,语素的语音变体除了以语音为条件外,还可以以词汇为条件;而词是词法的最大单位,不被另一个词所包含,它的语音变体则不能以词汇为条件。

词是句子的构成成分,词的读音可能与词所处的句法位置有关,因而,词的语音变体还可以以语法为条件,这是语素的语音变体不具备的。例如,在汉语普通话中,"死"作谓语时读上声,"掉"作谓语时读去声,而在作补语时都读轻声。"起来、过去、上来、下去、出来、出去"等趋向动词作补语时都读轻声,而单独作谓语时只是其中的"来、去"读轻声而前一个趋向动词不读轻声。在北京土话中,"在北京住"的"在"有zài、zǎi、āi几种读音,都不读轻声;而"住在北京"的"在"有zai、dai、dou、de几种读音,都读轻声。在山东阳谷话中,"出"作谓语时(如"他出去了")读chu,而作补语时(如"扔出去")读fu。

一个词的几个不同意义是词的语义变体。汉语普通话的"砍"有"用刀斧猛力把东西断开"和"消减;取消"两个意义,这两个意义就是"砍"的两个语义变体。有的语素可以实现为词,这样的语素如果有语义变体,由它实现的词也就有语义变体。例如,"搅"有"搅拌"和"扰乱、打扰"两个意义,这两个意义既是"搅"这个语素的语义变体,也是"搅"这个词的语义变体。如果语素不可以实现为词,这种语素的意义就不能是词的语义变体,如前文

① 这几个词的第一个读音是规范的,第二个读音也是真实的语言事实。在正式场合应读规范的音,分析语言应根据真实的语言事实。

的"晶"的三个意义只能是语素的语义变体。

区分语素的语义变体与词的语义变体可以确定语义所属的层面。以"拟"为例：

① 设计；起草，如"拟了一个计划草案"。
② 打算；想要，如"拟于明天启程"。
③ 模仿，如"模拟"。
④ 猜测；假设，如"虚拟"。

这四个意义自然都是语素的意义，但只有①②两个意义是词义。

在有的语言中，词有表达不同语法意义的语法形式，同一个词的不同语法形式是这个词的语法变体。例如，英语的可数名词 cup（杯子）有 cup 和 cups 两个变体，规则动词 work（工作）有 work，works，worked，working 四个变体，不规则动词 begin（开始）有 begin，begins，began，begun，beginning 五个变体，第一人称代词单数 I（我）有 I，my，mine，me 四个变体，形容词 small（小的）有 small，smaller，smallest 三个变体。再如，俄语名词有六个格，这六个格又分单复数形式，这样应有十二个语法形式。以 студент（大学生）为例：

	单数	复数
主格	студент	студенты
属格	студента	студентов
给予格	студенту	студентам
宾格	студента	студентов
工具格	студентом	студентами
前置格	студенте	студентамх

这十二个语法形式就是 студент 的语法变体。

汉语有的方言的人称代词也有语法变体。例如，梅县客家话的"我"有[ŋai]（做主语、宾语）、[ŋa]（做定语）两个变体，"你"有[n̥i]（做主语、宾语）、[n̥ia]（做定语）两个变体，"他"有[ki]（做主语、宾语）、[ka]（做定语）两个变体。

六、词的结构类型

在有构形语素的语言中，词去掉构形语素以后剩余的部分就是词干。

例如：

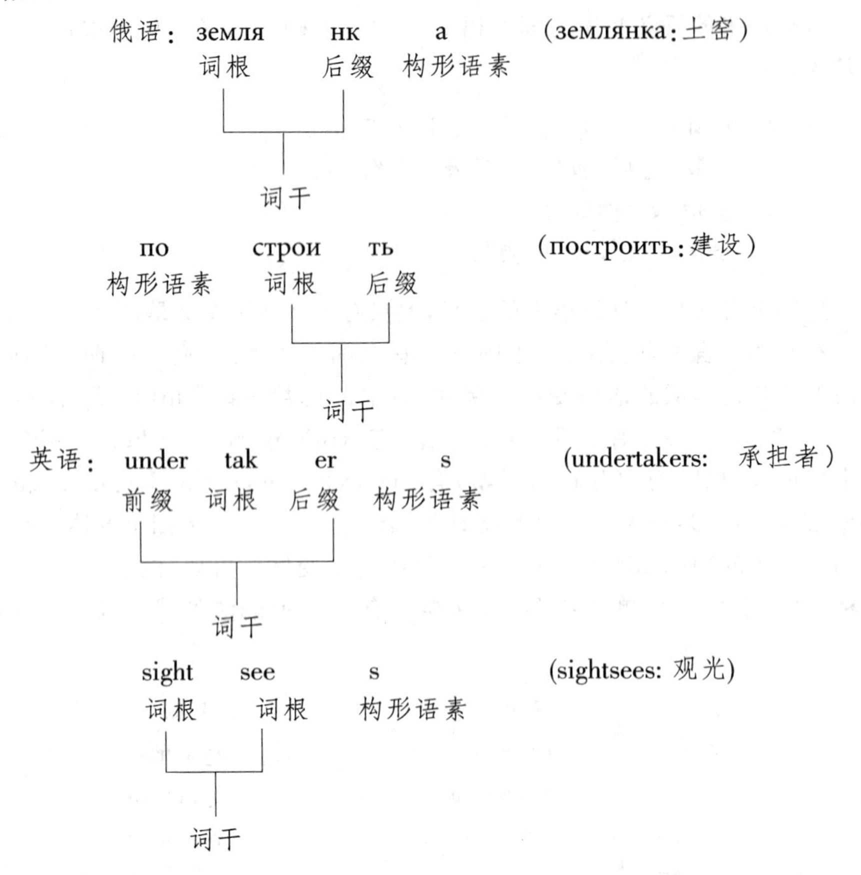

汉语没有构形语素，词干就是词。根据词干的结构，可以把词分为以下两大类三小类：

1. 单纯词　词干由一个语素构成的词。例如：

汉语：河、猪、看、病、深、亮、徘徊、琵琶、巧克力、坦克

英语：pen（钢笔）house（房子）drive（赶）meet（碰头）black（黑）

2. 合成词　词干由两个以上的语素构成的词。根据词干的最外层上有无词缀，合成词又分为复合词和派生词两小类。

1)复合词　词干的最外层上没有词缀的合成词。例如：

汉语：优良、新闻、改进、房间、站岗、月亮、骨肉、雪白、小圈子

英语：handbook（手册），toothbrush（牙刷），lampshade（灯影），

outline(概括), bloodred(血红的)

2)派生词 词干的最外层上有词缀的合成词。例如:

汉语:老师、初三、篮子、罐儿、砖头、记者、民族性、软化
英语:unfair(不公平) discover(发现) subway(地下道)
movement(运动) happiness(幸福) widen(加宽)

词干中如果包含三个以上的语素,这些语素的组合是有层次的,例如:

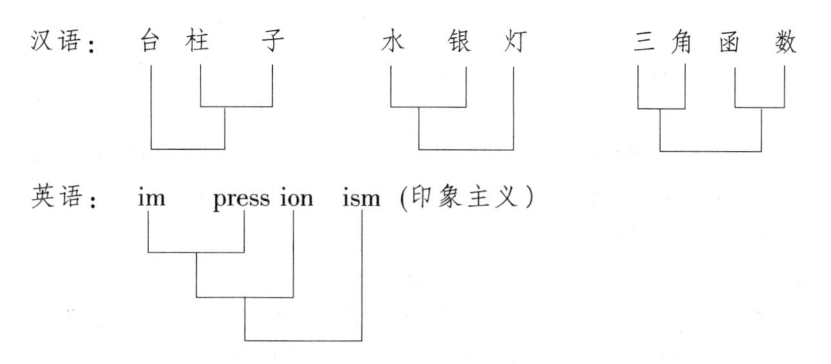

由于词干中语素的组合有层次,因而当一个复杂的词干中含有词缀时,它是派生词还是复合词,就要看词缀是否是在词干的最外层上,比如以上英语两个词中的词缀都是在词干的最外层上,都是派生词,而下面英语的这个单词的词缀虽然在词的末尾,但并不是在词干的最外层上,所以这个词不是派生词,而是复合词:

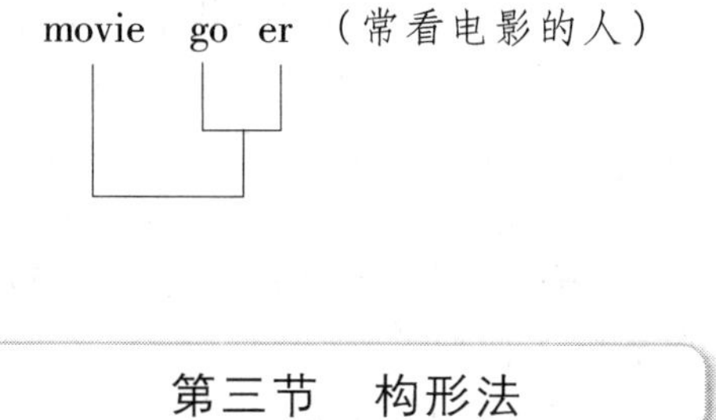

第三节 构形法

一、形态

有的语言,如汉语普通话,词无论充当什么句法成分、与什么词组合都只有一个形式,比如名词做主语、宾语、定语时都用一个形式,动词在不同

人称主语之后作谓语时也只有一个形式。还有些语言，同一个词在不同句法位置上、与不同的词组合时就要有相应的语法形式。例如，英语单数第一人称代词就有I(做主语)，my(做定语)，mine(名词的属格形式)，me(做宾语)四种形式；俄语形容词 новый(新的)在 стол(桌子、阳性)之前要用 новый，在 газета(报纸、阴性)之前要用 новая，在 слово(字、词)之前要用 новое。同一个词的不同语法形式的聚合就是词的形态。

英语和俄语都是有形态的语言。英语的名词，比如 farmer(农民)有 farmer，farmers，farmer's，farmers'四种语法形式。英语动词，比如 take(拿走)有 take，takes，took，taken，taking 五种语法形式。英语形容词，比如 hot(热)有 hot，hotter，hottest 三种语法形式。俄语的词形变化则比英语多得多。名词有十二种语法形式(参见第二节例子)；形容词不仅有长尾和短尾的变化，而且随着所修饰的名词的性、数、格而变化，共有四十八个形式；动词的词形变化更加复杂。

词的形态是用下面几种手段构成的：

1. 增删　在词干上增加构形语素或删除依附在词干上的构形语素以构成词的不同语法形式。例如，英语的词形变化是利用在词干之后增加构形语素来实现的，比如可数名词的复数形式是在词干之后增加-s，规则动词的过去时和过去分词是在词干之后增加-ed，动词的现在分词是在词干之后增加-ing，形容词的比较级、最高级分别是在词干之后增加-er，-est。俄语的词形变化主要是在词干之后增加构形语素，如名词的单数、复数形式，各个格的语法形式，动词的各个人称的语法形式等。但也有些词的某个语法形式是在词干之前增加构形语素，还有些词的某个语法形式是靠删除构形语素来构成的。例如，делать(做)是未完成体形式，它的完成体形式是 сделать，с-是加上的构形语素；писать(写)是未完成体形式，它的完成体形式是 написать，на-是加上的构形语素。вставать(起来)是未完成体形式，它的完成体形式是 встать，删除了构形语素-ва-；давать(给)是未完成体形式，它的完成体形式也是删除了构形语素-ва-的 дать。有时词形变化是增加和删除都要使用，例如，俄语形容词 синий(蓝色的)是阳性形式，它的阴性形式是删除词尾-ий，然后增加词尾-яя；它的中性形式是删除词尾-ий，然后增加词尾-ее。在词干上增加构形语素以构成词的某种语法形式是一种最基本的构形手段，各种有形态的语言，比如俄语，广泛地使用这种构形手段，蒙古语也主要依靠这种构形手段。

2. 内部屈折　利用词干内部的语音变化来构成词的不同语法形式。

例如：

英语：goose[gu:z]（鹅，单数）　　geese[gi:z]（鹅，复数）
man[mæn]（男人，单数）　　men[men]（男人，复数）
mouse[maus]（鼠，单数）　　mice[mais]（鼠，复数）
get[get]（得到，现在时）　　got[gɔt]（得到，过去时）
take[teik]（拿走，现在时）　　took[tu:k]（拿走，过去时）
send[send]（送，现在时）　　sent[sent]（送，过去时）

俄语：изучать（研究，学习，未完成体）　изучить（研究，学习，完成体）
объяснять（解释，未完成体）　　объяснить（解释，完成体）

汉语有的方言也利用内部屈折来构成词的不同语法形式。例如，客家话单数的人称代词在作主语、宾语时的语法形式是相同的，但作领属定语时就要发生变化，变化的方式有两种，其中一种是利用内部屈折，具体说来就是利用韵母和声调的变化来构成词的不同语法形式。例如：

	主语、宾语	领属定语
第一人称	[ŋai^{11}]	[ŋa^{44}]
第二人称	[ȵi^{11}]	[ȵia^{44}]
第三人称	[ki^{11}]	[kia^{44}]

再如，关中地区的某些方言利用声调的变化来区别人称代词的单数与复数，如陕西商县话的“我”、“你”、“他”读上声（调值为 53）为单数，读阴平（调值为 21）为复数。

内部屈折也是一种常用的构形手段，俄语、阿拉伯语等都使用这种构形手段。

3. 异根　用历史来源不同而词汇意义相同的不同词根来构成词的不同语法形式。例如：

英语：go（走，现在时）—went（走，过去时）
good（好，原级）—better（好，比较级）—best（好，最高级）
little（少，原级）—less（少，比较级）—least（少，最高级）

俄语：говорить（说，未完成体）—сказать（说，完成体）
класть（放，未完成体）—положить（放，完成体）
ребёнок（孩子，单数）—дети（孩子，复数）

4. 辅助词　利用起辅助作用的虚词来构成词的不同语法形式。介词、连词、助词的句法作用是把某些词语组织起来，并表示某种语法意义，语气词专门表示语法意义。在有形态的语言中，还有些虚词有帮助实词改变语法形式的作用，实词的有些语法形式要借助这些虚词来构成。例如，英语动词的完成体是在动词的过去分词之前加 have 的各种形式。再如未来时常用的构成方式是在原形动词之前加 shall 或 will 的各种形式，动词的被动形式是在动词的过去分词之前加系词 be 的各种形式，动词的进行体除了在动词词干之后附加-ing 之外，还要在动词之前加 be 的各种形式。这些起辅助作用的虚词 have，shall，will，be 等都是辅助词。俄语动词的未来时是在原型动词之前加 буду 的各种形式，буду 是辅助词。

5. 移动重音　利用重音位置的变化来构成词的不同语法形式。以俄语为例：

гóрода（城市）单数、属格　　　　городá（城市）复数、主格
зéмли（土地）复数、主格/宾格　　　　землú（土地）单数、属格
рукú（手）单数、属格　　　　рýки（手）复数、主格

6. 零语素　在有形态的语言中，有的词无论在什么语法位置上都不发生词形变化，与其他有词形变化的词相比，这些不发生词形变化的词的某个语法形式就可看作是用零语素构成的。例如，英语的可数名词单数形式是名词原形，复数形式是在名词原形之后加词尾-s。但是，有些可数名词，如 sheep（羊），fish（鱼），aircraft（航空器），buffalo（水牛）等的复数形式与单数形式却是相同的，与其他有词形变化的可数名词相比，这些名词的复数形式就可看作是名词原形与零语素构成的。再如，英语规则动词的现在时是动词原形，而过去时形式是在原形动词之后加词尾-ed 构成。但有些动词，如 cut（切），burst（爆裂），cast（投），cost（值……）等的过去时形式与现在时形式是相同的，这些动词的过去时形式就可看作是原形动词与零语素构成的。

此外，词根或词干的重叠在世界不少语言中也是一种重要的语法手段，如台湾高山族的布嫩语、汉语、景颇语、缅语、彝语等都使用重叠。词根或词干重叠的时候还可能伴随着词根、词干的变音或附加其他语素，这在不同的语言或方言都可能有所不同。可重叠的有词，如量词、名词、代词、动词、形容词等，还有某些词组。例如，汉语的某些量词、名词、动词、形容词、数量词组，独龙语的人称代词、疑问代词等都可重叠。重叠表示的语法意义主要是量的变化，大体上是量变大或变小。例如，不少语言形容词重叠表示程度加深，而苗语石门坎话形容词的变韵重叠表示程度减弱。汉

语、独龙语量词重叠表示“逐个”，景颇语量词重叠表示“某些”。很多语言的动词重叠表示动量小，名词重叠表示小，如汉语。有些语言还用重叠表示一些其他的语法意义，例如，独龙语人称代词重叠表示反身，疑问代词重叠表示复数，索马里语名词重叠表示复数。彝语动词重叠表示疑问，纳西语动词重叠除表示疑问外还表示相互的意义、动作的持续。缅语标敏话动词重叠表示多次进行。

二、语法范畴

语法形式是表示语法意义的，形态是语法形式的一种，它表示的意义自然是语法意义。例如，英语可数名词的原形表示单数，加词尾-s的形式表示复数；规则动词的原形表示现在时，加词尾-ed的形式表示过去时，前加辅助词shall，will的形式表示将来时。英语名词所表示的单数和复数、动词所表示的现在时、过去时和将来时都是语法意义，单数和复数可以概括为数，现在时、过去时和将来时可以概括为时，像英语这样由词形变化所表示的语法意义的类或聚合就是语法范畴。形态是词的语法形式的聚合，语法范畴是语法意义的聚合，二者总是紧密地结合在一起。因而，有形态的语言必然有语法范畴，没有形态的语言，像汉语、越南语等，就没有语法范畴。常见的语法范畴有下面一些：

1. 数　表示事物的数量，是名词和代词所有的语法范畴。英语的名词、俄语的名词、物主代词、疑问代词、限定代词、指示代词都有数的语法范畴，分单数和复数两种。

数是有形态的语言中最常见的一种语法范畴，世界上许多语言都有数的语法范畴。在有数范畴的语言中，大多数语言只有单数和复数，但是还有些语言，如阿拉伯语、希伯来语、斯洛文尼亚语，我国的普米语（云南）、却域语（四川甘孜）、尔苏语（四川甘孜、雅安、贵州凉山）等有单数、双数和复数三种数。甚至还有少数的语言有单数、双数、三数和复数四种数，如斐济语。

2. 性　表示事物的性属，是名词所有的语法范畴。有性范畴的语言有的有两种性，如法语、西班牙语、葡萄牙语、意大利语等都有阴性和阳性，丹麦语和瑞典语都有通性和中性。还有的语言有阴性、阳性和中性三种性，如俄语、白俄罗斯语、乌克兰语、德语、冰岛语等。

性是语法上对名词的分类，在有性范畴的语言中，每个名词都要属于某一种性。性属的标志是词尾或虚词，如俄语阳性名词以硬辅音字母、-й、-ь结尾，阴性名词以-а，-я结尾，中性名词以-о，-е结尾：

阳性	阴性	中性
брат（兄弟）	школа（学校）	слово（词）
словарь（词典）	няня（保姆）	море（海）
музей（博物馆）	площадь（广场）	

语法上名词的性与这些名词所代表事物的自然性别是两回事。首先，不是所有的事物都有自然性别，而有性范畴的语言中所有的名词都要属于一定的性。比如，在俄语中，表示“工厂”的词 завод 是阳性的，表示“报纸”的 газета 是阴性的，表示“地图”的 карта 是阴性的。再如，“太阳”一词在法语中是阳性的，在德语中是中性的，在俄语中是阴性的。其次，有自然性别（如雄性或雌性、男性或女性）的事物的性别，与语言中表示它的名词的性不一定一致。例如，在德语中，“妇女”、“少女”两个词都是中性的。

由于谓语动词要与其主语名词在语法上保持一致，修饰语形容词、代词甚至冠词要与其中心语名词在语法上保持一致，因而，有些语言的动词、代词、形容词、冠词也随之具有了性的语法范畴。

3. 格　主要表示名词、代词在组合中与其他词语之间的语法关系，是名词和代词所有的语法范畴。例如，英语的名词有属格（在书面上加词尾 -'s）和普通格，属格表示领属关系。人称代词有主格、属格、宾格三个格，主格表示代词作主语，属格表示代词作领属定语，宾格表示代词作宾语。格是名词和代词所有的语法范畴，在有的语言，如俄语中，形容词为了与所修饰的名词在格上保持一致，因此也有格的语法范畴。

格也是有形态的语言中一种最常见的语法范畴，藏语、俄语、法语、蒙古语、阿拉伯语等都有格的语法范畴。

格在不同的语言中有很大的差别。一方面，不同语言的格在数量上有很大的差别。例如，西班牙语只有代词有主格、宾格，而俄语、白俄罗斯语、乌克兰语都有六个格，斯洛文尼亚语有七个格，芬兰语有十五个格。另一方面，不同语言的格在内容和功能上也可能相去甚远。例如，英语的名词和俄语的名词都有属格，英语的属格只限于有生名词，而俄语的属格为所有的名词所有；英语名词的属格只表示领属关系（作定语），而俄语名词的属格除了表示领属关系（作定语之外），还表示其他很多的语法关系，名词在属格形式上也不限于作定语，还可作宾语，甚至主语、状语。

4. 时　表示动词所表达的动作、行为发生的时间与说话时刻之间的关

系，是动词所有的语法范畴。有时语法范畴的语言，往往都有现在时、过去时、将来时三种时，此外，有的语言还有其他的时。现在时表示动作行为发生时间与说话时刻一致，过去时表示动作行为发生时间在说话时刻之前，将来时表示动作行为发生时间在说话时刻之后。例如英语：

He works in the university.（他在这所大学工作，现在时）

He worked in the university.（他在这所大学工作过，过去时）

He will work in the university.（他将要在这所大学工作，将来时）

时也是有形态的语言中一种常见的语法范畴，世界上很多语言都有时的范畴，如英语、俄语、藏语、维吾尔语、阿拉伯语等。

5. 体 表示动作行为进行的状况，是动词所有的语法范畴。俄语动词有完成体和未完成体，前者表示已经完成的动作，后者表示未完成的动作（例子见“形态”）。英语动词有完成体、进行体和普通体三种，进行体由“be＋动词的现在分词”形式构成（如 He is writing a letter，他正在写信），表示动词所代表的动作在某个时间点上正在进行，完成体由“have＋动词的过去分词”形式构成，表示动词所代表的动作已经完成（如 He has finished the letter，他把信写完了）。在有体范畴的语言中，完成体、未完成体、进行体是比较常见的，此外，有的语言还有表示多次发生或一次发生的体、时断时续或瞬息即止的体等等。英语语法教学中说的“现在完成时”、“过去进行时”等都包括两种语法范畴，前者包括现在时和完成体，后者包括过去时和进行体。

体也是有形态的语言中一种常见的语法范畴，如英语、俄语、蒙古语、维吾尔语、阿拉伯语等语言都有体的语法范畴。

6. 态 表示谓语动词和主语名词之间的施受关系，是动词所有的语法范畴。在有态的语言中，主动态和被动态是最基本的两种。主动态表示句子的主语名词是谓语动词的施事，即动作的发出者，被动态表示主语名词是谓语动词的受事，即动作的接受者。英语动词的被动态由“be＋动词的过去分词”形式构成，主动态动词不变。例如：

Mary broke a cup.（玛丽打破了一个杯子，主动态）

The cup was broken by Mary.（杯子被玛丽打破了，被动态）

态也是有形态的语言中一种常见的语法范畴，英语、蒙古语、阿拉伯语等都有态的语法范畴。

7. 人称　表示谓语动词主语的人称，是动词具有的语法范畴。英语动词(除 be 动词外)只有在现在时的条件下才用词尾-s 表示主语的第三人称单数，在其他条件下动词都不表示出主语的人称。俄语动词的人称是最多的，在单数和复数的三个人称后要发生六种变化。例如：

я	читаю	книгу	(我读书)
ты	читаешь	книгу	(你读书)
он/она	читает	книгу	(他/她读书)
мы	читаем	книгу	(我们读书)
вы	читаете	книгу	(你们读书)
они	читают	книгу	(他们读书)

人称也是有形态的语言中一种常见的语法范畴，英语、维吾尔语、阿拉伯语等，都有人称的语法范畴。

语法范畴与语法意义不同，所有的语言都有语法意义，但不是所有语言都有语法范畴。只有同一类的语法意义由词形变化表达出来，这样的语法意义的类才成为语法范畴。像汉语，名词的单数、复数的意义是通过名词前的数词来表示的，这样的意义是词汇意义；动词的过去、现在、未来的意义也是通过动词前的时间词或副词表示的，也是词汇意义。动作进行的状况是由动词后的助词“着、了、过”、补语动词“起来”、“下去”或动词前的副词“在/正在”表示的，这些都是组合手段，而不是词形变化的聚合手段，动作进行的状况在汉语中也不是语法范畴。这些词汇意义、语法意义在汉语中都没有成为语法范畴。

语法范畴有很强的民族性。在有语法范畴的语言中，不同的语言不仅有不同的语法范畴，而且同一种语法范畴在不同语言中的数量也不一定相同，甚至同一种语法范畴中的某一项(如属格)的内容、功能在不同的语言中也可能有很大的差别。

三、词类

词可以根据不同的标准进行分类。例如根据语音方面的某个标准，如音节的多少，可把词分为单音节词和多音节词。根据意义方面的某个标准，如意义的多少，可把词分为单义词和多义词；根据某个共同的义素，可把词分成亲属词、颜色词、军衔词等等。根据词的内部构造，可把词分成单纯词、派生词、复合词。词的这些分类都不是词类。词类是个语法概念，指

的是根据语法方面的某个标准，即词的语法功能对词进行的分类，如把词分为名词、动词、形容词、副词、介词、连词等等。

在句子中，词与词的组合不是随意的，而是遵循一定的规则，具体说就是，句法位置对词的语法性质有选择，不同的句法位置选择不同语法性质的词。例如：

数量词＿1）＿　　很＿2）＿＊宾语　　＿3）＿了/过

＿4）＿宾语　　朝＿5）＿

1）的位置是在数量词之后，这个位置只能出现“人、手、书、桌子、水、思想、计划、感情”等表示事物的词。2）的位置是在“很”之后，但不能带宾语，这个位置只能出现“高、深、红、懒、贵、大、多”等表示性质的词。3）的位置是在“了/过”之前，这个位置只能出现“好、黄、老、轻、干净、死、塌、醉、懂、伤、走、跑、搬、拿、烧”等表示性质、变化、动作的词。4）的位置是在宾语之前，这个位置只能出现“吃、看、买、写、说、喜欢、想、计划、要求”等起支配作用的词。5）的位置是在“朝”之后，这个位置只能出现“南面、后边、上边、里面、树上、屋里、图书馆、办公楼、张家庄、火车站”等表示方位、处所的词。由此可见，词的语法性质是有差别的，这是划分词类的基础，我们就可以根据词的语法性质的差别对词进行语法分类。词的语法功能的差别是客观事实，但由于人们划分词类的目的（为教学还是为研究或信息处理）、标准及标准的使用等都可能有差别，因而，划分出来的词类不一定相同。

在有形态的语言中，可以根据词的形态划分词类。例如在俄语中，有性、数和格的变化的是名词，随着所修饰词的性、数、格的变化而变化且又可以作谓语的词是形容词，有时、体、人称的变化的词是动词。在没有形态的语言中，如汉语，只能根据词的语法功能来分类。词的语法功能指的是词在更大的环境中出现时表现出来的能力，具体说来就是词的组合能力和充当句法成分的能力。所有的词都有语法功能，词的语法功能尽管有共同之处，但总有差别，我们正可以根据这些语法功能的差别对词进行分类。形态是词的语法功能的外在表现形式，语法功能是内容，形式由内容来决定，而非相反。正因如此，按词的形态来划分词类，也是以词的语法功能为基础来划分词类。即使在有形态的语言中，根据词的形态也不可能把所有的词都分得清清楚楚，有时也还要借助语法功能。

词的语法功能有很多，在划分词类的时候，既不可能也不必要把词所有的语法功能都用作分类标准，只需要选择一些具有区别性的语法功能就可以了。例如，根据以下三组语法功能，可以把汉语的名词、动词、形容词分开：

1）做主语/宾语/定语；与方位词组合成方位词组；不受“不”修饰；不在介宾结构后出现；不作补语；不带宾语。

2）受“不/没”修饰；不受“很”修饰或受“很”修饰，能带宾语。

3）受“很不”修饰；受“很”修饰，但不能带宾语[1]。

符合1)的是名词，符合2)的是动词，符合3)的是形容词。

词类划分标准的使用有先后的顺序，总是有些标准先使用，有些标准后使用，因而语言中的词类都是一个层级体系。以汉语普通话为例，首先应该分出拟声词，拟声词是根据造词方法分出来的，而不是根据功能分出来的。剩余的词可再根据能否充当句子成分划分为实词和虚词，前者可以充当句子成分，后者则不可。实词和虚词又可根据某种标准再分下去，比如实词又可分为体词、谓词、饰词[2]，这样一直分到每一类词为止。由此可见，语言中的词不管分为多少类，都是用了多个标准、多次划分的结果，各种词类不一定在同一个层次上。

四、语言的结构类型

可以根据语言结构某个方面的特点对语言进行分类，这样的语言分类就是类型分类。在语言的类型分类中，影响最大的是根据词的结构对语言进行的分类。根据词的结构，即是否在词上附加构形语素以及构形语素的差别，可以把世界的语言分为孤立语、屈折语、黏着语、复综语四种类型。由于这种分类的根据是词的形态，所以这种分类也叫形态分类。

孤立语，也叫“词根语”，指的是没有构形语素或基本无构形语素的语言，汉语、越南语、彝语、侗语、苗语、壮语等都属于这一类型的语言。在孤立语中，由于没有或缺乏构形语素，词不发生语法形式变化，语序和虚词成为基本的语法形式。

屈折语，是语言中有构形语素，且构形语素能表示多种语法意义的语言，俄语、法语、德语、西班牙语、英语、阿拉伯语等都是这种类型的语言。

---

① 以上三组标准据郭锐《现代汉语词类研究》商务印书馆，2002年，第185、192、210页，略有改动。

② “饰词”的含义见郭锐《现代汉语词类研究》第85、146、179页，商务印书馆，2002年。

屈折语利用词根内部的语音变化来构成词的不同的语法形式，如英语有些名词的单复数形式、动词的现在时和过去时形式，就是用内部屈折的手段构成的。在屈折语中，一个构形语素可以表示几个语法意义，如俄语 школа（学校）中的-a 就表示阴性、单数、主格的语法意义；每种语法意义可以用不同的构形语素来表示，如俄语名词的阳性、阴性、中性形式和单复数形式都用多种构形语素表示。

黏着语，是一个构形语素只表示一种语法意义的语言，日语、朝鲜语、土耳其语、维吾尔语、蒙古语、芬兰语、匈牙利语都是这种类型的语言。黏着语中没有内部屈折，一个构形语素只表示一个语法意义，而一个语法意义也只用一个构形语素表示。以土耳其语为例，odalarimdan（从我的〈一些〉房间里）是一个词，oda-是词根，-lar-im-dan 是构形语素，分别表示复数、第一人称单数的领属关系、离格①。在这种语言中，词要表示几个语法意义，就要加几个构形语素。

复综语，又叫“多式综合语”，北美的大多印地安语、爱斯基摩语以及高加索诸语言都是这种语言。这种语言往往在动词词根前后附加很多表示词汇意义、语法意义的语素，一个词表达的意义相当于其他语言一个句子表达的意义。例如，在南美洲的阿尔金语中，akuo－pi－n－am（他从水中拿起它）是一个词，akuo（拿）是词根，－pi（水）、－n（用手）、－am（它）都是附加在词根上的词缀。与孤立语不同，复综语的词根和词缀都不能独立，而孤立语的词一般都是独立的。与黏着语不同，复综语的词缀既表示语法意义，也表示语汇意义，而黏着语的词缀一般只表示语法意义，不表示语汇意义。

形态只是语言结构的一个方面，根据形态对语言进行分类只反映语言结构一个方面的特点。而且，一种类型的语言往往也具有其他类型的语言的特点。例如，英语通过后附加构形语素来表示语法意义，而且构形语素紧紧加在词干上，这是屈折语的特点；但英语只有动词后的－s 表示几个语法意义，其他的构形语素都是单义的，这是黏着语的特点；英语的语序很严格，这是孤立语的特点。因此，英语不是典型的屈折语。再如，汉语是典型的孤立语，但动词后的“着、了、过”也可以看作黏着语中的构形语素；俄语是典型的屈折语，也用虚词表示语法关系，有时也用语序表示语法关系。

除了形态之外，语言结构分类的标准还有很多，比如可以根据有无声

① 此例见哈特曼 & 斯托克著《语言与语言学词典》第 10 页，上海辞书出版社，1981 年。离格是某些屈折语中的一种格，起状语作用，表示动作发生的方式、地点、工具等。

调把语言分为声调语言和非声调语言，可以根据有理据的词义的多少把语言分为理据性高的语言和理据性低的语言，根据主语(S)—动词述语(V)—宾语(O)三个成分的位置，把语言分为SVO语言、SOV语言和VSO语言。

第四节　句法(上)

一、词组

词组包括固定词组和自由词组两类。固定词组的结构和意义都是凝固的，在组合中的作用相当于一个词，将在第四章介绍。这里讲的词组是自由词组，自由词组是句子内部两个以上词的组合体。

一个简单句去掉语调以后剩余的部分就是词组，这个词组如果包含三个以上的词，就可能再进一步分解出更小的词组。因此，词组是句子内部的结构单位，是根据言语交际的需要临时创造出来的。句子是言语的最小单位，数量是无限的；词组是句子的组成部分，数量也是无限的。尽管词组是句子的组成部分，但我们也可把词组从句子中抽象出来认识它的结构和功能。

句子内部相连的几个词是不是词组，要看它们是不是组合体，如果它们不是组合体，那么它们就不是词组。例如：

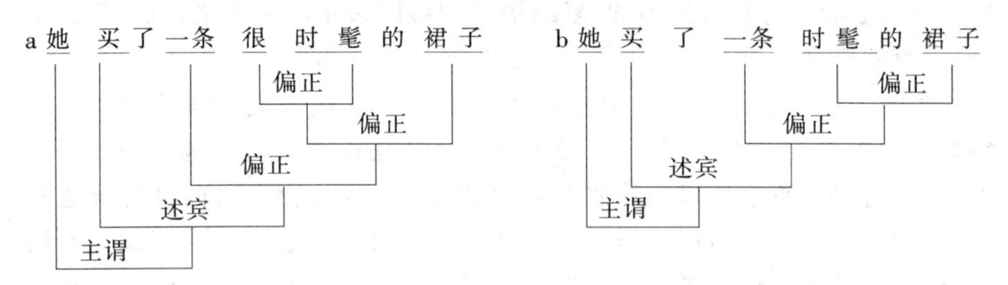

a例中的“时髦的裙子”不是组合体，因而不是词组；b例中的“时髦的裙子”是组合体，因而是词组。

由某些虚词与实词构成的词的组合体也不是词组。汉语中由“着、了、过”、语气词同其他词构成的组合体都不是词组，如“吃着、来了、去过、走吧、行吗、多好啊”等。英语中动词与助动词(can go ，must sleep，do not have)、情态动词的组合(will come，shall， run)，形容词与more，most的组合体也不是词组。与单独的实词相比，这些虚词与实词的组合并没有改变

词汇意义，只是增加了语法意义，而且这些虚词与实词构成的组合体与其他实词，如名词之间的语法关系也没有发生变化。

可以根据某种语法标准把词组分类。

一种分类的标准是词组的语法功能，根据这种标准可把词组分成体词性的和谓词性的两大类，如下文的名词性偏正词组、名词或代词构成的联合词组都属于体词性词组，动词性或形容词性偏正词组、述宾词组等都属于谓词性词组。

另一种重要的分类标准是词组内部的语法关系，根据这个标准可把词组分成下面几种类型。

1. 主谓词组　由主语和谓语组成，主语提出一个话题，谓语对话题进行陈述，主语和谓语之间是陈述与被陈述的语法关系。以汉语为例：

他/明白了
我们/打算买房子
苹果/都吃了
房子/真大
今天/国庆节

2. 述宾词组　由述语和宾语组成，述语表示动作或行为，宾语表示与这一动作或行为有关的人或事物，述语和宾语之间大体上是支配与被支配或涉及与被涉及的语法关系。例如汉语：

洗/衣服
提/问题
睡/土炕
住/三个人
值得/研究

在有的语言，如俄语中，述宾词组的宾语被称为补语。

3. 偏正词组　由修饰语和中心语组成，修饰语从各个方面对中心语进行修饰或限制，两部分之间有修饰与被修饰或限制与被限制的语法关系。偏正词组又分体词性的和谓词性的，体词性的偏正词组又称定中词组，谓词性的词组又称状中词组。例如汉语：

(1)定中词组

我们/学校

一位/老人
好/孩子
新型/材料

(2)状中词组

慢慢地/吃
早/走
很/热
把钱/花了

4. 联合词组　由两个或更多的成分组成，各成分之间不分主次，在语法上的地位是平等的，各个成分之间的语法关系是并列的。例如汉语：

语文和数学
茄子、土豆、辣椒
又聪明、又勤快
转移并销毁
去不去

以上四种词组是在各种语言中都普遍存在的，此外，各种语言中还可能有一些特殊的词组。例如，汉语的述补词组(如“吃饱、抓住”)、“的”字词组(如“吃饭的、我织的”)等等。再如英语的冠词与名词组合成的词组(如 the book、a desk)，述宾词组带宾语补足语(如 He wants me to call you“他让我给你打电话”，to call you 是宾语 me 的补足语)。

表示同一种语法关系的词组在不同语言中的语序不一定相同。例如，汉语、苗语、壮语、英语、俄语、法语中述宾词组的语序都是述语在前，宾语在后；藏语、景颇语、维吾尔语、蒙古语、日语中的述宾词组的语序都是宾语在前，述语在后。再如，定中词组的语序在汉语、蒙古语中都是定语在前，中心语在后；在阿拉伯语、马来语中都是中心语在前，定语在后；而在有些语言，如英语中，则是两种语序都有，哪些定语在中心语之前，哪些定语在中心语之后，都是有条件的。状中词组也与定中词组类似，有的语言，如汉语、侗语，都是状语在前，中心语在后；而日语、土耳其语、阿拉伯语、印地语等，则是状语在后，中心语在前。

以上几种词组都是根据它们内部的语法关系命名的，并不能反映出它们的语义特点。例如，主谓词组中的主语，并不是它表示的意义是主要的，

而恰恰相反，一般地说，主语往往传递已知信息，是谈话的背景信息，谓语才传递新知信息，是说话人要突出的内容。再如偏正词组，并不是偏的部分的意义是次要的，正的部分的意义是主要的，有时偏的部分的信息才是说话人要突出的，正的部分的信息倒是次要的。偏正是就语法关系而言的，不是就语义而言的。

在形态丰富的语言中，词组内部的语法关系可以通过词的形态来判断，例如，在俄语中，名词、代词作主语时要用主格形式，作宾语时要用宾格形式，名词性偏正词组的修饰语总是在性、数、格上与中心语保持一致。在没有形态的语言中，词组内部的语法关系可以借助一些推导式来判断。例如，汉语的主谓结构和述宾结构有如下不同的推导式：

AB(主谓)：A不/没B　A是不是B　A要是B　AB不B

AB(述宾)：不/没AB　AB不AB　A不AB　AB不A

判断时间词与其后的动词性成分之间是状中关系还是主谓关系，可以比较这种结构与主谓结构、状中结构的推导式的异同。例如：

他写报告	上午写报告	马上写报告
他不/没写报告	上午不/没写报告	*马上不/没写报告
他写不写报告	上午写不写报告	*马上写不写报告
他写报告没有	上午写报告没有	*马上写报告没有
他是不是写报告	上午是不是写报告	*马上是不是写报告
他要是写报告	上午要是写报告	*马上要是写报告
他所写的报告	上午所写的报告	*马上所写的报告

上面的推导式显示，“上午写报告”与“他写报告”平行，而不与“马上写报告”平行，因而“上午写报告”是主谓词组而不是状中词组。

二、句子

句子是表达完整意义的、具有一定语调的最小言语单位。

句子是在特定的语境中为特定的交际目的而创造出来的，它或者叙述一件事、一种情况，或者断定、否定某件事，或者表达某个愿望，或者抒发某种感情，或者提出某个请求，或者发出某个命令，等等，只要是达到了交际的目的，都是表达了完整的意义。

句子在形式上的特点是具有抑扬顿挫的语调，可以表达某种语气。语调由句调、句重音和停顿组成。句调是语调的主干，是全句的高低升降，在不少语言中它主要表现在句尾，有升调和降调两种。降调常常用来表示陈述、感叹、请求等语气。升调用来表示疑问、反问、惊异的语气。语气意义是句义的一个组成部分，如果句子中的词相同但语气不同，句子的意义也不相同。例如：

今天不上课了↘　。（叙述）
今天不上课了↗　？（疑问）

此外，句重音、停顿的变化也可以改变句子的意义。由于每个句子都有语调，可以根据这个特点从连贯的话语中划出句子之间的界限。

句子的意义由情态和命题构成。情态是发话人对命题的主观态度，如下图所示：

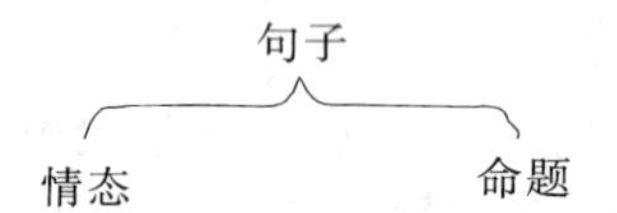

情态包括确认、怀疑、疑问、可能、意愿、道义等，可以由情态动词如“会”、“可能”、“想”、“应该”等表达，也可以由副词如“的确”、“一定”、“也许”、“必须”、“竟然”、“究竟”等表达，还可以由插入语如“看样子”、“谁料到”、“说实在的”表达。汉语句末的语气词如“吗”、“呢”、“吧”、“呗”、“嘛”也都是表达情态的。命题是对世界的情况的反映，由句子来表达，语法是句子的形式，语义是句子的内容。

句子可以根据不同的标准进行分类。根据表达的目的，句子可分为陈述句、疑问句、祈使句和感叹句。陈述句叙述某件事或情况，疑问句提出某个问题，祈使句发出某个命令或提出某个请求，感叹句抒发某种感情。根据句子的内部构造，句子可分为包括一套句子成分的单句和包含多套句子成分的复句。复句又可根据分句之间的关系分为并列复句和偏正复句，这两类复句可再根据分句之间的关系分为若干类别。单句也可根据主谓结构是否完整分为主谓句和非主谓句，主谓句和非主谓句又可根据某个标准再分下去。

从形式上看，句子有语调，词组没有语调，可以根据这个特点鉴别什么样的言语片断是句子，什么样的言语片断是词组。此外，由于句子是言语的最小单位，说话人还可在句子的前面或中间附加上一些帮助句义表达的插入语、呼唤语、感叹语等独立成分，这也是词组所不可能有的。从内容上看，由于句子具有语调，是言语的最小单位，因而说话人就可用它来表达自

己的交际目的,表达完整的思想;而词组不具备语调,就不可能表达说话人完整的思想。总之,词组与句子的差别是在功能上。

三、层次

语言符号具有线性特征,因而词在语言符号的序列中只能按时间顺序排列。但是,在语言符号线性序列中,词与词的组合却不是线性的,而是有先后的组合顺序,有的词先组合成一个整体,然后再与其他的词或词组去组合,通过这样一层层的组合,最后成为一个词组或句子。只要语言符号序列包含三个以上的词,词与词的组合就可能有先后的顺序,相邻的两个词可能是直接组合起来的一个整体,也可能并不是直接组合起来的整体。语言符号序列内部先后的组合顺序就是层次。可见,语言符号在线性序列中的排列是线性的,而组合却是非线性的,是有层次的,但这种层次却被线性的排列掩盖了,需要把它分析出来。例如,“他父亲和母亲都刚刚参加医疗保险”内部的组合层次如下图所示:

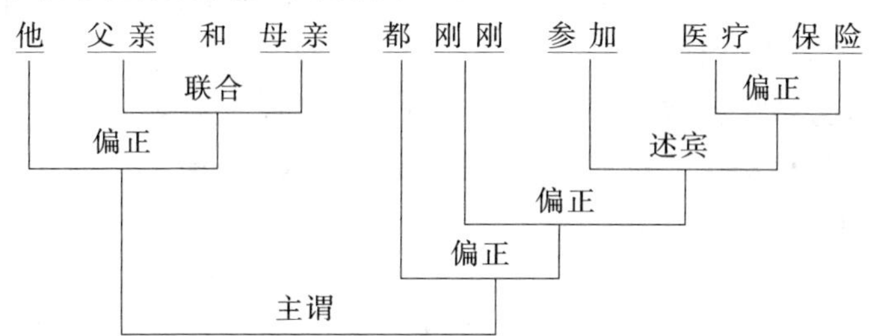

不管是由三个词组成的简单的语言符号序列,还是由更多的词组成的复杂的语言符号序列,它们都是这样一层一层地组合起来的,分析语言符号序列内部词语组合的层次有助于了解它们的结构。像上面这样先从直接组合的两个词开始,一直分析到整个的语言符号序列为止,这是从小到大的分析。还有一种从大到小的分析,即先从语言符号序列的整体开始,一直分析到它的每一个词为止。上面这一例也可做如下的分析:

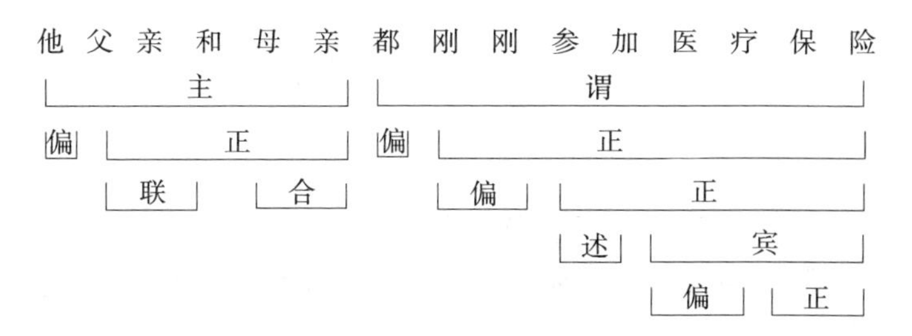

由两个以上的词组合而成的词组叫组合体，被组合体所包含的词或词组叫组成成分。在句法中，句子是最大的句法单位，不再被更大的句法单位所包含，因而是组合体，不是组成成分；词不再包含更小的句法单位，不是组合体；而词组既包含更小的成分，是组合体，又可能被更大的组合体所包含，因而又可能是组成成分。词组作为组合体是绝对的，而作为组成成分则是相对的。例如，“他父亲和母亲都刚刚参加医疗保险”只是组合体，不是组成成分，而“医疗保险”对“参加医疗保险”来说是组成成分，对“医疗”和“保险”来说则是组合体。

组成成分有两种，一种是同一个词组内两个直接组合的组成成分，另一种是同一个词组内两个非直接组合的组成成分，前一种组成成分叫直接组成成分（简称“直接成分”），后一种组成成分叫间接组成成分（简称“间接成分”）。例如，上面例子中的直接成分有：“他父亲和母亲”和“都刚刚参加医疗保险”、“他”和“父亲和母亲”、“都”和“刚刚参加医疗险”、“父亲”和“母亲”、“刚刚”和“参加医疗保险”、“参加”和“医疗保险”、“医疗”和“保险”。间接成分如“都”和“他父亲和母亲”、“他”和“父亲”等等。

直接成分或间接成分都是从语法上来说的，在语义上，有语义关系的词语常常可以跨层次。例如，下面的例子都是按“数词＋量词＋名词”结构组合起来的：

一 本 书
两 条 鱼
三 块 砖
五 张 纸
十 辆 车

“数词”和“量词”直接组合修饰后面的名词，量词与名词并没有直接组合，但在语义上量词的选择却要受到后面的限制，要根据名词的语义特点，如不能说“一本鱼”“十块车”。再如：

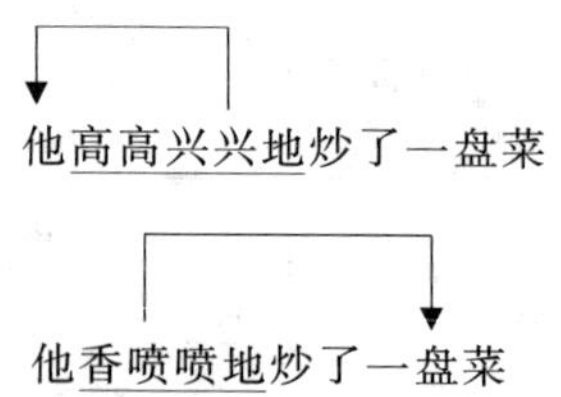

“高高兴兴地”和“香喷喷地”都作状语，修饰后面的述宾词组。但在语义

上,“高高兴兴地”与它前面的主语“他”有密切的语义关系,“香喷喷地”与后面的宾语“一盘菜”有密切的语义关系,具有密切语义关系的双方都是间接成分。再如英语:

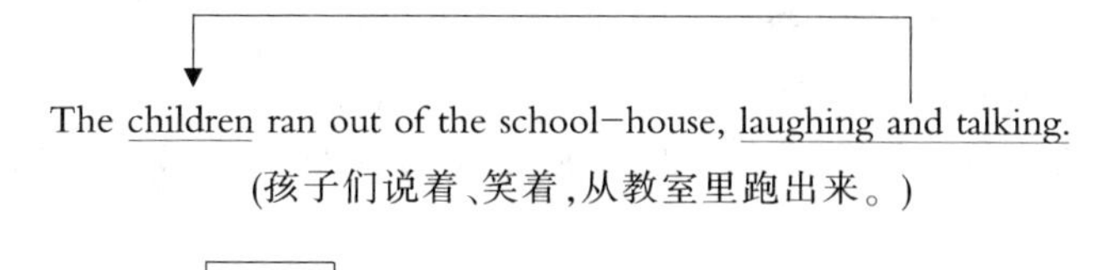

The children ran out of the school-house, laughing and talking.

(孩子们说着、笑着,从教室里跑出来。)

Newly arrived, she didn't know anything about the place.

(初来乍到,她对这地方一无所知。)

以上英语的两个句子中的现在分词、过去分词短语作状语,修饰它们前面或后面的主句,但在语义上却说明句子的主语。

分析句法组合的层次,有助于认识句法结构的组织,有助于理解句法结构的意义,也可以有效地解释一些歧义现象(见第四章第五节)。例如,“穿好衣服”可以表示“把衣服穿好”和“穿好的衣服”,“穿好衣服”之所以可以表示这两个意义,是因为内部有如下两种不同的组合层次:

也就是说“穿好衣服”是“穿|好衣服”和“穿好|衣服”两个不同的词组,因此才有两个意义。再如,old men and women 也有歧义,也是因为这个线性序列有 old men | and women 和 old | men and women 两种组合层次,这个线性序列也是两个不同的词组。

四、递归

句子的长度从逻辑上来说是无限的,任何一个句子都可能再添加新的词语扩展成更长的句子。例如英语:

① This is the dog. (这是那条狗。)

② This is the dog that chased the cat.

(这是那条追赶那只猫的狗。)

③ This is the dog that chased the cat that killed the rat.

(这是那条追赶咬死了那只老鼠的猫的狗。)

④ This is the dog that chased the cat that killed the rat that ate the malt.

(这是那条追赶咬死了那只偷吃了麦乳精的老鼠的猫的狗。)

⑤ This is the dog that chased the cat that killed the rat that ate the malt that lay in the house.

(这是那条追赶咬死了那只偷吃了放在房子里的麦乳精的老鼠的猫的狗。)

⑥ This is the dog that chased the cat that killed the rat that ate the malt that lay in the house that Jack built.

(这是那条追赶咬死了那只偷吃放在杰克盖的房子里的麦乳精的老鼠的猫的狗。)

下面的句子都是从上面的句子扩展来的，如果需要，⑥也还可以再继续添加新的词语扩展下去。

再如山东某地儿童的顺口溜：老鼠怕猫，猫怕狗，狗怕小孩儿，小孩儿怕他爹，他爹怕他爷爷，他爷爷怕天爷爷，天爷爷怕云彩，云彩怕风，风怕墙旮旯儿，墙旮旯儿怕老鼠，老鼠怕猫……

后一分句的主语总以在前一分句作宾语的词来充当，这个句子就可以无限地循环下去。

受人短时记忆的限制，实际的句子不可能无限长，特别是口语的句子，太长了人们听到后面的词语就可能把前面的词语忘了。

像上面英语的⑥和汉语的例子，都是通过递归而形成的。递归指的是在一个句子里反复地使用某些语法规则。具体说来，"递归"有以下两方面的含义。

一是套合，即不断地以一个词语为中心进行扩展。扩展后的组合体虽然比原来要长，但整体功能并未发生变化，例如上面英语的例子从①到⑥就是套合式的递归，是以 This is the dog 为中心进行的扩展，⑥虽然比①长得多，但与①的基本结构是相同的。这种套合是反复使用同一种结构（定语从句），像汉语的主谓谓语句就是反复使用主谓词组的套合，例如：

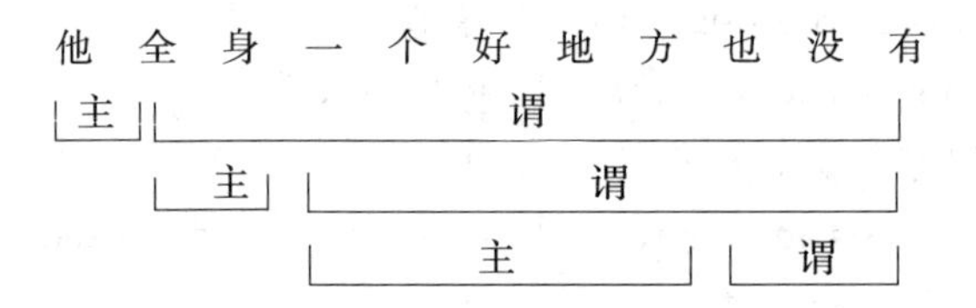

递归的另一含义是联合，即可以独立成句的言语片断联合成一个长的复句，它们之间没有包含关系。如上文山东某地儿童的顺口溜就是通过联合式的递归造出来的，这个例子中各分句使用的是话题连接，具体说来就是总是以前一分句中充当宾语的名词为话题。还有的分句之间除了话题连接之外，还借助分句之间的语义关系进行连接。例如：

> 我赞美白杨树(1)，因为它不但象征了北方农民的性格(2)，尤其(ø)象征了今天我们民族那种质朴、坚强、力争上进的精神(3)，所以我总想用我的笔来颂扬它(4)。

第2个分句的主语"它"、第3个分句的ø和第4个分句的宾语"它"回指第1个分句的宾语名词"白杨树"，第4个分句的主语"我"与第1个分句的主语"我"同指，这是话题连接。同时，第4个分句与前三个分句之间还有因果关系，第1个分句与第2、3个分句之间有因果关系，第2个分句和第3个分句之间有递进关系。

第五节　句法(下)

一、自由和黏着

有的词或词组可以单说，有的词或词组则不可以单说，能单说的词或词组是自由的，不能单说的词或词组是黏着的。例如：

> 自由的词：人、手、电视、说、写、来、累、忙、清楚、前边、昨天、三、九
>
> 黏着的词：吧、吗、从、往、的、了、非常、再、加以、显得、大型、彩色
>
> 自由的词组：妈妈不高兴　买一箱苹果　从这儿走　一堆垃圾　打扫干净
>
> 黏着的词组：买了菜　把学生　被打　笑了又笑　玩的玩　看到　钻进来人

单说指的是词或词组加上语调后可以成为句子。实词有实在的词汇意义，虚词没有词汇意义，只有实词才可以单说，虚词不能单说，而实词中也有些不可以单说，比如汉语的量词、区别词都不可以单说，动词中意义比较虚的也不可以单说。词组中不可以单说的往往限于一些固定格式，比

如，汉语普通话中"动词＋了＋名词"格式的词组（如"买了车""回了学校"）都不可以单说。

词语在发端话语和后继话语中自由的程度是不同的。发端话语没有上文作语境，词语受到的限制比较多，而后继话语有上文语境，词语就不太受限制，使用就很自由。例如：

1）谁来了？——我。

2）昨天为什么没来上班？——因为，因为……

人称代词"我"、连词"因为"在发端话语中都不可以单说，而在后继话语中可以，因此，应该在发端话语中鉴别词语的自由与黏着。

二、已知和新知

言语交际的过程，就是借助语言传递信息的过程，为了便于受话人理解所传递的信息，发话人就要对受话人所掌握的背景知识进行估计，先传递受话人已知的信息，然后在此基础上传递受话人新知的信息。例如：

1）她丑，ø 老，ø 厉害。

2）上面有个干部模样的人，ø 托着一个袖珍半导体收音机，ø 正响着。

3）她上姑妈家去找小芹，打听老头子的消息[①]。

例子中下划线的部分都传递已知信息，其他的词语都传递新知信息。例 3）中作宾语的名词性词语尽管都传递已知信息，但与动词组合后仍然传递新知信息。

已知信息是受话人已经知道的或假定受话人已经知道的信息，比如上文讲述的内容、语境中存在的客体和发生的事件、文化常识等都是已知的。新知信息是接受到话语后才知道的信息，也叫未知信息。已知信息可以省略，可以用代词来传递，如以上三例中的人称代词和 ø，但新知信息不能省略，也不能用代词传递。

一句话不能全是已知信息，否则就是废话，但为了幽默或故意与人客套也可以说些没有新信息的话，比如英国人初见面往往从谈天气开始，就

① 以上三例均取自陈平《汉语零形回指的话语分析》，载《中国语文》1988 年第 6 期。

是出于礼貌的目的。一句话也不能全是新信息，否则受话人接受起来困难，甚至使交际失败。比如，对不知道球星姚明的人，就不能说“姚明最近结婚了”，否则他可能反问：“姚明是谁？”

任何语言的句子都由主语和谓语两部分构成，主语引入一个话题，谓语是对话题的说明，话题的信息是已知的，说明的信息是新知的，所以绝大多数语言都是主语在前，谓语在后，这样的结构安排便于受话人理解句子的内容。

三、有定和无定

在言语交际中，发话人估计所谈到的客体能够被受话人识别，就采用有定的词语；发话人估计所谈到的客体不能够被受话人识别，就采用无定的词语。例如，上文例 3）中的“她”、“姑妈家”、“小芹”、“老头子的消息”都是有定的，这些词语所指的客体都可以被受话人识别，而例 2）中的“一个袖珍半导体收音机”则是无定的，所指的客体不能被受话人识别。再如：

> 从前有座山，山上有个庙，庙里有个老和尚，老和尚在讲故事……

下画双横线的词语是无定的，所指的客体首次引入话语，不能被受话人识别，而下画波浪线的词语则是有定的，所指的客体是第二次引入话语，能够被受话人识别。可见，有定的词语是所指客体能够被受话人识别的词语，无定的词语是所指客体不能被受话人识别的词语。

以下几种语境条件下的客体可以被受话人所识别：1）上文已经出现的客体下文再次出现；2）语境中存在的客体；3）文化背景中的客体，如长城、故宫、天安门、《红楼梦》、孙悟空、诸葛亮、尼罗河；4）与上述客体有连带关系的客体，如每个人都有眼、耳朵、嘴、鼻子、头，出租车有司机、餐馆有服务员、房子有门和窗，与所谈论的客体有连带关系的客体首次在话语中出现时也可以被受话人识别。例如：

> 总理消瘦了很多，胡子很久没有刮，长得很长很长，脸显得很憔悴……

“胡子”、“脸”尽管首次在话语中出现，但可以根据与“总理”之间的连带关系来识别。除以上四种情况以外的客体，首次在话语中出现时要使用无定的词语。

在具有定冠词和无定冠词的语言，如英语、法语、意大利语中，带定冠词的名词性词语是有定的，带无定冠词的名词性词语是无定的。有些语言没有冠词,如汉语、藏语、蒙古语、俄语等。汉语没有冠词,光杆普通名词作主语是有定的,而作宾语可能是无定的。例如,“客人来了”中的“客人”是有定的,而“来客人了”中的“客人”则是无定的。专有名词、人称代词、指示代词以及这几种词作定语的定中结构在任何语言中都是有定的。还有的语言,如阿拉伯语,用词缀表示有定和无定,前缀 al－表示有定,后缀－n 表示无定[①]。

四、语法意义和语法形式

一个个孤立的实词,只有本身的词汇意义,没有语法意义,但这些实词组合成词组和句子后,词组、句子的意义显然要大于所有参与组合的各个实词的词汇意义,这是增加了词与词之间的语法意义的缘故。例如,“房子刷好了”与“刷好房子了”两个句子的实词相同,但两个句子的语法意义却不相同,因为前者中的“房子”与“刷好”之间是主谓关系,“刷好了”说明“房子”,而后者中的“刷好”与“房子”之间是述宾关系,“刷好”支配“房子”,因此,前者表示房子如何了,后者表示对房子做了什么。如果一个语言片断可以表示不同的语法意义,这个语言片断就有歧义。例如,“你这个孩子”可以表示“你是孩子”和“你的孩子”两个意义,有歧义,这是因为“你”与“这个孩子”之间既可以是复指关系,即“这个孩子”复指“你”,也可以是领属关系,“你”领有“这个孩子”。

语法意义是语法单位在组合中产生出来的意义,语法单位即各种音义结合体,包括语素、词、词组、句子。语法意义包括语法结构的意义和语法成分的意义两部分。语法结构的意义指的是直接组合的句法成分之间产生的意义,比如主谓结构中主语与谓语之间的陈述意义、述宾结构中述语与宾语之间的支配或涉及意义、偏正词组中修饰语与中心语之间的修饰或限制意义、联合词组中各个成分之间的平等的意义、复指结构中后一个词语复指前一个词语的意义。语法成分包括构形语素和虚词,构形语素和虚词的意义都是语法意义。语法成分的意义也是在组合中产生的,例如,英语可数名词后面的词尾-s 表示复数,规则动词后面的词尾-ed 表示过去时,形容词后面的词尾-er 表示比较级,但这都是可能性,这些词尾只有与所依附的实词组合时才能表现各自的语法意义。再如,汉语的介词“从”表示动作的起点,“在”表示动作发生的处所,但只有组合成像“从房上跳”和“在房

---

① 见 Christopher Lyons *Definiteness* 第 1 页,北京大学出版社,2005 年。

上跳”这样的词组才能表示出各自的语法意义。实词的词汇意义不需要组合就可以表示，而语法意义只有在组合中才能表示出来。

除了上面这种语法意义之外，句法结构中还有一种更深层的语法意义，这种语法意义也叫语义关系（详见第四章第四节“语义关系”），它是现实现象之间的关系在语言中的反映。例如，“搬桌子”是述宾结构，“搬”和“桌子”之间除了有支配的语法意义之外，二者之间还有“动作—受事”的语义关系，而“写小说”也是述宾结构，“写”与“小说”之间则有“动作—结果”的语义关系。再如，“石英手表”和“瑞士手表”都是偏正结构，内部的语法意义都是修饰，但前者内部的语义关系是“材料—产品”，而后者内部的语义关系是“产地—产品”。

语法意义是在语法单位的组合中产生出来的，能够把语法单位组织起来并且在组织中产生语法意义的形式就是语法形式。这些语法形式概括起来主要有以下几种。

1. 词类　由两个词构成的简单词组也好，由更多的词构成的复杂词组也好，都是由某些词类的词或具有某些词类功能的词组按照一定的语法关系构成的。例如汉语的“妈妈来”是由名词“妈妈”和动词“来”按照主谓关系构成的，“张老师的妈妈从山东老家来”是由名词性的词组“张老师的妈妈”和动词性词组“从山东老家来”按照主谓关系构成的，可见，任何词组都是由词类和语法关系构成的，词类是构成词组的基本语法形式之一。

既然词类是构成词组的基本语法形式之一，词与词组合的时候就要首先在词类上进行选择。例如，汉语以动词为中心语的状中词组，动词之前可以出现副词、时间词、方位词、形容词，但不可出现名词、动词、区别词等；动词可与名词、形容词构成述宾词组，但不可与副词构成述宾词组。同一种语法关系的词组，在不同的语言中，对词类的要求也可能有所不同。比如在英语中，主语只可能由名词性词语充当，谓语只可能由动词性词语充当；而在汉语中，除了名词性词语之外，动词性、形容词性词语也可充当主语，名词性词语也可充当谓语。

某一个词类的词与不同词类的词组合时可能构成不同语法关系的词组。例如，汉语动词“吃”之后如果出现“完”就可构成述补词组“吃完”，如果出现“苹果”就可构成述宾词组“吃苹果”，这两个词组语法关系的不同看起来是“完”和“苹果”造成的，但实际上是由“完”所代表的动词和“苹果”所代表的名词所造成的。即使“吃”之后不出现“完”而出现“光”、“没”等动词，构成的“吃光”、“吃没”仍是述补词组；“吃”之后不出现“苹果”而出现

“馒头”、“肉”等名词，构成的“吃馒头”、“吃肉”仍是述宾词组。可见，“吃完”和“吃苹果”语法关系的不同，是因为在“吃”之后选择了动词和名词两个不同的词类。

2. 语序　指词语在话语中的先后顺序，是缺乏词形变化的语言中一种重要的语法形式。在这些语言中，词语必须按照一定的语序排列才能构成具有某种语法关系的言语片断，同样词类的词如果排列组合的顺序不同，要么会使得言语片断的语法关系不同，要么会造成一些不合法的言语片断。例如，汉语的“我”、“吃”、“饭”三个词有以下六种排列组合的可能：

1)我吃饭　2)我饭吃　3)饭我吃
4)饭吃我　5)吃我饭　6)吃饭我

1)合法，而且是自由的；2)和3)合法，但是黏着的，表示把饭与其他对象进行对比；4)合语法但不合语义；5)合法与否有疑问，而且与1)的句法意义不相同；6)不合法。

在形态丰富的语言中，词形变化可以显示出词与词之间的语法关系，因而语序的作用就不那么重要。例如，在俄语中，“他喜欢数学”这句话可以用以下六种语序来说：

Он　любит　математику
Он　математику　любит
Математику　он　любит
Математику　любит　он
Любит　он　математику
Любит　математику　он

он(他)是第三人称单数主格形式，любит(喜欢)是动词的第三人称单数形式，математику(数学)是阴性名词的宾格形式，三个词之间的语法关系都可以通过词形清楚地显示出来，因而不管三个词的语序怎样变化，句子的句法意义都不变化，甚至把主语 он 去掉句子的句法意义也不变。如果说俄语的语序有作用的话，这种作用只是在修辞上的，哪个词在句子的开头哪个词就成为强调的重点。不过，在充当主语和宾语的名词的词形相同时，就要借助语序来区别主语和宾语。例如，мать　любит　дочь(母亲爱女儿)和дочь любит　мать(女儿爱母亲)。

在以语序为语法形式的语言中，同样的语法关系在不同的语言中也可

能用不同的语序来表达。比如，述宾关系在汉语、英语、苗语、壮语中都是述语在前而宾语在后，在日语、朝鲜语、蒙语、维语、藏语中都是宾语在前而述语在后。名词性偏正结构，汉语的语序是修饰语在前，中心语在后，但很多语言在这方面有很大的差别。以汉藏语为例，名词作定语，藏缅语族、苗瑶语族是修饰语在前而中心语在后，壮侗语族则是中心语在前而修饰语在后。形容词作定语，藏缅语族、苗瑶语族、壮侗语族一般是中心语在前，形容词修饰语在后。数量词做定语，苗瑶语族是修饰语在前而中心语在后，藏缅语族是中心语在前而修饰语在后，而壮侗语族则是两种语序都有[①]。

3. 虚词　虚词是实词以外起语法作用且同时表示语法意义的词。以汉语为例：

1)他朝我喊了几声　　2)弟弟比哥哥还高
3)学生和老师都走了　　4)看电影还是跳舞
5)孩子们都笑了　　6)先把钱拿着

1)中的“朝”和2)中的“比”都是介词。“朝”的作用是把“我”和动词“喊”组织在一起，并表示“我”是“喊”的目标；“比”的作用是把“弟弟”和“哥哥”组织在一起，并表示它后面的词是比较的对象。3)中的“和”和4)中的“还是”都是连词，都起把它们前后的词语连接在一起的作用，同时“和”表示并列关系，“还是”表示选择关系。5)中的“们”和6)中的“着”是助词，“们”表示所依附的名词是复数，“着”表示动作或状态的持续。

由于虚词可以表示语法意义，因而不同的虚词在同一个句法位置上出现时，由它们构成的词组也就可以表达不同的语法意义。例如，在“我”和“书”之间可以出现“和”或“的”，分别构成“我和书”和“我的书”，“我和书”表示并列的语法意义，“我的书”表示领属的语法意义。

4. 形态　在有形态的语言中，有些词的组合要借助词的形态。在俄语中，多数动词与名词组成述宾结构时要求名词采用第四格形式，定中词组中的名词、形容词定语要与名词中心语的性、数、格保持一致，谓语动词要随着主语的数、人称的变化而变化。英语只有动词在现在时的条件下才要求与主语的单数、第三人称保持一致。

词类和虚词是各种语言都使用的语法形式，而语序和形态则不是所有的语言都使用。例如，俄语的形态丰富，词形变化可以表示词与词之间的

① 见马学良主编《汉藏语概论》(上)第10页，北京大学出版社，1991年。

语法关系，语序的作用就很小。汉语因为没有词形变化，词与词之间的语法关系就用形态以外的其他语法形式，如语序和虚词来表示。

句法结构由语法意义和语法形式两个层面构成，就像一张纸，剪开了这一面就不能不剪开那一面。语法意义和语法形式是各自独立的两个层面，因此，二者常常是不对应的。同一种语法意义可能用不同的语法形式来表达，例如，汉语表达主谓关系的语法形式有“名词＋动词”（老师有）、“名词＋形容词”（妈妈苦）、“名词＋名词”（老师湖南人）、“动词＋动词”（去应该）、“形容词＋形容词”（谦虚好）等。另一方面，同样的语法形式也可以表达不同的语法意义。例如，俄语的属格不仅可以表达事物的所属，还可以表达事物的性质，表达动作的客体，属格名词不仅作定语，还可以作宾语。再如，汉语的述宾结构不仅可以表达“动作—受事”的语义关系，还可以表达“动作—施事”、“动作—结果”、“动作—工具”等语义关系。

句法结构存在于话语中，是从话语中抽象出来的，因此，句法结构的组织安排，包括语法形式的选择和语法意义的表达，都要服从于发话人的交际意图。语言是交际工具，发话人组织话语的时候要使话语便于被受话人接受，这是一种重要的交际意图，因此，世界上的绝大多数语言都遵循从已知信息到新知信息的安排，很多句法现象都服从于这样的信息安排规律。比如，世界上的绝大多数语言是主语位于谓语之前，因为主语主要传递已知信息，谓语传递新知信息。汉语和英语的间接宾语在前，直接宾语在后，显然也是服从于信息传递的规律。再如，各种语言中都广泛存在着存现句，以汉语的存现句为例，存现句的宾语名词都是无定的，不能是有定的，比如，可以有“桌子上有水”“桌子上有一杯水”，但不能有“桌子上有那/这杯水”。这是因为存现句的话语功能是向受话人介绍新的人或物，既然是新的，这个名词性词语就应该是无定的，不能是有定的。显然，名词性词语采用有定形式还是无定形式，要服从于发话人的交际意图。

语言是认知世界的工具，话语表达认知世界的成果，因此话语还要服从于认知世界的经验、方法和策略。人们总是让那些语义上关系密切的词语在语序上近一些，而让语义上不太密切的词语在语序上远一些，这样的语序安排在词法和句法上都广泛存在。在词法上，如果语言中既有构词语素、也有构形语素的话，那么构词语素与词根的结合得紧，可以用如下的公式表示：

（构形语素）＋（构词语素）＋词根＋（构词语素）＋（构形语素）

公式中的括号表示可有可无。构词语素与词根在语义上接近，可以整合成一个整体，因而与词根的距离也接近。在句法上，以定中结构为例，各种语言中都是与中心语语义密切的词语靠近中心语，比如表示材料、功能、状态、特点的词语，而表示归属、范围、大小、评价的词语则远离中心语。本章第一节例 9）“一件丝绸漂亮的衬衫”所以不能说，就是因为违背认知经验，表示材料的修饰语“丝绸”远离了中心语，而表示临时评价的修饰语“漂亮”靠近了中心语。再如，我们在确定一个物体在空间的位置时，要借助于一个参照物。作为参照物的物体，应该是已知的、在视觉上显著的，因此可以说“桌子上的碗”，而不能说“碗下的桌子”，因为视觉上桌子比碗显著，可以作为参照物，而碗则不可以。

总之，句法结构由语法意义和语法形式两个层面构成，还受到发话人的交际意图和人们的认知经验、策略、方法的制约。因此，研究语法，不仅要考虑语法、语义因素在语言符号的排列组合中所起的作用，还要考虑到发话人的交际意图和人们的认知经验、策略、方法，甚至韵律等因素在语言符号的排列组合中所起的作用。

小　结

语法包括词法和句法，是语言符号排列组合的规则。根据在语法中所起的不同作用，把语法单位分成构词的（语素和语素组）、造句的（词和词组）和表述的（句子）三级。

语素是语言中最小的音义结合体，词是语言中最小的造句单位，语素和词都有语音变体和语义变体，此外，词还有语法变体。根据语素在词中所起的作用，可以把语素分成构词语素（词根和词缀）和构形语素，如词尾。根据词的内部结构，可以把词分成单纯词、复合词和派生词。

形态是一部分语言所有的，是词的语法形式变化的聚合，是通过增删构形语素、内部屈折等手段构成的。形态所表达的语法意义的类是语法范畴，常见的语法范畴有性、数、格、时、体、态、人称等。在有形态的语言中，词类可以根据形态变化来划分，而在没有形态的语言，如汉语中，可以根据语法功能来划分。根据是否在词上附加构形语素以及构形语素的差别，世界的语言分为孤立语、屈折语、粘着语、复综语四种类型。

句子是交际的最小单位，句子的语调表达语气，体现发话人的交际目的。词组是句子内部词与词的组合体。识别词组内部的语法关系,在有形态的语言中可以根据词形变化,在没有形态变化的语言中可以借助推导式。在词组内部,词与词的组合有先后的顺序,即层次,分析词组的层次有助于了解词组的结构。

有些词和词组能单独成句,有些则不可以,能单独成句的是自由的,否则就是黏着的。在言语交际中,发话人谈到的人和物如果能被受话人识别,就使用有定的名词性词语,否则,使用无定的名词性词语。语法结构由语法形式和语法意义两个层面构成,最基本的语法形式有词类、语序、形态和虚词。语法结构服务于交际目的,要受到发话人交际目的和人类认知经验、策略的制约。

第四章 语 义

语言符号及其序列都是由形式与内容构成的两面实体,语音是形式,语义是内容。语素、词是语言符号,词组、句子是语言符号的序列,它们的内容都是语义。语素、词是语言的构成单位,它们的意义是语言意义;句子是言语的最小单位,词组是句子的组成部分,它们的意义是言语意义。语言表达就是借助语境用语言符号创造话语,把语言意义转换成言语意义让听话人来理解。词是造句的基本单位,句子是由词构成的;句子是言语的基本单位,人们是通过句子进行语言交际的。因此,在语素、词、词组、句子的语义中,词和句子的意义是最重要的,所以,本章只介绍词义和句义的知识。歧义是重要的语义现象,是语言学很关注的问题,本章也要介绍。

第一节 词汇:词义表达单位的集合

一、词汇的构成

词包括表达词汇意义的实词和表达语法意义的虚词两类。词汇意义是人类对现实现象及其关系的认识,语法意义是句子中词与词之间组织关系的概括。实词的意义是语义学研究的对象,虚词的意义是语法学研究的对象,因此,语义学上所讲的"词"和"词义"都是对实词而言的,本章也如此。

词当然是表达词义的单位,此外,固定词组尽管有意义双层性的特点[1],也具有凝固的词汇意义,在表义和造句上的作用都相当于词,因此也可与词一样看作表达词义的单位。语言中词和固定词组的集合叫作词汇。句子是由词、固定词组按照一定的语法规则组合而成的,因而,词汇是语言

---

① 比如"鹤立鸡群",表面的意义是鹤耸立在鸡群中,实际的意思是"仪表或才能在众人中显得很突出"。见刘叔新《汉语描写词汇学》,127—128页,商务印书馆,1990年。

基本的构成要素之一。如果把句子、篇章等言语作品比作高楼大厦，词汇就是构筑高楼大厦的砖瓦泥石等建筑材料。

词汇不等于词，前者是由词和固定词组构成的集合，后者则是构成这个集合的元素，两者之间是集合与个体的关系。一种语言可能有几十万个、甚至上百万个词和固定词组，但只有一个词汇。因此，不能把某个词称为词汇，说“这个词汇”或“那个词汇”。在日常生活中，“词汇”也可能指一个人所掌握的词和固定词组，也可能指一部文学作品所用的词和固定词组，比如“巴金的词汇”“《红楼梦》的词汇”。总之，“词汇”是集合概念，词是个体概念。

词汇是现实现象的编码系统。人们把感知到的现实中的万事万物进行分类，概括出每一类事物的特点，用声音来代表每一类事物，就产生了词，词就是现实现象的编码。例如，汉语用 shān 这个声音代表地面上形成的高耸的部分，用 chī 这个声音代表把食物放到嘴里经过咀嚼咽下去的动作，用 hóng 代表像鲜血或石榴花的颜色，“山”、“吃”、“红”这三个词就是汉语对这三类事物的编码。单个词是对一类事物的编码，整个词汇是对现实现象的编码系统，因此，一种语言的词汇凝聚着使用这种语言的人对现实世界的认识成果，掌握一种语言就是通过这种语言的词汇去认识现实世界。

词汇是由多种来源的词语构成的，例如，汉语普通话的词语根据来源可以分成以下几种：

第一种是从古代传承下来的词语。这又分两部分。第一部分是一直在使用着的词语，例如“山、火、水、人、家、书、来、去、走、跑、笑、白、黑、大、小、多、高”等。第二部分是历史词语，即所代表的事物在历史上存在而现在已经不存在的词语，例如“王、侯、贡、赋、驿、井田、宰相、御史、中枢令、亭长、科举、八股文、贡院、状元、举人、太监、督军、军机处、租界、巡捕、红卫兵、革委会、军宣队”。这些词语指称的事物尽管已经消失，但这些词并没有消失，只是不再常用，叙述历史还要用到。

第二种是语言里新产生的词语，例如“网民、鼠标、月嫂、下岗、手机、软件、空巢、打拼、三陪、富婆、春运、休闲、盒饭、个税、房奴”等。

第三种是外来词，即音和义都借自其他语言的词，如“骆驼、葡萄、和尚、菩萨、吉普、咖啡、坦克、奥林匹克、沙龙、声纳、鸦片、克格勃、戈壁、糌粑、哈达”等。

第四种是方言词语，即从其他方言吸收过来的词语，例如汉语的“念

叨、砸锅(来自华北官话)、二流子(来自西北官话)、搞(来自西南官话)、晓得、瘪三、垃圾、噱头、尴尬(来自吴语)、窝囊、滑溜、忽悠(来自东北官话)、出奇、牛仔裤、搞定、电饭煲(来自粤语)”。

文言词语,即古代常用而现代不常用的词语,例如汉语的“吾(我)”“汝(你)”“亦(也)”“甚(非常)”“倦(疲劳)”“俱(都)”“勿(别)”“言(说)”“倘(如果)”“尚(还)”“何(什么)”等,由于比较文雅、凝练,在一些重要的场合和文告、电函中使用显得庄重、严肃,像在贺电、唁电中使用的“陛下、殿下、阁下、欣闻、获悉、惊悉、荣任、逝世、诞辰、谨、致”等文言词语就无法用现代的词语来替代。文言词语属于古代语言的词汇,不属于现代语言的词汇,在郑重场合使用文言词语是为了仿古,达到典雅的交际效果。像上文汉语的文言词语,是古代汉语词汇的成员,不是现代汉语词汇的成员。但是,由文言词降格而成的语素是现代词汇的构成成分,现在还需要用这些语素创造新词,而且不受使用场合的限制,如汉语普通话中的“首(脑)”“(立)足”“目(测)”“(电)视”“舟(桥)”“口(腔)”。

可以根据不同的标准把词汇分成不同的部分,如常用词汇和非常用词汇、专业词汇和通用词汇等。

语言交际中使用频率高的词叫常用词,反之,叫非常用词。常用词构成常用词汇,非常用词构成非常用词汇。

词在不同的历史时期使用的频率可能是不同的。同样的词,在这个历史时期常用,而在那个历史时期可能就不常用。因而,常用词汇与非常用词汇是对某一个历史阶段中语言的词汇进行的区分。例如,“土改、合作化、公私合营、肃反、自留地、志愿军、学文化”等都是建国初期的常用词,“红卫兵、造反派、老三篇、斗私批修、样板戏、阿庆嫂、知识青年、贫下中农”等是“文革”期间的常用词,现在都不常用了,而现在又出现了新的常用词,如“冰箱、电视、农药、贷款、承包、股票、上网、手机、高考”等等。

词在不同场合、职业中使用的频率也可能不同。例如,“聊天、忒、糊弄、块儿八毛、妗子、光棍儿、加塞儿、俊、遛达”是口语中的常用词,而“人民、制造、国家、酝酿、奉承、估价、严厉、表扬、仍然、因为、但是、尽管”则是书面语中的常用词。“镐、锄、犁、种子、化肥、耕、种、收、套种、间苗、重茬、打心”是农民的常用词,而“学生、课程表、教室、备课、考试、作业、阅卷、课间、学期、教研室”等则是教师的常用词。此外,不同年龄、文化程度、生活区域(城市与乡村、山区与海滨)的人的常用词都可能有所不同。

常用词汇与非常用词汇是采用统计的方法来划分的,频率多高的词应该看作常用词并没有明确的标准，因此，常用词汇与非常用词汇之间的界限不是很清楚。据统计，英语的常用词大约是三千个，最常用的是 the，of，and，a，to，in，is，you，that，it，for，are，was，he。由于统计者所依据的标准以及用来统计的材料的差别，因而统计的结果不一定相同。例如，1985 年北京语言学院语言教学研究所编《常用字和常用词》确定的汉语普通话常用词是 3817 个（其中又按从高到低的频率分为 1～1000、1001～2000、2001～3817 三级），郑林曦所编《普通话三千常用词表》（1987 年修订本）确定的汉语普通话常用词是 3996 个。两个词表的差别不仅在数量上，而且也在内容上。比如，读音为 pan 的词，前者收了“攀、攀（登）、盘（动）、盘（名）、盘（旋）、判（断）、盼、盼（望）、叛（徒）、畔”，而后者只收了一个“攀”。

在语言的各种表现形式（口语和书面语）、各种行业中都可以使用的词叫通用词，只能在语言的某种表现形式以及某个行业中使用的词叫非通用词，通用词构成通用词汇，非通用词构成非通用词汇。

例如朱自清《荷塘月色》中的一段：

> 曲曲折折的荷塘上面，弥望的是田田的叶子。叶子出水很高，像亭亭的舞女的裙。层层的叶子中间，零星地点缀着些白花，有袅娜地开着的，有羞涩地打着朵儿的；正如一粒粒的明珠，又如碧天里的星星，又如刚出浴的美人。

这一段属于书面语的文学语体，其中很多的词却可以在口语、书面语的各种语体以及各种行业中使用，如“上面、叶子、出、水、高、层层、白、花、开、天、又、刚”，这些词都属于通用词汇。

非通用词汇的词有的只能在口语中使用，如“拉呱、哥们儿、特棒、歇会儿、眼神儿、寒碜、露馅儿”等；有的只能在书面语的文学语体中使用，如上引《荷塘月色》中的“曲曲折折、田田、亭亭、点缀、袅娜、羞涩、碧天”等；有的只能在书面语的政论、科技语体中使用，例如“基于、赋予、同理、个案、由此、可见、之所以、加以、如此、显然、商榷、因而、如下”；有的只能在公文语体中使用，如“鉴于、此致、为荷、见谅、尚祈、兹、惠函、贵校”。

行业语是重要的非通用词汇，如厨师的行业语“面活儿、白案、油焖、干烧、煸炒、清蒸、凉拌、文火、旺火、翻炒”等，医生的行业语“脉搏、病变、临床、体温、痛觉、惊厥、病史、病理”等，警察的行业语“内勤、布控、勘察、取证、指纹、突审、人犯、在押”等等。科技术语也是一种特殊的行业语，如数学上的“解析几何、函数、对数、繁分数、方程、抛物线、数轴、坐标”，化学上

的“化合、二氧化碳、光合作用、混合物、单质、元素、化合价、电离子”等等。

非通用词汇与通用词汇之间没有截然的界限，非通用词汇可以转化为通用词汇。例如，由于医学知识的普及，医生的行业语“血压、动脉硬化、青霉素、心电图、血相”等成了通用词汇，而一些军事术语“战略、进攻、战线、攻坚”等也由于产生了新的意义而进入了通用词汇。

在语言的词汇中，有一部分词代表的事物和日常生活关系非常密切，因而在语言中非常稳定、存在的时间长，有很强的构词能力，这些词叫作根词。根词是词汇的核心，是创造新词的基础，没有它，语言就难以产生新词。下面的词都是汉语的根词：

天 地 月 风 雨 雪 水 火 山 河 海 土 草 树 人 马 牛 羊 猪 狗
鸟 鱼 眼 嘴 手 脚 心 肺 春 夏 秋 冬 年 月 上 下 前 后 左 右
东 西 南 北 房 床 布 米 面 锅 碗 钱 一 二 三 十 百 千 万 刀
针 线 锄 犁 车 船 枪 生 死 长 吃 说 走 跑 听 看 病 睡 大 小
多 少 好 坏 黑 白 红 黄 ……

二、词汇单位的固定性

持同一种语言的人创造出的句子都能够为全体社会成员所理解和接受，这是因为全体社会成员使用的是同一套词汇和语法。在一定的历史时期内，词汇和语法都能够保持稳定不变，以满足人们的交际需要。词汇的稳定性是由词汇的构成单位，即词、固定词组的固定性来体现的。词、固定词组的固定性表现在它们的语音、意义、内部结构三个方面。

词、固定词组都有固定的读音，听到它们的声音就可以使人想到这些声音所表示的意义。多数词只有一个读音，但有的词有几个读音（参见第三章第二节“词的变体”）。无论怎样，个人无权改变词的读音。例如“谆谆”（zhūnzhūn）不能读成 hēnghēng，“摄影”（shèyǐng）不能读成 nièyǐng，“参差”（cēncī）不能读成 cānchà，“铿锵（kēngqiāng）”不能读成 jiānjiàng。

词、固定词组的意义也是固定的，这又有两种情况。

一种情况是词、固定词组的意义是其构成成分意义的直接组合，因而，可以根据它们构成成分的意义来理解词、固定词组整体的意义。例如，“国有”的意义就是“国家所有”，“查字法”的意义就是“查检字的方法”，“宣传画”的意义就是“进行宣传鼓动的画”。再如，“有勇无谋”的意义就是“富于勇气而缺少智谋”，“坚不可摧”的意义就是“非常坚固，不可摧毁”，“立国安邦”的意义就是“建立国家，安定天下”。英语也有这样的词和固定词组，如由 pencil(铅笔)和 box(盒子)构成的 pencilbox(铅笔盒)、由 work(工作)和 day(日子)构成的 workday(工作日)、由 prize(奖金)和 winner(获得者)构成的 prizewinner(获奖人)、由 come to(到……地方)和 an end(终点)构成的 come to an end(临终)、由 make... that(使……怎么样)和 it(它)、clear(清楚)构成的 make it clear that(弄清楚)、由 on(在……之上)和 this condition(这种状况)构成的 on this condition(在这种情况下)等等。

另一种情况是，词和固定词组有一个凝固的意义，其整体意义不是各个构成成分意义的直接组合，因而不能由其各个构成成分的意义来推知整体的意义。例如，“台灯”的意义是“放在桌子上用的有座子的电灯”，“丝竹”的意思是“琴瑟笛鼓等乐器的总称”，“窗户”的意义是“窗子”，“视死如归”的意思是“不怕牺牲”，“鹤立鸡群”的意义是“比喻才貌出众”，“刻舟求剑”的意思是“比喻拘泥固执，不知变通”，“露马脚”的意思是“无意中露出了真相”，“碰钉子”的意思是“遭到拒绝或受到斥责”，“走后门”的意思是“通过人情非法办事”。再如英语的 chainsmoker(一支接一支抽烟的人)是由 chain(链子)和 smoker(抽烟的人)构成的，用链子比喻一支接一支地抽烟；chickenhearted(胆怯的，软弱的)是由 chicken(小鸡)和 heart(心)构成的，用小鸡的心小比喻人的胆子小；bedclothes(床上用品，指被、褥等)是由 bed(床)和 clothes(衣服)构成的，把床上用品比作衣服；make a face(扮鬼脸)由 make(做)和 a face(一张脸)构成的，其字面意思是“做了一个脸”；hang by a hair(危在旦夕)由 hang(悬在)和 by a hair(在一根头发上)构成，形容极其危险；burn one's bridges(破釜沉舟)由 burn(烧)，one's(某人的)和 bridges(桥)构成，用烧掉后退的桥来比喻决一死战的决心。

不管在哪种情况下，说话人都不能随意地赋予词和词组以新的意义让听话人接受，听话人也不能根据个人的意愿来理解词和固定词组的意义，否则，会造成交际的障碍。

词、固定词组都有固定的结构，这表现在以下三方面。一是它们的构成成分不能随意更换，如“收音机”不能说成“听音机”，“百里挑一”不能说成“千里挑一”，“走后门”不能说成“进后门”。二是它们的语序不能随意颠倒，如“人民”不能说成“民人”，“千方百计”不能说成“百计千方”。三是它们的构成成分不能随意增加或减少，如“汽车”不能说成“汽油车”，“图书馆”不能说成“书馆”，“耍嘴皮子”不能说成“耍嘴皮”，“老掉牙”不能说成“老掉牙齿”。

但也有些词和固定词组在一定的条件下可以做一些变动，如“考试”可以说成“考完了试”，“吃亏”可以说成“吃了一辈子亏”，“万水千山”可以说成“千山万水”，“山清水秀”可以说成“山明水秀”，“碰钉子”可以说成“碰了一个钉子”、“碰了一个硬钉子”、“碰了不少钉子”。这些变动是在少数的词和固定词组的范围内发生的，而且成语、惯用语的变动都没有改变结构关系或语义关系，变动是有限的。因此，固定性是词、固定词组这些词汇单位的重要性质。

三、固定词组

固定词组是由词与词组合而成的定型的词组。固定词组在结构上是凝固的，它的各个组成成分不能改变。固定词组有一个完整的意义，许多固定词组的整体意义不是由其组成成分的意义加合而成的。固定词组在句子中充当句子成分，其语法功能相当于词。因此，固定词组是语言中现成的相当于词的成分，是语言的建筑材料。固定词组由成语、惯用语、专用名称等构成。

1. 成语

成语是人们长期沿用的、凝固性最强的一种固定词组，它是固定词组的主要部分，具有生动形象、言简意赅的特点，各种语言中都有大量的成语。例如汉语的“唇亡齿寒、一衣带水、百折不挠、视死如归”，英语的 beat around the bush（拐弯抹角），neck and neck（不分上下），kill two birds with one stone（一箭双雕），hang by a hair（危在旦夕），俄语的 ни ответа ни привета（杳无音信），спустя рукава（马马虎虎），положить в долгий ящик（束之高阁）等等。

成语是历史的产物，是在语言的发展中逐渐形成的，大多来源于古代的书面语、故事、传说、寓言。例如，“门庭若市”源自《战国策·齐策一》“群臣进谏，门庭若市”。“缘木求鱼”源自《孟子·梁惠王上》“以若所为，求若所欲，犹缘木而求鱼也”。“画龙点睛”源自唐代张彦远《历代名画记·卷七》记载的有关梁武帝时的画家张僧繇的传说。 “揠苗助长”源自《孟子·公孙丑上》。其他的如“夸父逐日、图穷匕见、锲而不舍、实事求是、扬眉吐气”等等也都可在古代的书面文献中找到来源。也有些成语来自民间口语，如《史记·平原君虞卿列传》“鄙谚曰：利令智昏”，《汉书·贾谊传》“里谚曰：欲投鼠而忌器”，曹丕《典论·论文》“里语曰：家有敝帚，享之千斤”。这里的“鄙谚、里谚、里语”指的都是当时平民百姓的口语，因而，“利令智昏、投鼠忌器、敝帚千斤”几个成语都来自民间口语。还有的成语来自外语,如“天方夜谭”出于阿拉伯民间故事,“火中取栗”来自法国寓言诗人拉封丹的《猴子与猫》的寓言,“象牙之塔”原为法国19世纪文艺批评家圣佩韦批评同时代消极浪漫主义诗人维尼的话。

大部分成语的意义是高度融合的整体,而不像自由词组的意义那样是由其组成成分的意义加合而成的,因而这些成语的实际意义与其词面的意义不一致。例如,“精卫填海”的词面意义是“小鸟衔小石树枝填东海”,而实际的意义是“比喻不畏艰难,意志坚定”。“画蛇添足”的词面意义是“画完蛇后再给它添上足”,而实际的意义是“做事多余,反而不当”。英语的draw the curtain的词面意义是“拉上或拉开帘子”,而实际的意义是“结束或掩盖”。drag one's feet的词面意义是“拖着脚走”,而隐含的意义是“故意拖拉”。俄语 собаку съесть 的词面意义是“吃狗”,而隐含的意义是“擅长,精通”。由于成语有一个整体的意义,因而对成语就不能从字面上去理解,否则就会望文生义,闹出笑话。例如,恩格斯就曾讽刺《科伦日报》的记者照字面的意义把英语的catch a crab(桨放得太深,没有划好)理解为“捉螃蟹”。

有些成语的词面意思看起来与其实际的意思很接近,但也不是其组成成分意义的加合。例如,“风调雨顺”的词面意思是“风很调和,雨很顺时”,而其整体意思是“形容年景好”。“不寒而栗”的词面意思是“天虽不太冷却颤抖起来”,而其整体意思是“异常惊骇”。“节衣缩食”的词面意思是“节省衣着,缩减饭食”,而其整体意思是“生活节俭”。

有的成语的意义是其组成成分意思的加合,因而知道了构成成语的各个词的意思就可推知整个成语的意思。如“粗心大意、顾全大局、奋发图强”、英语have nothing to do with(毫不相干),make friends(交朋友)等等。这类成语可看作固定词组与自由词组之间的中间状态。

成语具有和词同样的句法功能,在句子中作为一个最小的独立的单位充当句子成分。如果把句子中的成语换成词,只会有修辞效果的差别,不会影响基本意思的表达。例如:

反正与我无干,用不着我杞人忧天。

这句话中的“杞人忧天”可以换成“多虑”,但不如用前者形象。

2. 惯用语

惯用语是人们在口头上使用的一种固定词组,它的结构形式比较短

小，如汉语的惯用语多数是三字格的，也有四字格的。例如：

碰钉子	泡蘑菇	开倒车
撂挑子	出洋相	跑龙套
扣帽子	扯后腿	老油条
卖关子	打棍子	拍马屁
小算盘	背黑锅	冷板凳
炒冷饭	抬轿子	连轴转
唱空城计	打小算盘	打退堂鼓
眼皮子浅	打马虎眼	唱对台戏

和成语的意思相似，惯用语的意思也是融合的整体，而不是各组成成分意思的加合，因而其词面的意思与实际的意思不一致。例如，“背黑锅”的实际意思是“代人受过”，“泼冷水”的实际意思是“打击人的热情”，“打头阵”的实际意思是“冲在前面带头干”，“连珠炮”的实际意思是“连续不断的声音或话语”。即使惯用语被拆开来使用时，其整体意思仍然不变。比如，“摆架子”的意思是“装腔作势、自高自大”，这个意思在“摆臭架子、摆你县太爷的臭架子、摆起架子来了、你的架子又摆起来了”这些变化形式中都没有发生变化。

惯用语的实际意思是通过比喻产生的，比如“走老路”用走过去的路比喻仍然照过去一套做法办事，“讲价钱”用做买卖那样的讨价还价比喻接受任务时要求许多条件或取得酬劳，“主腔骨”用支撑心脏的骨架来比喻不可缺少的依靠，“栽跟头”用跌倒比喻失败、出丑、犯错误。

汉语的惯用语中，三字格、述宾关系的占大多数，可看作惯用语的典型形式。此外，惯用语的口语色彩很浓，而且大多可以拆开使用，这也是不同于成语的地方。

3. 专用名称

专用名称是用来指称国名、政区名、重要的地名、机关名、组织名以及著名的书文报刊名称的固定词组。例如：

> 中华人民共和国　西藏自治区　中华全国总工会　四川北路　中国共产主义青年团　《史记》《三国演义》《中国社会科学》 The New York Times(《纽约时报》)

地名、政区名、机关名、组织名、书文报刊名的数量非常庞大，甚至是无限多的，只有那些重要的、知名度高的、为人们所熟知的才能进入民族共同语，否则，不能成为共同语词汇的成员。

流行范围广的专用名称，如果其长度太大，往往有一个简缩形式。例如：

人民代表大会——人大　　美利坚合众国——美国
北京大学——北大　　《邓小平选集》——《邓选》

第二节　词　义

一、词义的构成

词的形式是声音，词的内容是意义，又称“词汇意义”，简称“词义”。词义包括理性意义和附加意义两部分。词的理性意义是与概念相联系的那部分意义，是人们对现实现象概括性的反映，是词义的基本部分；词的附加意义又包括多方面的内容，有的是对词的所指对象的主观态度，有的是因为词的使用场合而产生的色彩，有的是通过词的构成成分而对词所指事物的形象产生的联想，有的是对词所指事物的特点产生的联想。词的理性意义是语义学研究的重点，本节主要讨论词的理性意义。

1. 理性意义

现实现象是词义产生的基础。人们在现实中接触到了各种各样的现象，这些现象通过感官反映到大脑中来，大脑对这些现象进行比较、分类，然后从同一类现象中抽象出本质特点，并且用语音形式把它固定下来，就形成了一个词。这个与语音形式结合在一起的现实现象的本质特点就是词的理性意义。例如，世界上有各种各样的山，没有两座山是完全相同的，如大山、小山、石头山、土山、秃山、花果山等等，但这些山都有“地面上由土石构成的高耸的部分”这一共同的特征，这是山区别于世界上其他事物的本质特征，汉族人就从山这一类事物中把这个本质特征抽象出来，并用 shān 的语音形式来表示它，就形成了“山”这个词的理性意义。

现实现象不仅包括真实世界里的具体事物，还包括抽象的事物、动作、性质、状态、变化、关系等。例如：

楼：两层或两层以上的房子。
计划：工作或行动以前预先拟定的具体内容和步骤。

勤劳：手脚勤，爱劳动。

懒洋洋：没精打采的样子。

增加：在原来的基础上加多。

支配：对人或事物起引导和控制的作用。

"楼"指的是真实世界里的具体事物，"计划"指的是真实世界里抽象的事物，"勤劳"指的是性质，"懒洋洋"指的是状态，"增加"指的是变化，"支配"指的是关系。

词义既可以反映现实世界里的对象，也可以反映精神世界里的对象，例如上面几个词的词义反映的是现实世界里的对象，而"地狱、玉皇大帝、阎王、神仙、狐狸精、妖怪、鬼、龙、凤"反映的是汉族人精神世界里的对象，而俄语的 русалка（美人鱼）也是反映俄罗斯人精神世界里的对象。

实词中的代词，包括人称代词、指示代词、疑问代词都是起指示替代作用的词，这些词指称的对象只有在特定的交际环境中才能落实，所以，代词没有意义。专有名词指称世界上独一无二的事物，而不是一类事物，很多人认为专有名词也没有意义，但也有人认为它的词义也反映了这个个体事物的本质属性。例如"北京"，这个词的词义就概括了北京的地理位置、气候条件以及它在政治、经济和文化方面的一些显著的特征，同时也在一定程度上概括了各个时代的北京①。除这些词外，其他的实词都有理性意义。

2. 附加意义

附加意义依附在理性意义上，不能脱离理性意义而存在。附加意义是一部分词所有的，不是每个词都有附加意义。最基本的附加意义有以下几种。

感情意义　又叫"感情色彩"，是人们对词义所反映的事物的主观态度。人们在反映现实现象的时候还可能表现出自己的主观态度，词所带有的对现实现象的主观态度就是词的感情意义。词的感情意义中最主要的是褒义和贬义两种，前者表现的是对所反映对象的肯定、赞扬、喜爱的态度，后者表现的是对所反映对象的否定、贬斥、厌恶的态度。例如，"鼓励"和"怂恿"都有"鼓动别人做某事"的意义，前者表示鼓动别人做好事，带有褒义，而后者表示鼓动别人做坏事，带有贬义。下面这些词都是褒义词：

英雄、模范、勇士、勇敢、坚定、勤劳、大方、纯洁、诚实、优美、悦耳

① 见高名凯、石安石《语言学概论》第 111 页，中华书局，1963 年版，1979 年第三次印刷。

慷慨、渊博、典雅、宽敞、正直、善良、谦虚、诚恳、壮丽、宏伟、富饶

下面这些词都是贬义词：

恶霸、恶魔、色鬼、地痞、叛徒、奸臣、小气、懒惰、虚伪、土气、奢侈挥霍、糟蹋、肮脏、自私、狭隘、庸俗、浅薄、奸诈、小人、刺耳、残暴

褒义和贬义是语言中最主要的感情意义，有些词还有其他的感情意义。有的词带有庄严、肃穆的意义，如“默哀、吊唁、哀悼、悼念”；有的词带有亲切的意义，如“妈妈、小李子、大老张、小妹”等等。没有感情意义的词是中性词，这些词在语言的词汇中占大多数，如“山、水、桌子、房子、蓝、绿、大、小、长、短”等。

语体意义　又称“语体色彩”，是为适应一定的交际场合、文体或其他交际因素而产生的附加意义或色彩。在言语交际中，由于场合、文体或其他交际因素，如交际双方之间的关系、说话者的目的等，说话人对语言材料（语音、词语、语法）进行选择，就使得某些语言材料经常出现于某种语体，因而带上了某种语体意义或色彩。

语体意义或色彩首先可以分为口语语体色彩和书面语语体色彩。带有书面语色彩的词经常出现在书面语和重要的交际场合，带有口语色彩的词经常出现在日常交谈中，也常出现于文学作品，但大多数的词通用于书面语和口语。例如：

口　语	书面语	通　用
撒气	迁怒	出气
聊天	闲谈	说话
挖苦	嘲讽	讽刺
糟践	糟蹋	浪费
吹牛皮	吹嘘	说大话
好看	美丽	漂亮
抽筋儿	痉挛	
小气	吝啬	
小舅子	内弟	
钢蹦儿	硬币	

有些口语词没有与之对应的书面语词，如“串门儿、花花肠子、块儿八角、吊儿郎当”；也有些书面语词没有与之对应的口语词，如“邂逅、侈谈、凯旋、壮

丽、蓝图”等。

书面语语体色彩又可进一步分为政论语体色彩、科技语体色彩、文学语体色彩、公文语体色彩。例如,“心扉、潺潺、皑皑、袅袅、涟漪、翱翔、情愫、荡漾、惆怅、遐思、绿茵茵”等都是具有文学色彩的词语,“特此、贵校、为盼、予以、兹因、不得、此复、裁定、严禁、论处、事宜、擅自”等都是具有公文色彩的词语,“因为、之所以、故而、显然、具有、特征、同理、总而言之”等则是具有科技语体色彩的词语。再如,“海”是具有中性色彩的词,而“海洋”则是具有科技语体色彩的词,“大海”是具有文学色彩的词组;现在“这里”是具有中性色彩的词,“兹”则是具有公文色彩的词。

理据或内部形式意义,也是一种附加意义。理据或内部形式指从词的来源上看到的词的命名根据。通俗地说,理据或内部形式是事物命名的根据。有些用来构词的语素,与词所指的事物的特征是有联系的,分析词的理据或内部形式,就是分析构成词的语素与词所指的事物之间的联系。例如,“电视”与“电”和“视”有联系,“手套”与“手”和“套”有联系,“演员”与“演”和“员”有关。不仅合成词有理据,单纯词也可以有理据。“蝈蝈”与其所指的事物的叫声有关,“锁门”的“锁”与锁这种工具有关,“油滑”的“油”与油这种液体有关。两个词的理性意义相同,但理据或内部形式不一定相同。例如,“水泥”和“洋灰”两个词的理性意义相同,但“水泥”突出所指的事物加水搅和后如泥状,“洋灰”则突出所指物是外来的粉末状物品,两个词的理据或内部形式不同。因词的理据或内部形式而产生的附加意义可以叫作理据或内部形式意义。

通常所说的形象色彩,即由词的组成成分引起的对词的所指物形象的联想,是一种重要的理据或内部形式。例如,都是描写红颜色,“石榴红”使人联想起石榴的颜色,“血红”使人联想起血的颜色,“鸡冠红”使人联想起鸡冠的颜色,“火红”使人联想起火的颜色,这几个词都会使人产生不同的形象的联想,这种联想就是词的形象色彩。具有同样理性意义的词如果其组成成分不同,也可能给人以不同的形象联想。例如,英语与汉语“蚯蚓”对应的词是 earthworm(土虫),而英语不同方言里还有 rainworm(雨虫),mudworm(泥虫),fishworm(鱼虫),angleworm(钓鱼虫)几个,earthworm使人联想到蚯蚓生活在土中,rainworm 使人联想到蚯蚓雨天到地面上来活动, mudworm 使人联想到蚯蚓生活在泥中,fishworm 使人联想到蚯蚓可以用来喂鱼，angleworm 使人联想到蚯蚓可以用来钓鱼[①]。再如，“西红柿”和“番茄”的理性意义相同，都强调所代表的事物是外来的，但前者突出如柿子般红的外观，后者突出茄子般的形象。

联想意义　是对词的所指事物的特点产生的联想。例如，“女人”这个词使人想到女人软弱、胆小、爱传话、温柔、心细、心软、爱哭、循规蹈矩等特点，“商人”这个词使人想到油滑、唯利是图的特点，“农民”这个词使人想到勤劳、朴实、见识少、土气等特点，“石头”这个词使人想到硬、凉、不透气的特点，“雪”这个词使人想到洁白、纯洁的特点，“海”这个词使人想到大、深、宽阔的特点，“土”这个词使人想到脏、无价值等特点。

理性意义和联想意义都是对事物特点的概括，但这两种意义有重要的区别。第一，理性意义中所反映的事物的特点是确定的，而联想意义所反映的事物的特点是不确定的。例如，“农民”的理性意义是“在农村从事农业生产的劳动者”，这个理性意义包含农民所具有的“在农村”、“从事农业生产”、“劳动者”三个特点，而“农民”的联想意义到底有几个是不确定的，除了勤劳、朴实、见识少、土气之外，还可能有小气、愚昧、守旧、封建等特点。第二，理性意义是整个语言社会对现实中事物特点的概括，具有全民性，而联想意义是语言社会中的某些成员对现实中事物特点的概括，不具有全民性。因此，一个语言社会对某个词的理性意义的理解是相同的，而对某个词的联想意义的理解可以有差异。例如，说汉语的人都认为农民是在农村从事农业生产的劳动者，但对农民是否有勤劳、朴实、见识少、土气、小气、愚昧、守旧、封建等特点则见仁见智。

二、词的理性意义的性质

1. 概括性

词义最基本的属性就是概括性，概括性指的是从同一类现象中抽象出了它们共同的且区别于他类现象的本质属性。词义是一定的语言社会对现实现象概括的反映，它抽象出了现实现象的本质属性，舍弃了其非本质属性。现实中的现象千差万别、纷纭复杂，一定的语言社会把这些现象分门别类，从同一类现象中抽象出了它们共同的、区别于他类现象的属性，同时用一个声音去代表这一类现象，这个词的声音所表示的现象的属性就是词义。词义都是概括的，人类能用有限的词去指称世界上的万事万物，是

---

① 见张永言《词汇学简论》27 页，华中工学院出版社，1982 年。

词义的概括性使然。例如,“车”的意义是“陆地上行驶的有轮子的运输工具”,这个意义就是从世界上各种各样的火车、汽车、马车、自行车、手推车中抽象出来的,它反映了车这一类事物的本质属性,而舍弃了车的形状、大小、动力、用途、材料、颜色等方面的非本质属性。由于“车”的词义概括了它所反映对象的本质属性,因而它就与船、飞机等运输工具的本质属性区别开来,我们就可以用“车”去指称陆地上行驶的有轮子的这一类运输工具。再如,“理发”的词义是“剪短并修理头发”,这个意义舍弃了理发过程中很多的步骤,如洗头、梳头、刮汗毛、打发胶、吹风等等,只概括了“剪短头发”和“修理头发”两个特点,用这两个特点代表理发的整个过程。

2. 精确性与模糊性

词义的精确性与模糊性都是一部分词义所具有的性质,不是所有的词义都是精确的,也不是所有的词义都是模糊的。

精确性是指词义所反映的对象的边界是清楚的,例如,“手表”的意义是“戴在手腕上的表”,“二”的意义是“介于一和三之间的正整数”,“听”的意义是“用耳朵接受声音”,这些词义所反映的事物的边界都是很清楚的,人们很容易把这些事物与其相邻的事物区别开来。其他如“楼房、电视、弟弟、黄河、来、缝、看、一米、二十三”等的词义也是精确的。

词义的模糊性是指词义所反映的对象的边界不清楚,例如,“碟子”与“盘子”的词义都是模糊的,《现代汉语词典》(2005 年版)对“碟子”的解释是“盛菜蔬或调味品的器皿,比盘子小,底平而浅”。对“盘子”的解释是“盛放物品的浅底的器具,比碟子大,多为圆形”。这两个释义只是大体说出了碟子与盘子在用途、形状方面的差别,人们很难根据这样的释义准确地把碟子与盘子区别开来,这两个词义都是模糊的。再如,“少年、青年、中年、老年”的词义也都是模糊的,很难判断人从哪年哪月哪日开始由少年进入青年、由青年进入中年、由中年进入老年。“上午、中午、下午、晚上”的词义也都是模糊的,从几时几分开始由上午进入中午、由中午进入下午、由下午进入晚上、由晚上进入上午,并没有一个明确的界限。其他如“春、夏、秋、冬”;“过去、现在、未来”;“赤、澄、黄、绿、青、蓝、紫”;“讨厌、恨”;“喜欢、爱”;“砍、剁”;“投、扔”;“大、小”;“长、短”;“高、低”;“冷、热”;“一些、一点、一点点”等词义也都是模糊的。

具有模糊性的词义所反映的对象的中心还是清楚的,例如,北京时间 8 到 11 点为上午、12 到 13 点为中午、14 到 17 点为下午、20 到 24 点为晚上,人们的看法还是一致的。再如,在中国的北方,对男性来说,身高 1.8 米以上为“高”，身高 1.6 米以下为“矮”，大家也不会有争论。

词组的意义也可以有模糊性。例如，“厚衣服”“仔细看”“你快一点走”的意义都是模糊的，尺寸多大为厚、怎么样看为仔细、速度多大为快一点都没有明确的标准，这几个词组的意义都是模糊的，这是因为构成这几个词组的成分“厚、仔细、快一点”的意义都是模糊的。

精确性与模糊性都是言语交际的需要，既不能说词义越精确越好，也不能说词义越模糊越好，该精确的时候就要准确，该模糊的时候就要模糊，否则都会影响交际。比如要确定某一艘船或飞机的精确方位，必须使用精确的词语，如经度多少、纬度多少等等，而不能使用“东南、西北、偏南、偏北”之类的模糊词语。在法律、规定、合同、协议、条约等重要文件的重要位置上，必须使用精确的词语，如我国的宪法就规定 18 岁才能成为中华人民共和国的公民，“18 岁”就不能用模糊词“青年”来替代。同样，该使用模糊词语的场合也不能用精确词语来替代，比如送客人时说“请慢走”就很得体，而把这句话换成“请按一分钟 65 步的速度走”，客人就会以为主人在开玩笑。在日常生活中介绍某个人的相貌时用“高个儿、中等个儿、矮个儿、胖胖的、瘦瘦的、不胖不瘦”等模糊词语就很得体，而说身材多少米、体重多少斤就显得很啰嗦，或另有含义。模糊性是自然语言与人工语言的重要区别之一，即使科技文献也需要模糊词语，因为科技领域的言语交际也不是时时处处都追求精确。

三、词的理性意义与概念

词的理性意义与概念都是对某种现实现象的概括性反映，都为一定的语音形式所负载，都是词的语音形式与所指物的中介，即处在“词的语音形式—词义/概念—所指物”的序列中。但是，前者属于语言范畴，后者属于思维范畴，因而，二者就必然存在着区别。

首先，词总是属于特定的语言，因而，词的理性意义总是与特定语言中具体的语音形式联系在一起；而概念是思维的一种形态，不属于某一个特定的民族，因而不与特定语言的声音相联系。例如，“装订好的著作”作为理性意义，在汉语普通话中与 shū（书）的声音相联系，在英语中与[bu:k]（book）相联系，在俄语中与[kniga]（книга）相联系；而作为一个概念，尽管它总是要通过具体语言的具体声音来表达，但它不与任何语言的任何具体声音有固定的联系。

其次，词的理性意义总是属于特定语言的语义系统，它在该语言的语

义系统中占据一定的位置，为这个语义系统所制约；而作为思维的形态之一的概念则是全人类共同的，不受特定语言语义系统的制约。例如，颜色的感知是由人对光波的感觉引起的，视觉正常的人，不论什么民族，都能够辨认可见光谱上的全部颜色。但是，不同的语言却对同一光谱做了不同的切分，表示同一种颜色的词在不同语言中的地位就不一定相同。有人对近100种语言的颜色词研究之后发现，颜色词的数量在不同的语言中从2个到11个不等，最少的两个颜色词是“白、黑”，最多的11个颜色词是“白、黑、红、绿、黄、蓝、棕、紫、粉红、橙、灰”。这样，同一个颜色词，比如“黑”，在具有不同数量颜色词的语言中的地位就不相同。

再次，词的理性意义自然一定是词所具有的，而概念既可以与词的理性意义对应，也可以与词组的理性意义对应。例如，汉语的“叔叔”与“父亲的弟弟”表达的概念相同，但前者是词后者是词组；汉语的“姐姐”与英语的elder sister表达的概念相同，但前者是词后者是词组。

四、词的理性意义的单位

词的一个理性意义就是一个义位，义位是词的理性意义的单位。词的理性意义是对现实现象概括性的反映，因而，一个词有几个义位，要根据词所反映现实现象的多少来决定。如果一个词的理性意义只反映某一类现象，这个词就只有一个义位，相反，就有多个义位。前一种词是单义词，后一种词是多义词。例如：

> 剁　用刀向下砍。
>
> 教　把知识或技能传给别人。
>
> 搅　① 搅拌。② 扰乱；打扰。
>
> 辣　① 像姜、蒜、辣椒等有刺激性的味道。② 辣味刺激（口、鼻或眼）。③ 狠毒。
>
> “剁”“教”是单义词，“搅”“辣”是多义词。

词的理性意义在词典中以义项的形式固定下来，义项是词典释义的最小单位。大体上来说，一个义项就是一个义位，但也有一个义项是两个义位的现象。以“轻”的①②③⑧个义项为例：

> 轻　① 重量小；比重小（跟“重”相对）。② 负载小；装备简单。③ 数量小；程度浅。⑧ 不庄重；不严肃。

每个义项是两个相近的意义，应该看做两个义位。可见，有时义项与义位也不对应。

除了日常语言中的单义词，如“桌子、筷子、教室、玉米”之外，科学术语大多是单义词，而且没有各种附加色彩，如“函数、繁分数、质子、中子、音位、义素”等。科学术语有多种意义对科学的发展不利，应该消除这种现象，使术语单义化。

多义词是从单义词发展来的。一个词最初的意义总是只反映一类现实现象，因而只有一个意义，这个意义就是词的本义。由于现实现象可能具有多种特征，它与其他现象之间具有多种多样的联系，因而，也可用指称这一类现实现象的词去指称其他的现实现象，因而衍生出与本义直接或间接相联系的意义，这些后来衍生的意义叫作派生义。由于词产生的年代久远，词的本义与派生义并不容易辨别，需要有文献佐证，严格地说，本义是文献记载的词的最初的意义。例如，“向”的本义是“朝北的窗子”，如《诗经·豳风·七月》“塞向墐户”中的“向”。后来从这个意义引申出“朝向”，如《战国策·燕策》“北向迎燕”中的“向”。又引申为“方向”，如《国语·周语上》“明利害之向”中的“向”。再如，“城”的本义是“城墙”，如《左传·隐公元年》“都城过百雉”中的“城”。由“城墙”引申为“城市”，如杜甫《春夜喜雨》“花重锦官城”的“城”。有的词的本义已经消失，如“向”的本义。有的词的本义成为语素义存在于复合词或成语中，例如“汤”的本义是“热水、开水”，这个意义还在成语“赴汤蹈火、扬汤止沸”里保存着。后来，从这个意义产生出的“食物煮后所得的汁水”（如“米汤、鸡汤”中的“汤”用的就是这个意义）和“烹调后汁特别多的副食”（如“酸辣汤”中的“汤”用的就是这个意义），都是派生义。

派生义是通过隐喻和借喻两种途径产生的。隐喻是指甲、乙两种现实现象之间存在某种相似性，以指称甲现象的词去指称乙现象。例如，“腿”的本义是“人的用来支撑身体和行走的部分”，是胫和股的总称，由于某些器物下部起支撑作用部分和腿相似，后来又用“腿”指称这一类事物，这个词就有了“器物下部和腿一样起支撑作用的部分”的意义。再如，英语的head（头）的本义是“身体最上面的部分”，它还有“一切事物的顶部”、“最前面的部分”、“首脑、首长”等派生义，这些意义也都是通过隐喻产生的。借喻是指甲、乙两种现象之间并没有某种相似性，但存在某种联系，因而用指称甲现象的词去指称乙现象。例如，“锄”本指“松土和除草的农具”，因为常用它来松土和除草，因而它就有了“用锄松土和除草”的意义。再如，“便

衣”指“平常人穿的服装(区别于军警制服),后来又用它指称穿便衣执行任务的军人、警察,因而,“便衣”就有了“穿着便衣执行任务的军警人员”的意思。

如何在两种现象之间建立联系、如何发现两种现象之间的相似性,不同民族之间存在着一些共性,因而,不同语言词的派生义的产生有一些共同的现象。例如,和汉语的“腿”一样,德语的Bein(腿)也有“器物的下部和腿一样起支撑作用的部分”的派生义,汉语的“深”和英语的deep(深)也都有“深奥”、“深入”的派生义,汉语和英语中一些表示工具的词,如“锄(英语hoe)、锯(英语saw)、锤(英语hammer)、锁(英语lock)、冰(英语ice)、网(英语net)”等也都有与这些工具相关的动作的派生义。但是,各个民族的生活环境、劳动环境、风俗习惯、历史文化背景、思维方式以及语言之间的关系等都有差别,这些差别会影响人们在两种不同的现象之间建立联系、发现两种现象之间的相似性,因而同一个意思在不同的语言中会衍生出不同的派生义。例如,表示“绿色的”的词在英语(green)、俄语(зелёный)、德语(gruner)、法语(vert)都有“没有经验的、年幼无知的”的派生意义,而汉语的“绿色”则没有这样的派生义。汉语的“玉”有“洁白或美丽”的派生义,而英语的jade则没有这个派生义。俄语的стол(桌子)可以指放在餐桌上的饭食、餐具等,而汉语的“桌子”、英语的table(桌子)都没有这样的用法。

语言中的语音形式总是有限的,而要表达的意义总是不断地增加,用数量有限的语音形式表达数量众多的意义就必然出现同一个语音形式与多个意义相对应的现象,多义词是语言运用经济原则的必然产物。在语言交际中,因为有上下文和交际情景的限制,多义词一般只表示一个意思(见本章第四节“句义”),但也有多义词在同一个语言环境中可以表示几个意思的现象(见本章第五节“歧义”),例如英语button有“扣子”和“开关”两个意思,所以I can't find the button即使在同一个语境中也可以作“我找不到那个扣子”和“我找不到那个开关”[①]两种解释。

五、词的理性意义的分解

正像音位可以进一步分解为若干区别特征一样,词的理性意义也可以进一步分解为若干个区别特征,词的理性意义的区别特征叫作义素,也叫语义成分。例如,“哥哥”的词义可以分解为[+同胞][+年长][+男性]几

---

① 此例见林汝昌、李曼玉《语义学入门》13页,华中理工大学出版社,1996年。

个义素，妹妹的词义可以分解为[＋同胞][－年长][－男性]几个义素。

义素是在同一个语义场中比较出来的。属于同一个上位意义的同级下位意义就是一个语义场，比如，属于“人”的下位意义有“男人、女人、男孩、女孩”几个词的意义，这几个词的意义就是一个“人”的语义场。分析词义的义素时，首先应该把所要分析的词义的语义场确定下来，语义场中的成员要符合要求，不可随便增加或减少，否则分析的结果都不准确。

属于同一个语义场的词义都有共同的义素，因此，语义场确定下来之后，首先要概括出同一个语义场的各个词义之间共同的义素，然后比较几个词义之间的区别。几个词义的共同义素和每个词义的特有义素构成每个词义的义素。一般用矩阵来表示词义的义素，用正号表示有某个义素，用负号表示无某个义素，下面列出同胞语义场的义素矩阵：

	[同胞]	[男性]	[年长]
哥哥	＋	＋	＋
姐姐	＋	－	＋
弟弟	＋	＋	－
妹妹	＋	－	－

再如军队语义场的义素矩阵：

	[军队]	[在陆地作战]	[在海上作战]	[在空中作战]
陆军	＋	＋	－	－
海军	＋	－	＋	－
空军	＋	－	－	＋

义素分析由于揭示了词义的构成，因而，可以用来说明词义之间的区别与联系，这有助于语义系统的描写。另外，还可以从理论上说明什么是同义词、反义词、上下位词，可以说明词义之间的组合。此外，还有助于词义描写的形式化，有利于计算机处理语义。

第三节 词聚

语言中的词与词之间存在着各种各样的联系，这些联系表现在语音和语义两方面，某一语言中在语音或语义方面相联系的两个或几个词叫做词聚。

“单义词、多义词、单纯词、合成词”这些概念是对单个词而言的，比如

我们说“猪”是单纯词，“学习、椅子”是合成词，“桌子”是单义词、“老”是多义词，指的都是一个个的词。“词聚”这个概念是对在语音或语义方面相关的两个词或几个词而言的，每个词聚至少得包含两个词，我们所说的同义词、反义词、上下位词、同音词，并不是指一个个的词，而是指两个或几个有同义关系、反义关系、上下位关系、同音关系的词。

一、同义词聚

词义包括理性意义和附加意义两部分。两个或几个词的意义相同应该表现在理性意义和附加意义两方面，符合这样条件的同义词在语言中很难见到。因此，同义词指的是同一种语言或方言中理性意义相同的两个或几个词。两个或几个词在理性意义相同的条件下，在各种附加意义上都可能有差别。例如：

1. 语体上的差别

爸爸—父亲　　买卖人—商人　　死—逝世　　脚丫子—脚
小气—吝啬　　压根儿—根本　　衣服—衣裳　　糟践—浪费
媳妇—妻子　　吹牛—吹嘘

这些词的理性意义相同，而语体意义有差别，横线前的是口语词，横线后的是书面语词。再如，英语的 horse，steed，nag 指的都是马，但 horse 没有语体色彩，在口语和书面语中都可使用；steed 有文学色彩，只用于文学作品；nag 有口语色彩，只用于口语。

2. 理据上的差别

电扇—电风扇　　电脑—计算机　　拖把—墩布　　星期—礼拜
葱心绿—淡绿　　条绒—灯芯绒　　银河—天河　　猫头鹰—夜猫子
镭射—激光　　吉他—六弦琴　　麦克风—话筒　　沙龙—客厅
知道—晓得　　内行—里手　　鞋—鞋子　　西红柿—番茄

这些词的理性意义相同，但理据有差别。第一行的只有理据上的差别。第二行的词在形象色彩上有差别，例如，“淡绿”没有形象色彩，而“葱心绿”有形象色彩，使人联想起葱心的颜色；“猫头鹰”使人想到这只鸟的样子像一只鹰而它的头像猫，“夜猫子”使人想起夜里活动的猫。第三行的词是音译词和意译词，前者无理据而后者有理据，但音译词有洋味儿。第四行的词来源于不同的方言，横线前的词源于北方话，横线后的词源于南方某些方言，“晓得”源于吴语，“里手”源于湘语，“鞋子”源于西南官话，“番茄”源于粤语。源于不同方言的词不仅理据上可能有差别，另外还有不同的方言味道。再如英语：

英国英语	美国英语	汉义
lift	elevator	电梯
petrol	gasoline	汽油
braces	suspenders	裤上背带

3. 适用对象上的差别

车—车辆　纸—纸张　人—人类　河—河流　湖—湖泊　山—山脉

结婚—成家　好看—漂亮—美丽　肥—胖　充分—充足

many—much　little—few　high—tall

这些词的理性意义相同，而适用于不同的对象。第一行横线前的词既可指个体，也可指集合体，而横线后的词只可指集合体。第二行的"结婚"、"成家"都指结为夫妻，但"结婚"可用于男女双方，"成家"只可用于男子；"好看"、"漂亮"、"美丽"都表示"看着舒服"的意义，但"好看"和"漂亮"都指具体的人或物，而"美丽"既可指具体的人或物，也可指抽象的事物，而且"好看"有口语色彩，"美丽"有书面语色彩，"漂亮"无语体色彩；"肥"和"胖"都是脂肪多，而"肥"用于动物，"胖"用于人；"充分"和"充足"都有"足够"的意义，但前者用来指抽象的事物，后者既可指抽象的事物也可指具体的事物，二者除了做定语之外，前者还可做状语而后者则不可。英语的 many 和 much 都表示"多"的意义，little 和 few 都表示"少"的意义，但 many 和 few 都只修饰可数名词，much 和 little 都只可修饰不可数名词；英语 high 和 tall 都有"高"的意义，high 指无生命事物，而 tall 指有生命的事物。

4. 感情色彩上的差别

教师—老师　攻占—攻克　行为—行径　企图—妄图　夸奖—奉承

勇敢—鲁莽　雄心—野心　团结—勾结　顽强—顽固　果断—武断

鼓动—鼓励—煽动　结果—成果—后果　保护—爱护—庇护

第一行的横线前的词是中性的，横线后的词有的是褒义的，如"老师""攻克"，有的是贬义的，如"行径"、"妄图"、"奉承"。第二行横线前的是褒义词，横线后的是贬义词。第三行的第一个是中性词，第二个是褒义词，第三个是贬义词。再如，英语的 statesman 和 politician 都表示"政治家"，但前者没有贬义，后者有贬义，带有"政客"的意思。

以下几种情况不应看作同义词。

第一，同义词是就特定语言或方言的词汇系统而言的，不同方言中表示同一意义的词不能算同义词。例如，汉语不同方言中表示同一意义的词[①]：

北京	老玉米，棒子	沈阳	包米
呼和浩特	玉茭子	济南	棒子
洛阳	玉蜀黍	西安	包谷
成都	玉麦	扬州	玉如书、棒头

这些词是方言间的语义对应词。

第二，同义词是对特定语言或方言的某一个历史时期的词汇系统而言的，同一语言或方言的不同历史阶段的表示同一意义的词不能算同义词。例如，古今汉语中表示同一意义的词：

首—头　足—脚　箸—筷子　舟—船　冠—帽子　吾—我　曰—说

第三，同一个词的不同词汇变体不应看作同义词。例如：

邮编—邮码　妒嫉—嫉妒　代替—替代　相互—互相

“邮编”和“邮码”是“邮政编码”的两个不同的缩略形式，是同一个固定词组的两个变体。“妒嫉”和“嫉妒”、“代替”和“替代”、“相互”和“互相”都是同素逆序词，理性意义和附加意义都相同，是词在形成过程中未定型的两种形式，应该看作同一个词的不同的变体。词的词汇变体中的一个往往由于使用频率高而在语言中保留下来，另一个则因为使用频率低而被淘汰。例如：

直爽—爽直　质朴—朴质　介绍—绍介　蔬菜—菜蔬
鉴赏—赏鉴　灵魂—魂灵

例子中横线后的形式都被淘汰了。

第四，理性意义上有差别的词不应看作同义词，例如：

食品—食物　搔—挠　突然—忽然　阻止—制止　完全—完整

“食品”和“食物”都指供人食用的东西，但前者指称的事物的范围小，只可

① 见袁家骅等《汉语方言概要》(第二版)42页，文字改革出版社，1983年6月第2版。

指经过加工的东西，后者指称的事物的范围大，也可指未加工的东西；“搔”和“挠”都指用手抓身体的某个部位，但前者动作用的力小且用手指甲，后者用的力大一点且用手指；“突然”和“忽然”都表示来得迅速而出人意料，但“突然”的程度比“忽然”重；“阻止”和“制止”都有“使停止”的意义，但“制止”有“强迫”的意义而“阻止”没有；“完全”与“完整”都有“全”的意思，但“完全”指各个部分不缺少，“完整”指整体不残缺。

通常把同义词分为等义词和近义词两类，等义词是理性意义相同的词，近义词是理性意义相近的词。科学意义上的同义词应该是理性意义相同，理性意义有差别的词不应看作同义词。不过，近义词的研究对词语意义的理解和掌握是有帮助的。

如果一个词是多义词，它就可能在不同的意思上与别的词产生同义关系。例如，“快”在表示“速度高；走路、做事花的时间短”时与“迅速”构成同义关系，在表示“刀、斧、剪子的刃薄”时与“锋利”构成同义关系。再如，英语的 ask 在表示“询问”时与 inquire（询问）是同义词，在表示“请求”时与 request（请求）、beg（恳求）是同义词，在表示“邀请”时与 invite（邀请）是同义词。因此，说两个词同义是指它们在某一个意义上相同而不是在所有的意义上都相同。

二、反义词聚

反义词聚是由两个意义相反的词构成的词聚。

两个词必须符合以下四个条件才能构成反义词聚。第一，两个词具有共同的意义领域，例如，“快”和“慢”都是对速度的判断，“白天”和“黑夜”都是表示一天的时间，“买”和“卖”都是贸易行为，都具有共同的意义领域，构成反义词聚。不属于同一个意义领域的词不能构成反义词聚，比如“骄傲”和“高兴”、“爱”和“愁”、“朋友”和“农民”等。第二，两个词处于同一个轴线的两端，如“南”和“北”、“冷”和“热”符合这个条件，构成反义词聚，而“南”和“东”、“冷”和“温”就不符合这个条件，不构成反义词聚。第三，两个词表示的概念构成矛盾关系或反对关系，即“是 A 则非 B，是 B 则非 A”。例如，“深”就一定“不浅”，“浅”就一定“不深”；“谦虚”就“不骄傲”，“骄傲”就“不谦虚”。第四，构成反义词聚的两个词必须在语体色彩上一致，否则，不能构成反义词聚。例如，“丈夫”和“老婆”在意义上是对立的，但前者有书面语色彩，后者有口语色彩，两个词不构成反义词聚。“丈夫”与“妻子”构成反义词聚，“老婆”与“老公”构成反义词聚。“活”和“逝世”在意义上也是对

立的，但后者有书面语色彩，前者没有，两个词也不构成反义词聚。“活”与“死”构成反义词聚，“逝世”与“健在”构成反义词聚。

反义词有两种类型。

一类是绝对反义词，即两个对立的反义词的意义之间没有中间状态，肯定 A 就必然否定 B，否定 A 就必然肯定 B，如下图所示：

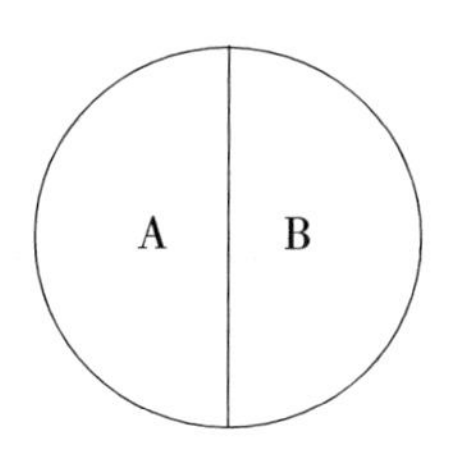

图 4—1　绝对反义词图

例如，“死”就是“不活”，“活”就是“不死”；“不死”就是“活”，“不活”就是“死”。“死”和“活”就是绝对反义词。其他的绝对反义词如：

真—假　有—没有　虚—实　直—弯　反—正　单—双　男—女
整体—部分　感性—理性　必然—偶然　合法—非法
白天—黑夜　战争—和平　批发—零售　理想—现实
直接—间接　主流—支流

另一类是相对反义词，即两个对立的反义词的意义之间存在中间状态，肯定 A 就否定 B，但否定 A 未必就肯定 B，如下图所示：

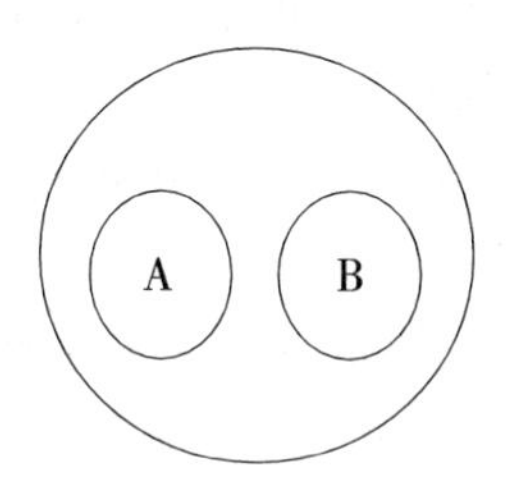

图 4—2　相对反义词图

例如，“大”就是“不小”，“小”就是“不大”，但“不大”未必就“小”，“不小”未必就“大”，因为还有“不大不小”。“大”和“小”就是相对反义词，其他的相对反义词如：

轻—重　深—浅　长—短　快—慢　胖—瘦　丑—美　黑—白

伟大—渺小　复杂—简单　输—赢　爱—恨　升—降　进—退
上—下　提前—拖后　进攻—撤退　朋友—敌人　开头—结尾

还有一类依存反义词，两个词在意义上互相对立，但又互相依赖，各以对方的存在为前提。例如，“南”是对“北”而言的、“老师”是对“学生”而言的、“教”是对“学”而言的，反之亦然，无此则无彼，无彼则亦无此，二者互相依存。依存反义词按意义又分三类：

1. 表示方向和时间，例如：

南—北　东—西　东北—西南　东南—西北
前—后　左—右　上—下　过去—未来

2. 表示人际关系，例如：

老师—学生　房东—房客　丈夫—妻子　婆婆—儿媳
债权人—债务人　父母—子女　主人—仆人　领导—群众
师傅—徒弟　消费者—经营者

3. 表示活动，例如：

教—学　收—发　收—支　交—接　来—去　戴—摘
穿—脱　买—卖　问—答　贴—揭　开—关　借—还
任命—罢免　建设—破坏　生产—消费　分化—统一

反义词聚是现实中的矛盾关系在语言中的反映，同时也受到特定的民族文化、心理的影响。比如“婆婆”和“儿媳”在汉语中是反义词聚，但英语中表达同样意义的 mother－in－law 和 daughter－in－law 却不构成反义词聚。

两个多义词构成反义词聚往往只是在各自的某个意义上，而不是在所有的意义上。例如，“骄傲”有以下三个意义：① 自以为了不起，看不起别人；② 自豪；③ 值得骄傲的人或事物。它只是在第一个义项上与“谦虚”构成反义关系。再如，英语的 clever 在“聪明”的意义上与 stupid（愚蠢的）构成反义词，在“机灵”的意义上与 dull（迟钝的）构成反义词，在“灵活的”意义上与 clumsy（笨拙的）构成反义词。

三、上下位词聚

语言中有些词所代表的事物的范围大，而有些词所代表的事物的范围小，前一种词可以包括后一种词代表的事物。例如，“枪”与“步枪”、“机

枪”、“冲锋枪”、“手枪”这些词相比，它代表的事物的范围就大，它就可以包括后面几个词所代表的事物。代表的事物范围大的词叫上位词，代表的事物范围小的词叫下位词，由上下位词构成的词聚就是上下位词聚，如“枪”与“步枪”、“机枪”、“冲锋枪”、“手枪”就构成上下位词聚，“军队”与“陆军”、“空军”、“海军”也构成上下位词聚。

上下位关系具有相对性。例如，“枪”对“步枪”、“机枪”、“冲锋枪”、“手枪”来说是上位词，但对“武器”来说又是下位词；“手枪”对“枪”来说是下位词，但对“左轮枪”“驳壳枪”“撸子”来说又是上位词。这些词就形成了一个上下位词的序列：

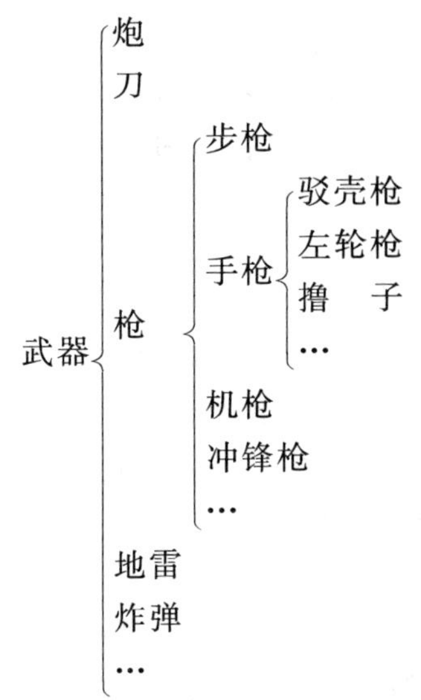

可见，词的上下位关系是有层次的，再如：

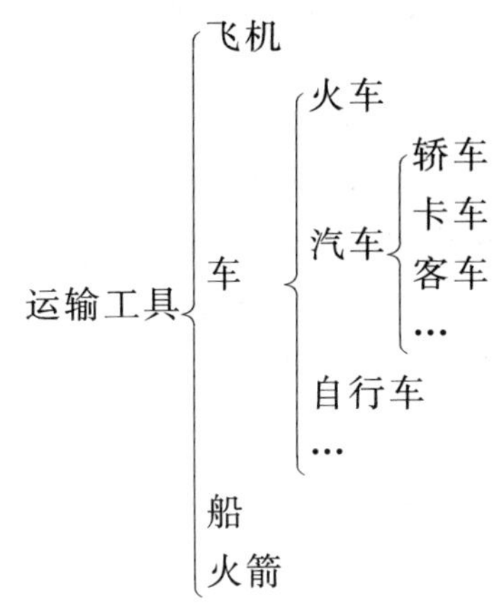

属于同一个上位词义之下的几个下位词义都有相同的义素，构成一个语义场。比如，“飞机”、“车”、“船”三个词义，都有“运输工具”的义素，构成一个运输工具的语义场；“步枪”、“机枪”、“手枪”、“冲锋枪”都有“枪”的义素，构成一个枪的语义场。同一个语义场内的几个词义，既有相同的义素，又有不同的义素，构成了既互相联系又互相区别的一个小的词义系统，这是语言的系统性在词义中的表现。

不是所有的下位词都有直接的上位词。例如，汉语的几个表示“父亲的兄弟”意义的“伯伯”、“叔叔”、“舅舅”、“姑夫”、“姨夫”就没有相当于英语uncle（可以表示上面汉语的五个词的意义）的上位词，几个表示“母亲的姊妹”意义的“伯母”、“婶婶”、“姑姑”、“姨”、“舅母”也没有相当于英语 aunt（可以表示上面汉语五个词的意义）的上位词。英语有 trousers（长裤），shorts（短裤），pants（内裤）几个表示不同裤子的下位词，但却没有表示“裤子”意义的上位词。

四、同音词聚

多义词是用同一个语音形式表示几个相关的意义，如果同一个语音形式所表示的几个意义之间不相关，那么，这就应该看作几个词共用一个语音形式。这种由语音形式相同而意义不相关的几个词构成的词聚就是同音词聚。同音词聚有同音异形和同音同形两种类型，例如：

1. 同音异形

汉语：长—常—尝　山—删—膻　占有—战友　著名—注明

英语：air（空气）— heir（继承人）　sea（海）— see（看见）

ore（矿石）— oar（桨，橹）　site（位置）— sight（视力）— cite（引用）

2. 同音同形

汉语：仪表（外表）—仪表（仪器）　角（羊角）—角（一毛）

别（动词）— 别（副词）　回（量词）—回（动词）

英语：table（桌子）— table（表格）　ball（球）— ball（舞会）

seal（海豹）— seal（印记）　match（火柴）— match（比赛）

同音词聚必须是音质音位和非音质音位都相同，如果几个词只是音质音位相同而非音质音位不同，不能算同音词。例如：

汉语：公式 — 公使　莲子 — 帘子

英语：desert['dezət]沙漠 — desert[di'zət]抛弃

green[gri:n]绿 — grin[grin]露齿而笑

同音词产生的原因很多，几个词的语音形式偶然相同是最基本的原因。语言中的语音形式总是有限的，而意义则在不断地增加，同音词就是有限的语音与无限的意义之间矛盾的必然结果，大部分同音词都是由于这个原因而产生的。

其次，词的语音的变化也可以造成同音词。例如，“家”和“夹”在中古汉语中本来不同音，“家”是见母麻韵平声，读[ka]；“夹”是见母洽韵入声，读[kap]。后来，入声在大部分的北方话中消失，“夹”的韵母[ap]就失去了塞音韵尾[p]，而且转入了阴平调，两个词成了同音词。再后来，[a]韵母之前出现了韵头[i]，舌根音的声母[k]受到前元音[i]的同化，就腭化成了[tɕ]，两个词都读成了现在的[tɕia]。再如，“报”和“抱”、“毛”和“锚”、“旱”和“汗”在中古汉语中也是不同音的，由于语音的变化也成了同音词。

再次，多义词词义的分化也可以造成同音词。例如，“被”的本义是“被子”，由此引申出“覆盖”的意义来。因为“覆盖”蕴含着“接触、触及”的意义，又从此引申出“碰上”的意义，后又从“碰上”的意义引申出“遭遇”的意义，从“遭遇”的意义发展出表示动作的“被动”的意义。这样，“被”在现代汉语中还有“被子”、“覆盖”和表示动作的“被动”的三个意义，其中第二个意义成了语素义。由于“被子”的意义与动作的“被动”相去甚远，一般人已不了解它们之间的联系，名词的“被”与介词“被”成为同音词。其他的如英语的 back(人体的后背，名词)，back(后面的，形容词)，back(向后，副词)，back(后退，动词)也是这样形成的同音词。多义词和同音词都是一个语音形式表达几个意义，不过前者的几个意义之间有联系，后者的几个意义之间没有联系。但是，这两者之间并没有明确的界限。以“被”为例，一个古代汉语知识多的人可能知道它的几个意义有关，而一个古代汉语知识少的人就可能认为它的几个意义之间不相关。其他的如“刻字”的“刻”与“一刻钟”的“刻”、“把住门”的“把”与“把他打了”的“把”也有类似的情况。

最后，吸收外来词、词语的缩略也都可能造成同音词。例如，表示粮食的“米”是汉语固有的词，音译英语表示长度的 metre 又产生了一个表示长度单位的“米”。英语本来有一个表示“球”的 ball，吸收法语的 ball(舞会)后两个词同音。俄语本来有一个 брак(婚姻)，引进德语的 Brack(废品)后出现了另一个表示“废品”的 брак。

第四节 句 义

一、句义的构成

在言语交际中,人们至少得说一句话;一段连续的话语,是由一句句的话构成的。因此,句子是言语交际的基本表述单位。句子可以由一个词构成,也可以由多个词构成。由一个词构成的句子是独词句,独词句在言语中比较少,大量的句子是由词按照一定的语法关系组织起来的,因而句子的意义中包含着每个词的意义和它们之间关系的意义。句子的句法结构总是属于某种句型或句式,句型或句式的语法意义是句子意义的一部分。每个句子都有特定的语调,以表示某种语气,语调所表示的语气意义也是句子意义的一部分。句子总是出现在特定的言语环境中,语境会赋予句子中的词以特定的意义,此外,语境还体现着说话人的特定的交际目的。由于句子是由多方面的要素构成的,因而它的意义也就可以分解为几个不同的部分。

1. 词的意义

词是句子的基本构成成分,句子中词的意义,包括实词的词汇意义和虚词的语法意义,也就成为句子意义的基本部分,句子中的其他意义都是依附在句子中词的意义之上的。因此,理解一个句子的意义,首先要懂得句子中的每个词(实词和虚词)的意义。例如,要理解"我哥哥从北京来了"这句话的意思,首先必须懂得"我"(说话人自己)、"哥哥"(同胞中比自己年长的男性)、"从"(表起点)、"北京"(中国的首都)、"来"(趋近说话人)、"了"(表完成)几个词的意思。

如果构成两个句子的词不同,两个句子的意义也就不相同。如下面句子意义的差别都是由构成句子的词的不同造成的:

a 我哥哥从北京来了。
他哥哥从北京来了。

b 我哥哥从北京来了。
我弟弟从北京来了。

c 我哥哥从北京来了。
我哥哥从上海来了。

d 我哥哥从北京来了。
我哥哥到北京来了。

e 我哥哥从北京来了。　　f 我哥哥从北京来了。
我哥哥从北京跑了。　　我哥哥从北京来过。

2. 词和词之间的关系意义

句子中的词总是处在一定的关系之中，句子中词与词之间的关系意义也是句子意义的一部分，因此，要理解句子的意义，不仅要懂得句子中的每个词的意义，还要懂得句子中的词与词之间的关系意义。如果句子中有多义词，多义词在句子中实现哪个意义也要靠词与词之间的关系来决定。词与词之间的关系包括语法关系和语义关系，因此，词与词之间的关系意义包括语法关系意义与语义关系意义。

语法关系意义　句子中的词总是处在特定的语法关系之中，每种语法关系都具有特定的语法意义，比如主谓关系的意义是“陈述”，述宾关系的意义是“支配或涉及”，偏正关系的意义是“修饰或限制”，并列关系的意义是“平等”。例如，“我哥哥从北京来了”这个句子的语法关系的意义有“我哥哥”和“从北京来了”之间的“陈述”的意义，“我”和“哥哥”之间、“从北京”和“来了”之间的“修饰”的意义。同一个线性序列内部如果存在两种语法关系，这个线性序列就有歧义（详见第五节“歧义”）。

语义关系意义　句子中的词不仅处在特定的语法关系之中，还同时处在特定的语义关系之中。语义关系存在于语法关系背后，比语法关系要复杂得多，比如动词与名词之间的语义关系就有“动作”与“施事”、“受事”、“工具”、“处所”、“时间”等等。例如，“我哥哥从北京来了”这句话中的语义关系就有“我哥哥”与“来”之间的“施事—动作”关系、“我”与“哥哥”之间的领属关系、“从北京”与“来”之间的“起点—动作”关系。同一个线性序列内部如果存在两种语义关系，这个线性序列就有歧义（详见第五节“歧义”）。

3. 句型意义

句型又叫“句式”，是句子的语法结构的格式。每种句型都有自己特定的语法意义，比如在汉语中，一般主谓句表示客观叙述一件事，双宾句表示“给予”或“索取”，“被”字句表示被动的意义，“把”字句表示“处置”的意义等等。同样的词构成的句子，如果采用不同的句型，句子的意义也有差别。例如：

a 我吃了那个苹果了。　　b 那个苹果我吃了。
c 我，那个苹果吃了。

这三个句子都表示说话人完成了吃苹果的活动，但由于采用了不同的句型,几个句子的意义还是有差别:a 例只是客观地叙述这件事,b 例还有那个苹果已经不存在的意义,c 例还有说话人对苹果如何的意义。

4. 语气意义

语气是说话人对句子所表达的内容的主观情态,语气有陈述、祈使、感叹、疑问四种。语气通过语调,即句子声音的高低升降的变化表达出来,语气意义也是句子意义的一个重要的组成部分。陈述、祈使、感叹的语气用降调来表达,疑问语气用升调来表达。如果句子里的词以及词与词之间的语法、语义关系都相同,而句调不同,句子的意义也不相同。例如:

a 小刘走了。

b 小刘走了?

前一句是降调,表示陈述的语气;后一句是升调,表示疑问的语气。

在表示陈述、祈使、感叹、疑问每种语气时,句调都可以发生细微的变化,用来表示一些更微妙的意义,如坚决、果断、终结、直率、欢乐、犹豫、怀疑、试探、紧张、恐惧、惊讶、严肃、讽刺、讨好、诙谐等等。

5. 语境意义

句子总是出现在一定的语境中,因而,除了上述四种句子本身具有的意义之外,语境还会赋予句子一定的临时意义,句子在语境中获得的意义称为语境意义,它也是句子意义的一部分。

首先,组成句子的各个实词(专有名词除外)在语境中获得专指的意义,即抽象的词义落实为具体的所指物。仍以"我哥哥从北京来了"为例,"我"指的是谁,"我哥哥"指的是谁,"来"是在何时间、用何方式的来,在特定的语境中都有了具体的所指。离开特定的语境,这些词指称的对象就要发生变化。

其次,句子在特定的语境中还会传达出说话人的某种意图,这也是句子意义的一部分。例如:

七点了!

这句话在不同的语境里可以表示提醒孩子起床,可以表示催促某人吃早饭,可以表示上班的时间快到了,可以表示该看新闻联播了,等等。

再次,句子在特定的语境中还可以产生超越字面意义的意义。例如:

a 你站的不是地方。　　b 张老师还真有眼光。

a 例中的"地方"在句子中有"合适的/应该站的地方"的意义,"合适的/

应该站的”是超出“地方”字面意义的意义。b例中的“眼光”在句子中有“好眼光”的意义，“好”的意义是超出“眼光”字面意义的意义。

词、词与词之间的关系、句调都是语言的构成成分，由它们表达的意义也就是语言意义；语境则是语言的使用环境，也是言语作品出现的环境，句子中的语言成分的意义加上语境意义就构成言语意义。语言表达就是把语言成分的意义转变成言语意义。

由于可以用一个词构成独词句，因而独词句中就不存在词和词之间的关系意义，而词的意义、语气意义、语境意义则是每个句子都具有的。

二、词义组合的限制

句子是词和词按照一定的关系组织起来的。词和词的组合，首先要合乎语法规则，否则，造出的句子必然是错的。比如，“我们明天去车站送行老张”就是一个病句（正确的说法应该是“我们明天去车站为/给老张送行”），错误的原因是“送行”是不及物动词，不能带宾语，而这个句子违反了这条规则。

一个合格的句子，词和词不仅在语法上而且在语义上也要能组合。词义由理性意义和附加意义构成，因而词与词在语义上的组合要受到这两方面因素的限制。

词的理性意义可以分解为若干个义素，词与词组合时受到理性意义的限制就是要在义素上互相匹配。句子中的词只在语法上保持一致而在义素上不相匹配，句子仍然是错误的。例如：

> Colorless green ideas sleep furiously.
> （无色的绿色的念头在狂怒地睡觉。）

这个句子在语法上一点错误也没有，但在语义上是不可理解的，原因就在于词语之间没有在义素上匹配。sleep（睡觉）要求它的主语名词具有[+动物]的义素，而ideas（念头）不具有这个义素，而具有[-具体]的义素，这个义素蕴含着[-动物]的义素，两个词的义素互相排斥。green（绿色的）修饰的名词应该具有[+具体]的义素，而ideas却具有[-具体]的义素，两个词的义素也是互相排斥的。colorless（无色的）具有[-颜色]的义素，而它修饰的green ideas中的green却具有一个与它矛盾的[+颜色]的义素；colorless应该修饰具有[+具体]义素的名词，而ideas却是非具体名词。最后，furiously具有一个[+愤怒]的义素，这个义素与sleep在语义上也是互相排斥的。再如孩子的话：

妈妈，你怎么娶了这么个坏爸爸？

这个句子在语义上也是错误的。动词“娶”在这句话里要求它的宾语名词具有[－男性]的义素，而“爸爸”却具有[＋男性]的义素，与“娶”在语义上不一致。

在文学作品中，作家为了造成某种修辞效果，也可以违反词语组合的词义限制，造成一些超常搭配。例如，“坚硬”要求与之组合的名词具有[＋固体]的义素，“稀粥”却具有[＋液体]的义素，两个词在日常语言中是不可以组合的，而作家王蒙却用“坚硬的稀粥”作了一篇小说的题目，以表达某种象征意义。

有些词义在组合中对感情色彩也有要求，有的要求与带有褒义色彩的词组合，有的要求与带有贬义色彩的词组合。比如，在汉语普通话中，“蛮”或“满”后面的词语可以是褒义的，但不能是贬义的；而“有点儿”则相反，后面的词语可以是贬义的，但不能是褒义的。例如：

蛮/满、* 有点儿：

a. ～好、～清楚、～干净、～大方、～漂亮、～便宜、～宽敞、～亮堂、～舒服、～勤快、～够意思、～对得起你、～说得过去

有点儿、* 蛮/满：

b. ～坏、～模糊、～脏、～小气、～丑、～贵、～窄、～暗、～难受、～懒、～不够意思、～对不起你、～说不过去

词义的组合还要受到语体色彩的限制，具体说来就是书面语色彩的词语与书面语色彩的词语组合、口语色彩的词语与口语色彩的词语组合，否则，造出的句子就显得不伦不类。例如，在贺电中，“欣闻阁下当选为贵国总统”是很得体的句子，而如果把“欣闻”换成“听说”就很可笑。“欣闻”是书面词语，可以与后面的书面词语“当选”、“贵国”组合，而“听说”是口头词语，不能与“当选”、“贵国”组合。“他老婆死了”是口语中自然的句子，而“他老婆逝世了”就显得很滑稽。“老婆”和“死”都是口语词，可以组合，而“逝世”则是书面语词，不能与“老婆”组合。

词义的组合还要遵守社会的使用习惯。例如，在汉语普通话中，“肥”和“胖”的理性意义基本相同，都指脂肪多，但“胖”只用来与指人名词组合，而“肥”只用来与非指人名词组合。量词“头”可以与“羊”、“驴”、“牛”组合，

如"一头羊"、"一头驴"、"一头牛"，但不能与"马"组合，与"马"组合的量词是"匹"，如"一匹马"，而"骡子"既可以与"头"组合，也可以与"匹"组合，例如"一头骡子"或"一匹骡子"都可。再如英语，high 和 tall 都是"高"的意思，但 high 只与无生命的名词组合，如 high building（高楼），high mountain（高山）等，而 tall 只与有生命的名词组合，如 tall tree（高树），tall camel（高高的骆驼）等。这些组合习惯没有现实的依据，是学习外语时的难点，应专门记忆。

上述的组合习惯是对一种语言内部的两个意义相同或相近的词义来说的，而把不同语言或方言的词义组合情况加以比较，就可以显示出不同语言或方言的特点，往往是同样的词义在不同的语言中有不同的组合。例如，在汉语普通话中，"蛮"或"满"只与褒义词组合，不与贬义词组合，而在武汉话中，"蛮"既可以与褒义词组合，也可以与贬义词组合，上面加星号的例子都可以说。再如，"吃"在汉语普通话和方言中的组合情况：

	[＋固体]（馒头）	[＋气体]（烟）	[＋液体]（茶）
普通话	＋	－	－
青州话	＋	＋	－
常州话	＋	＋	＋

汉语中，"漂亮"既可以与无生命的名词，如"房子"组合，也可与有生命的名词，如"小伙子"、"姑娘"、"小孩"组合，而在英语中，pretty，beautiful，handsome 都有"漂亮"的意思，但 pretty 只能用来形容姑娘，beautiful 只能用来形容妇女，handsome 只能用来形容男人。"高"在汉语中既可以与无生命的名词组合，也可以与有生命的名词组合，而在英语中表示"高"的 tall 和 high 各有分工。

三、语义关系

语法关系和语义关系是句子中词语之间两种重要的关系。

语法关系是句子里直接组合的词语在语法上的关系，它是词语之间的一种外显的关系。在有形态变化的语言中，语法关系通过形态变化的形式表现出来，而在没有或缺乏形态变化的语言中，如汉语，它通过语序、虚词、词类、扩展式、变换式等表现出来。除了这种外显的语法关系之外，句子里的词语之间还有一种更深层的语义关系，即词语之间在语义上的关系。

语义关系之中最重要的是动词与名词之间的关系，此外还有形容词与名词，名词与名词，动词与动词、形容词之间的关系等等。以汉语的述宾结构为例，它内部的语义关系可以是“动作—受事”（如“吃包子”）、“动作—结果”（如“盖大楼”）、“动作—施事”（如“来了三个人”）、“动作—对象”（如“交给警察叔叔”）、“动作—主体”（如“开了一朵花”）、“动作—工具”（如“捆绳子”）、“动作—处所”（如“睡沙发”）、“动作—目标”（如“寄上海”）等等。再如，汉语定中结构内部的语义关系可以是“领有者—领有物”（如“我弟弟”）、“数量—事物”（如“三本书”）、“状态—主体”（如“白白的雪”）、“整体—部分”（如“汽车轮子”）、“产地—产品”（如“海南西瓜”）、“材料—产品”（如“木头桌子”）等等。词语之间的语义关系是现实现象之间的关系在语言中的反映，是列举不尽的。

上面列举的语义关系都存在于句法结构的两个直接成分之间，句法结构的间接成分之间也存在着语义关系，例如：

昨天在叔叔家我用他刚买的压力锅炖了一只鸡

这个例子中，除了“炖”与“一只鸡”之间的“动作—受事”关系存在于直接成分之间，“炖”与其他的词语之间的语义关系都存在于间接成分之间，例如，“昨天”和“炖”之间的“时间—动作”关系、“叔叔家”和“炖”之间的“处所—动作”关系、“我”和“炖”之间的“施事—动作”关系、“他刚买的压力锅”和“炖”之间的“工具—动作”关系，其他的如“他”、“压力锅”与“买”之间的“施事—动作”关系、“受事—动作”关系等等。

语法关系只有有限的几种，如主谓、述宾等，而语义关系却要复杂得多，用有限的语法关系来表现复杂的语义关系，必然造成这两者之间的不对应现象。具体说来就是同样的语法关系中可以存在不同的语义关系，如前例所示，汉语的述宾关系中存在着多种语义关系；同样的语义关系也可以存在于不同的语法关系之中，例如上文列举的宾语与述语动词之间的某些语义关系也可以出现在主语与述语动词之间，甚至这其中的某些语义关系也可以出现在状语与述语动词之间。

四、蕴含和预设

就话语本身表达的意义来说，如果有甲就必然有乙，就说甲蕴含乙。蕴含可以用公式“甲→乙”来表达。例如：

他家买了一台洗衣机→他家买了一台电器

钢笔尖儿坏了→钢笔坏了

从以上两例可看出，箭头左边的句子中含有个别概念或部分概念，而箭头右边的句子中含有一般概念或整体概念。因此，除非在特殊条件下，蕴含规律都是含有个别或部分概念的甲蕴含含有一般或整体概念的乙，而非相反。例如，从“他家买了一台洗衣机”就可推知“他家买了一台电器”，从“钢笔尖坏了”就可推知“钢笔坏了”。但是，不能反过来从“他家买了一台电器”推知“他家买了一台洗衣机”，从“钢笔坏了”推知“钢笔尖坏了”。

“就话语本身表达的意义”就是要排除一些文化背景知识或语境因素。例如：

今天是八月十五→今天吃月饼

快放暑假了→我们全家要去青岛避暑了

从“今天是八月十五”推知“今天吃月饼”靠的是汉民族的文化背景知识；从“快放暑假了”推知“我们全家要去青岛避暑了”，靠的是语境知识，比如说话人全家一到暑假就去青岛避暑。

同一句子可以有几个蕴含。例如：

他发表了一篇有关恐龙的论文→他发表了一篇有关古生物的论文→他发表了一篇生物学的论文→他发表了一篇自然科学的论文→他发表了一篇科学论文

如果甲、乙互相蕴含，那么，甲、乙就是同义句。例如：

赵元任是王力的老师⟺王力是赵元任的学生

泰山在黄河以南⟺黄河在泰山以北

大山是秀兰的丈夫⟺秀兰是大山的妻子

蕴含是句子表达的基本信息，在言语交际中起重要的作用。比如，在某商场买了500元的商品就可以抽奖，甲买了500多元的商品，乙买了700多元的商品，甲对乙说：“我都可以抽奖，你更没问题了。”甲没有直接说乙可以抽奖，但他的话中已蕴含着这样的意义，即买了500多元的可以抽奖→买了700多元的可以抽奖。

预设也是话语自身表达的意义，也是有甲就有乙。但蕴含是句子的断言部分表达的意义，是句子的基本信息；而预设是句子的非断言部分表达的意义，是句子的附带信息，是发话人和受话人都信以为真的知识，是无可争议的信息。例如：

a 他哥哥买了一台洗衣机→他哥哥买了一台电器

b 他哥哥买了一台洗衣机→他有哥哥

a、b 的甲端都是断言某人做了什么事，a 的乙端在甲端的断言范围之内，所以 a 例的甲、乙是蕴含关系，即乙是甲的蕴含。b 的乙端也是甲端表达的内容，但不在甲端断言范围之内，只是附带表达出的背景信息，b 例的甲、乙是预设关系，即乙是甲的预设。可见，预设是以命题的形式出现的话语中附带的已知内容。下面几例的乙端也都是甲端的预设：

他家的彩电坏了→他家有彩电

李老师住二楼→李老师住楼

小张认为这首诗不错→小张读过这首诗

收废品的又来了→收废品的来过

他把船拴在河边的老柳树上→河边有棵老柳树

可以用否定检验法来区别蕴含和预设。如果否定甲时，乙可能成立，也可能不成立，这是蕴含。例如，对“他哥哥买了一台洗衣机”进行否定：

他哥哥没买洗衣机→他哥哥没买电器/他哥哥买了一台电器

如果否定甲时，乙仍然成立，这是预设。例如，对“他哥哥买了一台洗衣机”进行否定：

他哥哥没买洗衣机→他有哥哥

预设虽然是话语的非断言部分表达的背景信息，在言语交际中仍然起着很重要的作用。例如《红楼梦》第九十六回中的一段：

黛玉笑了一笑，又问：“你姐姐为什么打你？你说错了什么话了？”那丫头道：“为什么呢？就是因为我们宝二爷娶姑娘的事情！”

黛玉听了这句话，如同一个疾雷，心头乱跳……

“宝二爷娶姑娘”这个附带的信息对黛玉却是异常重要的，因而使得黛玉如同遭了雷击。

五、语义与语境

语言中的词、固定词组、语法关系、语义关系、语调的意义都是概括的，与言语交际赖以发生的语境没有直接的关系，而言语作品，如句子的意义则是非常具体的，总与语境密切相关。言语交际，对说话人来说，就是把抽

象的语言意义组织起来并把它转化为具体的言语意义传送给听话人；而对听话人来说，就是把接收到的言语意义与大脑中的语言知识相匹配并进而对它进行理解。言语交际总是在一定的语境中进行的，无论是说话人的言语表达，还是听话人的言语理解，都必须借助语境。

语境是言语交际赖以发生的环境，它有狭义的广义的之分。狭义的语境指的是上下文，广义的语境还包括言语交际的情景，包括场合（时间、地点）、话题、交际的参与者（相互之间的关系、当时的心境）、副语言手段（眼神、面部表情、手势）乃至语言的文化背景。语义是在语境中传递出来的，也是通过语境来理解的，因而语境与语义有着密切的关系。具体说来，语境对语义的影响主要表现在以下四方面。

1. 语境使语义固定化

多义词、同音词、同形词、有歧义的语言片断，尽管它们的性质是不同的，但它们都有一个共同点，即脱离开语境都是用同一个形式（语音的、书写的）对应着多种语义，表达什么意义是不固定的。但是在具体语境的限制下，它们表达的意义都是固定的，即只能表达这种意义，而不能表达那种意义。例如：

把信封上的邮票 jiē 下来　　　　把爷爷的篮子 jiē 过来

“揭”和“接”同音，但在具体的句子中，jiē 只能表示其中的一个，比如前一个例子中的 jiē 只能是“揭”，后一个例子中的 jiē 只能是“接”。

多义词在具体的语境中的意义只能实现一个，例如：

De Gaulle's rule

离开语境孤立地看，这个词组的意义既可以是“戴高乐的统治”，也可以是“戴高乐定律”，因为其中的 rule 是多义词，既可以表示“统治”，也可以表示“规律”。但是这个词组的意义只能是“戴高乐的统治”，不能是“戴高乐定律”，因为谁都知道戴高乐是法国的总统、政治家，而不是科学家，rule 在这里只能表示“统治”的意义。

有歧义的语言符号序列在具体的语境中可以只表示一个意义。例如：

一边停着一辆汽车

是一辆车，还是两辆车？在下面两个句子中就可以确定下来：

a 大门口两边一边停着一辆汽车（两辆）

b 大门口一边站着许多警察，一边停着一辆汽车(一辆)

2. 语境使语义具体化

语义是概括的，它反映的是一类所指物，而不是某一个所指物，但在具体的语境中概括的语义都落实为词语特定的所指对象，由概括的变成具体的。例如，"老规矩"只有一个概括的意义："和往常一样"。孔乙己对酒店的伙计说这句话时，它的意思是"一碗酒、一碟茴香豆"；一个贪官告诉他的妻子如何处理别人贿赂的钱物时，它的意思是"照旧收下"；两个地下工作者商量下次联络的暗号时，它的意思可能是"学三声鸟叫，两长一短"，等等。像数词、时间词等，它们的词义都是很抽象的，而在具体的语境中都落实为具体的所指，抽象的意义变成具体的意义。再如，汉语的"借、租、上课、理发、照相"等都有方向相反的两个意思，在具体的语境中它们的词义也都是明确的。如果老师对学生说"今天我上课"，它就是"讲课"；如果学生对老师说"今天我们上课"，它就是"听课"。

3. 语境使词、词组、句子产生临时意义

词以及由词构成的词组、句子都有固定的、社会公认的意义，但是在一定的语境中，词以及词组、句子都可以产生临时的意义。例如：

a 乘客对售票员："一张百货大楼"。

b 春风又绿江南岸

c 是革命还是反革命？是延安还是西安？

a 例的"百货大楼"临时有了"到百货大楼的车票"的意思，b 例的"绿"临时有了"吹绿"的意思，c 例的"延安"和"西安"临时有了"革命"和"反革命"的意思。这些意思都是借助各自的语境表达出来的，离开了各自的语境，这些词和词组都没有这些意思。

在特定的语境中，词以及词组、句子甚至还会产生与本来的意思相反的意义。例如，电影《平原游击队》中的老秦爷面对日本鬼子的枪口、刺刀，对鬼子的队长松井说："皇军好，皇军给中国人民造福来了！不杀人，不放火，不抢粮食，你看多好啊！"这里的每一句话表达的都是与字面意思相反的意义。在日常的言语交际中，有时称呼与自己关系亲密的人时反而使用一些贬义词语，如"坏蛋、该死的、臭小子、死老头子"；与熟人开玩笑时，也常常使用这些贬义的词语，这些词语表达的都是反义，离开具体的语境，反义都表达不出来。

4. 语境使句子产生寓义

寓义，又叫“会话含义”，是话语中所没有而根据语境可以推导出来的意义，有规约寓义和临时寓义两种。规约寓义是社会共同理解的、固定的寓义。例如：

你这个狐狸精！
祝你一帆风顺。
你真是个诸葛亮，这回又让你说准了。

“狐狸精、一帆风顺、诸葛亮”在汉语语言社会中都有共同的、固定的意义，其他的如“陈世美”（抛弃前妻，另结新欢）、“属猴的”（好动）、“上厕所”（大小便）、“宰他一刀”（多收他钱）等。汉语歇后语（如“黄鼠狼给鸡拜年——没安好心”）的注语部分，也是前面引语的寓义。汉语社会中见面时的招呼语，如“吃了吗”、“干吗呢”、“哪儿去”，已经不能按字面的意义来理解了。英语的 Can I help you 和 Can you help me 也已不是字面的“我能帮助你吗”和“你能帮助我吗”，而是表示“愿意为你效劳”和寻求帮助。

有的词语的规约寓义用得时间长了，人们可能把它的原义忘了，意识不到它的规约寓义的性质了，如“老狐狸”在汉语中已经变成“狡猾”的意义了。“老狐狸”就可以看作一个词，它的意义也就成了词义而不再是寓义了。

临时寓义总是体现着说话人的意图，与说话的具体场景密切相关，因此要根据语境来推导。例如某男士欲与其女友在晚上约会，而其女友借故推辞，他们的对话：

男：晚上有时间吗？
女：我还有点儿事。

从字面上看，两人的对话驴唇不对马嘴，实际上各自都理解了对方的寓义。男的寓义是“如果晚上有时间就来约会”，女的寓义是“不想约会”。再如上文的例子“你站的不是地方”、“张老师还真有眼光”、“他能说”等中超出字面意思的意思也是临时寓义。

临时寓义如果固定下来，就可以成为规约寓义，以“能”、“会”为例：

能说　能干　能吃　能写　能喝
会说　会玩　会吃　会算计

这些例子中的“能”、“会”有“有能力”和“善于”两个意义，“善于”是超越“能”的字面意思的意思，是由临时寓义转化而来的。根据常识，每个正常的成人都可以说话、干活、吃饭、玩、算计、喝酒、写文章，因此，如果说某个人能或会说话、干活、吃饭、玩、算计、喝酒、写文章，就有超越字面意思的寓义，即“善于”、“擅长”。这个意思经常使用，固定下来就成为“能”、“会”本身的意思①，也是规约寓义。

临时寓义完全依赖于语境，总是随着语境的变化而变化，是列举不尽的，因而，要理解句子表达的确切含义，必须对语境有深入的了解和掌握。

第五节　歧　义

人们要表达的意义无限多，而语言的构成要素，如语音、词、语法关系、语义关系以及在书面上记录语言符号的字却是有限的，这是一个矛盾，其结果之一是造成歧义现象，即有的语言符号序列可以表达几个意义的现象。分析歧义现象，目的是找出造成歧义的原因，说明语言的表达形式是如何与意义对应的，有哪些语言的构成要素在语言中起作用，加深对语言的认识和理解。根据造成歧义的原因，歧义可分为词汇歧义和组合歧义两大类型。

一、词汇歧义

词汇歧义是由于同音异义、同字异义或语素、词多义而产生的歧义。

1. 因同音异义而产生的歧义。例如，在口头上，下面几例都有歧义：

a 这种东西能 zhì 癌

b 你给我 shí 个包子

c Which won ?（哪个赢了?）　Which one ?（哪一个?）②

d посещие мага（对魔术师的拜访/魔术师的来访）③

a 例中的“zhì 癌”既可以表示“治癌”，也可以表示“致癌”。b 例中的“shí 个

① 见郭昭军《助动词“能”的多义性及其选择因素》，载《语言学论丛》（第 34 辑），商务印书馆，2006 年。

② 此例取自石安石《语义论》129 页，商务印书馆，1993 年。

③ 此例取自石安石《歧义现象种种》，载石安石《语义研究》131 页，语文出版社，1994 年。

包子”既可以表示“十个包子”，也可以表示“（捡）拾个包子”。c例中的won（胜利、赢）和one（一、一个）同音，都读[wʌn]。d例中的мага（魔术师）既可以是宾格，也可以是属格，俄语这个词的属格与宾格都用－a来表示，两个格同音。

2. 因同字异义而产生的歧义。例如，在书面上，以下两例也有歧义：

a 背着孩子上学

b 他好说话

a既可以表示“把孩子背在身上去上学”，也可以表示“瞒着孩子偷偷地去上学”，表示前一个意义时“背”读阴平，表示后一个意义时“背”读去声。b既可以表示“他喜欢说话”，也可以表示“他脾气好，求他办事很容易”。表示前一个意义时“好”读去声，表示后一个意义时“好”读上声。

3. 因语素或词多义而产生的歧义。例如：

a 韭菜老了

b 该你走了

c 写得好

d 给他扫了

a例的“老”是多义词，可以表示“长得时间太长，过了适口的时候”“火候大”两个意义，因而a例有歧义。b例的“走”也是多义词，可以表示“走路”和“走棋子”两个意义，因而b例也有歧义。以上是由多义的实词造成的歧义，多义的虚词也可以造成歧义，c和d两例就是如此。c的“得”可以表示可能和程度两个意义，表示可能时“写得好”的意义是“能写好”，是“写不好”的肯定式；表示程度时“写得好”的意义是“写得不错”，是“写得不好”的肯定式。d的“给”既可以表示动作的对象，相当于“为、替”，也可以表示动作的受事，相当于“被、叫、让”。表示前一个意义时例d的意义是“替他扫了”，表示后一个意义时例d的意义是“被他扫了”。

二、组合歧义

造成词汇歧义的原因都是语言符号线性序列中的某个符号或记录这些符号的某个字，与组成这个线性序列的其他符号没有多大的关系，语言符号之间的关系也可以造成歧义，这就是组合歧义。组合歧义又分语法歧义和语义结构歧义两种。

1. 语法歧义

1)因句法关系不同而产生的歧义。例如：

a 热菜(偏正:还不凉的菜/述宾:把菜热热)
b 你这孩子(偏正:你的这个孩子/复指:你就是孩子)
c 宽一尺(主谓:宽是一尺/述宾:宽了一尺)
d flying planes(偏正:正在飞的飞机/述宾:开飞机)

2)因句法层次不同而产生的歧义。例如：

a 普通物理教师
- 普通/物理教师:普通的物理教师
- 普通物理/教师:教普通物理的教师

b 盖好被子
- 盖/好被子:不盖坏被子
- 盖好/被子:把被子盖好

c the king /of England's people(英国人的国王)
the king of England's /people(英国国王的人民)

3)因句法关系、句法层次不同而产生的歧义。例如：

a 欢迎里根的讲话
- 欢迎/里根的讲话(述宾:里根的讲话值得欢迎)
- 欢迎里根的/讲话(偏正:欢迎里根时作的讲话)

b 没有一次看完
- 没有一次/看完(连动词:每次都看不完)
- 没有/一次看完(状中:分几次看完)

c old men and women
- old/men and women(偏正:老头儿们、老太太们)
- old men/and women(联合:老头儿们和妇女们)

2. 语义结构歧义

1)因语义关系不同而产生的歧义。例如：

a 考公务员
b 母亲的回忆
c 寄钱的地方
d the shooting of the hunters(猎人的射击)

a 例的“公务员”既可以是“考”的目的，也可是“考”的对象。在前一种条件下，a 例表示“为当公务员而考试”；在后一种条件下，a 例表示“对公务员进行考试”。b 例的“母亲”既可以是“回忆”的施事，也可以是“回忆”的对象。在前一种条件下，b 例表示“母亲回忆别人”；在后一种条件下，b 例表示“子女回忆母亲”。c 例的“地方”既可以是“寄”的起点，也可以是“寄”的目标。在前一种条件下，c 例表示“钱寄来的地方”；在后一种条件下，c 例表示“钱寄到的地方”。d 例中的 hunters（猎人）既可以是 shooting（射击）的施事，也可以是射击的受事。在前一种条件下，d 例表示“猎人进行射击”；在后一种条件下，d 例表示“猎人遭到射击”。

2）因语义特征不同而产生的歧义。例如：

a 别问了(le)
b 山上架着炮

a 例既可以表示“不要去问”，也可以表示“不要继续问”。表示前一个意义时“问”具有[＋自主]的语义特征，表示后一个意义时“问”具有[＋持续]的语义特征。b 既可以表示“炮架在山上”，也可以表示“山上正在架炮”。表示前一个意义时“架”具有[＋附着]的语义特征，表示后一个意义时“架”具有[＋持续]的语义特征。

3）因分合联系不同而产生的歧义。例如：

a 里根、舒尔茨分别同费萨尔、哈达姆会谈[①]
b Two boys stole three apples.

a 例的“里根、舒尔茨”与“费萨尔、哈达姆”之间有四种匹配的可能：

a_1 里根和舒尔茨一起分别同费萨尔和哈达姆会谈
a_2 里根同费萨尔、哈达姆二人会谈，舒尔茨同费萨尔、哈达姆二人会谈
a_3 里根同费萨尔会谈，舒尔茨同哈达姆会谈
a_4 里根分别同费萨尔、哈达姆会谈，舒尔茨分别同费萨尔、哈达姆会谈

b 例可以是“两个孩子一共偷了三个苹果”，也可以是“两个孩子各偷了三个苹果”。

① a，b 两例取自石安石《语义研究》162 页，语文出版社，1994 年。

4）因预设不同而产生的歧义。例如：

a 两个人就抬起了一百斤
b 不得非法打猎
c 除了小李，他最喜欢张师傅
d We didn't sleep for three hours.

a 例以“两个人劲大”为预设，“一百斤”表示重量大；以“两个人劲小”为预设，“一百斤”表示重量小。b 例以“不准打猎”为预设，表示“打猎是非法的”；以“可以打猎”为预设，表示“要按法律的规定打猎”。c 例以“不只一个人喜欢张师傅”为预设，表示“小李、他都喜欢张师傅，他比小李更喜欢”；以“他不只喜欢一个人”为预设，表示“他喜欢小李和张师傅，但更喜欢张师傅”。d 例以“三小时以后才睡”为预设，表示“我们三小时前一直未睡”；以“我们睡了不足三小时”为预设，表示“我们没睡到三小时”。

各种语言都存在歧义现象，因为语言表达需要经济，歧义正是适应语言表达经济原则的结果。由于语境的限制，绝大多数的歧义现象不会妨碍交际，但也有的歧义在语境中仍然可以作两种解释，这是语言表达为了经济而付出的小小的代价。不过，人们可以故意运用歧义手段来造成一些特殊的表达效果，如笑话、相声、小品、戏剧、算命就常常运用歧义手段。

歧义是一个特殊的窗口，从这里可以观察到语言的表达形式与意义之间的矛盾，以此为突破口可以发现一些在意义表达中起作用的因素，可以较好地说明语言的表达形式与意义之间错综复杂的对应关系，深化对语言的认识和理解。

小　结

词汇是语言中词和固定词组的总汇，词和固定词组都是词义的表达单位。词汇的来源有继承古代词语、新造、借用外语和方言几个。词汇可以根据不同的标准分成常用词汇与非常用词汇、通用词汇与非通用词汇。词和固定词组的读音、意义和结构都是固定的，不能随意改变。

词义包括理性意义和附加色彩两部分，理性意义是对现实现象概括性的反映，是词义的基本部分，附加色彩是一部分词具有的，包括感情色彩、语体色彩和形象色彩等。词义都是概括的，有些词义是精确的，有些词义是模糊的。义位是词的理性意义的单位，只有一个义位的词是单义词，有

两个以上义位的词是多义词,词义的引申有隐喻和借喻两种途径。一个义位可以分解为更小的区别性特征,即义素。

词可以在语义或语音方面形成一些聚合,包括同义词聚、反义词聚、上下位词聚和同音词聚。句子的意义由词的意义、词与词之间的关系意义、句型的意义、语气意义和语境意义构成,词在句子中的组合受语法、语义以及语体色彩的限制,词与词之间除了有语法关系外还有语义关系。蕴含和预设都是两个句子之间的关系,是从句子中推出来的,前者是句子本身的信息,后者是句子附带的背景信息。语义是在语境中表达出来的,语境对语义有多方面的影响。

歧义是看起来或听起来相同的符号序列可以表达几个意义的现象,分词汇歧义和组合歧义两种。词汇歧义是由于同音异义、同字异义或语素、词多义而产生的歧义,组合歧义是由于语言符号之间的语法关系或语义关系造成的歧义。

第五章 语言的发展

语言是社会现象，社会生活的种种变化会造成语言的变化，至于语言如何变化，这与语言系统内部各个组成部分之间的相互作用有关。语言缓慢地变化着，语言系统内部各个组成部分变化的速度有快有慢。人的社会特征的差异造成社会方言，地理位置的差异造成地域方言，地域方言进一步分化可能成为亲属语言。社会的统一也会使语言趋向统一，其结果是产生共同语。语言之间的接触首先出现借词，还可能借音位和语法规则。语言接触还造成双语现象，甚至有的民族会放弃母语而改说另外的语言。语言的接触还可能产生由两种或多种语言混合而成的新语言。语言系统自身的发展表现在语音、语法、词汇和词义几个方面。

第一节 语言发展的原因和特点

一、语言是发展的

"时间会改变一切，我们没有理由认为语言会逃脱这一普遍规律"[①]。同世界上的其他事物一样，语言一直处在不断的变化之中，只是语言的变化比较缓慢，我们不易察觉到。只要语言被使用，它就会不断地发生变化。语言的发展变化可以从多方面观察到，比较古今语言的差异是其中的一个重要方面。

语音的变化可以通过文字观察到。例如，英文是表音文字，英文字母记录音素的声音，古英语的拼写与读音基本上是一致的[②]，可是有些英文字母与现代英语语音并不完全对应，这种现象显然是语音变化造成的。比

① 见〔瑞士〕费尔迪南·德·索绪尔著，高名凯译《普通语言学教程》115页，商务印书馆，1982年。

② 见李赋宁编著《英语史》37页，商务印书馆，1996年。

如，字母 i 在 milk（牛奶）中读[i]，而在 kite（风筝）中读[ai]；字母 e 在 bed（床）中读[e]，而在 detail（细节）中读[i]；字母 a 在 back（后背）中读[æ]，在 car（轿车）中读[ɑː]，在 name（名字）中读[ei]（详见下文“语言发展的特点”）。

汉字虽然不是拼音文字，但声符读音的差别也可以反映语音的变化。汉字大部分是形声字，同声符的字应该有大体相同或相近的音，但事实不尽如此，例如下面这些字都以“甫”为声符：缚、敷、辅、傅、脯（声母为[f]）；博、薄、搏、膊、礴、簿、哺（声母为[p]）；铺、脯、蒲、葡、埔、圃、浦（声母为[p^h]）。[f]与[p]、[p^h]差别很大，这是语音演变造成的。古代汉语中本来没有[f]这个音，[f]大约是在九世纪从合口三等字中的[p]、[p^h]、[b]中分化出来的[①]。

再如，古代的诗歌本来是押韵的，但有些诗歌今天已经不押韵了，这也是语音演变的结果。例如王维的《栾家濑》：

飒飒秋雨中，浅浅石溜泻。
跳波自相溅，白鹭惊复下。

“泻”、“下”是韵脚，今天不押韵。但在唐代，这两个字是押韵的，“泻”读[sja]（去声），“下”读[ɣa]（去声）。

词汇、词义的变化在阅读古代文献的时候就会发现，古书中的很多词今天已不再使用了，同一个词古今词义也可能不相同。例如：

1）怀怒未发，休祲降于天。（《战国策·魏策四》）
2）夫子何哂由也？　（《论语·先进》）
3）郑人使我掌其北门之管。（《左传·僖公三十二年》）
4）行李之往来，共其困乏。（《左传·僖公三十年》）
5）丈夫亦爱怜其少子乎？（《战国策·赵策四》）

1）中的“休祲”是偏正词组，“休”表示“喜庆”，现在这个意义已经不再使用了。“祲”表示“气”，这个词也消失了。2）中的“哂”表示“讥笑”，现在也不使用了。3）中的“管”表示“钥匙”，4）中的“行李”表示“外交使节”，这两个意义现在也都不使用了。5）中的“怜”表示“爱”，“爱怜”是两个同义词构成的联合词组，不是“喜爱并怜悯”的意思。在先秦，“怜”除了“喜爱”的意义，

① 见王力《汉语史稿》(上册)115 页，中华书局，1980 年。

还有“怜悯”“爱怜”的意义，而到现代，“怜”，只保留了“怜悯”“爱怜”的意义，“喜爱”的意义消失了。

语法的变化在阅读古代文献的时候也能见到。例如：

6）臣实不才，又谁敢怨？（《左传·成公三年》）

7）不我知者，谓我士也骄。（《诗经·魏风·园有桃》）

8）秉国之均，四方是维。（《诗经·小雅·节南山》）

6）中的“谁”是动词“怨”的宾语，7）中的第一个“我”是动词“知”的宾语，都前置于动词。8）中的“四方”是动词“维”的宾语，前置于动词，而且还用代词“是”复指。否定句、疑问句、强调句中宾语前置的现象在现代汉语中都消失了，现代汉语的宾语都在动词之后。

不仅观察古今语言的差异可以发现语言的发展变化，观察当代的语言也可以发现语言的发展变化。当代语言最容易观察到的变化是新词，小品《心愿》就说道：“管钱不叫‘钱’，叫‘T’。管出租车不叫‘出租车’，叫‘的’。管女朋友不叫‘女朋友’，叫‘蜜’。”这是新旧词语的更替现象，不过新词产生后旧词不一定会在语言中消失，还可能在语言中与新词共存，类似的例子还有：

旧货——二手货　瘦——骨感　刺客——杀手

理发店——发屋、美发厅　减肥——瘦身

提高——提升　痛快——爽　照相馆——影楼

语法的变化虽不像词汇那样明显，但也可以观察到。例如，过去汉语中可带宾语的不及物动词限于表示出现、消失、附着意义的动词，但自20世纪80年代以来，在书面语上，可带宾语的不及物动词已经不限于这几类动词了，如“服务社会/顾客、旅游中国、约会我、宣战白色垃圾”等。再如，名词在汉语史上极少活用为形容词，这种现象在“五四”到20世纪40年代末这段时间多了起来，但在20世纪50年代至80年代趋于消失，90年代以后又发展起来，如“很气节、很淑女、情调兮兮的、诗意得很”[①]等。

语音在当代语言中的变化很细微，但几十年后就可能显现出明显的差别。例如，广东博罗畲语的语音，在过去的20多年间发生了一些明显的变化，比如缺失了一组鼻塞音声母mp、mpj、nt、ntj、ŋk、ŋkj、ŋkw，产生了与鼻

① 见刁晏斌《新时期新语法现象研究》第二章第二节“名词用为形容词”，中国文联出版社，2001年。

塞音声母相对应的一组鼻音、边音声母 m、mj、ɪ、lj、ŋj，入声韵尾-p 消失使韵母 ip 和 ap 并入 it 和 at[①]。广西阳朔县高田乡壮语在 20 世纪 50 年代有 8 个声调(6 个舒声调，2 个促声调)，到 1999 年声调减少为 6 个(4 个舒声调，2 个促声调)[②]。

语言通过言语，即语言的使用而存在，只要语言被使用，它就会不断地发展变化，语言一旦不被使用它就不再发展。例如，自欧洲文艺复兴以后，从拉丁语分化出来的语言，如法语、意大利语、西班牙语、罗马尼亚语等取代了拉丁语的地位，成为各民族的语言。现在，拉丁语只在宗教、医学上使用，它已不再发展。

语言的组成成分从古到今的变化，包括新的语言现象的产生和旧的语言现象的消亡，是语言发展的重要内容。语言成分的变体之间的差别不是语言的变化，例如，同一个音位有几个变体，在不同的条件下发不同的音；同一个语素有几个语音变体，在不同的条件下发不同的音。个人对语言的使用也不是语言的发展，比如有人把汉语普通话的"(头皮)屑"读成 xuè，把"参差"读成 cānchà，把"我跟他一样大"说成"我比他一样大"，这些都不是汉语的变化。但如果个人对语言的特殊使用被言语社团的成员接受并推广开来，它就会成为语言事实，语言的变化就发生了。例如，1991 年播出的电视连续剧《编辑部的故事》，它的主题歌把动词"投入"当做形容词来使用："投入地笑一次"。这之后，把"投入"当作形容词的用法逐渐地推广扩散开来，现在"投入"不仅可以作状语，还可以受程度副词修饰，如"很投入"，还可以作补语，如"干得很投入"，"投入"由动词变为兼形容词的兼类词。

二、语言发展的原因

语言的发展变化是多种因素共同起作用的结果，可以从它赖以存在的人类社会和自身的系统两个方面来分析。

语言是一种社会现象，它为人类社会的需要而产生，也为人类社会的需要而存在，并且随着社会的死亡而死亡，离开人类社会也就无所谓语言；另一方面，社会也不可能离开语言，否则，人类社会的生活、生产也就无法维系。语言与社会互相依赖，互相依存，密不可分。因此，分析语言发展的

---

① 据甘春妍博士学位论文《博罗畲语里汉语借词研究》第六章，2006 年，南开大学。

② 见曾晓渝《高田壮语的声调演变》，载《民族语文》2001 年第 1 期。

原因,必须结合语言赖以存在的人类社会。社会的发展变化可能导致语言的发展变化,它是语言发展的客观条件,社会的发展变化对语言发展的影响主要表现在以下几方面。

人类社会的进步推动语言的发展。人类社会经过了漫长的蒙昧阶段、野蛮阶段,近几千年来进入了文明阶段。随着人类社会这种由低级向高级的发展,新的事物、现象、观念就会不断地出现,这就要求语言产生新词;相反,随着一些旧的事物、现象、观念的逐渐消失,有些词也被淘汰。总的看来,语言的词汇是不断丰富的,新产生的词要比淘汰的旧词多,这可从不同时代的辞书、字书所收的词、字数量的变化上清楚地看出来。例如,东汉的《说文解字》收字 9,353 个,而当代的《汉语大字典》收字 56,000 左右,尽管其中有异体字和死字,字与词并不对应,但可反映出词汇丰富的趋势。再如,古英语(1100 年)大约只有 35,000 个单词。到 1700 年,英语的词汇大约已增长到 125,000 个单词。《韦氏新国际英语词典》第二版(1934)收词总数为 600,000 个。比较保守的估计,当前英语已达一百万个词[①]。随着人类社会的进步,人的思维也在不断精密、复杂,因而对事物、现象的认识也就越来越深入,这就要求语法结构更复杂。语法结构的复杂一方面表现在句式的增多,另一方面表现在修饰成分的增加,即定语、状语层数的增加。例如,比较一下古代汉语和现代汉语的句子就可看出,现代汉语书面语的句子比古代汉语长了[②],句式也比古代汉语多样了,这是汉人思维精密化在语言上的表现。

人类社会的分化推动语言的发展。人类社会的分化包括在地域上的分化和在社会特征上的分化,这两种分化都造成语言的发展变化。

人类社会,比如氏族、部落或部族,在经济不发达的情况下,由于人口的增加,不得不向四周扩散,使人口分布面积扩大。移民、战乱、军队远征等原因也使得人类社会在地域上出现分化。这样,原来同一个社会的成员在不同的区域内生活,交往不频繁,如果有高山大河、山林沼泽的阻隔,一个地区新语言现象的产生和旧语言现象的消失都不容易影响到其他地区,长期下去,原来统一的语言就会出现方言分歧。如果言语社会进一步分化,直至彻底分裂成不同的社会,不同社会之间的人们来往就更少,原来形成的方言分歧就会继续扩大,进而发展成各自独立的语言,即亲属语言。

---

① 见李赋宁编著《英语史》361 页,商务印书馆,1996 年。

② 除了句子结构复杂,复音词的增加也是造成句子长度增加的一个原因。

社会在地域上的分化造成语言发展的例子举不胜举。例如，苗族和瑶族原来都居住在我国，后来一部分迁到了越南、老挝、泰国等地，由于他们与我国的苗族、瑶族来往减少，他们的苗语、瑶语就与我国的苗语、瑶语出现了差别[①]。英语的英国方言和美国方言、西班牙语的西班牙方言和拉丁美洲方言也都是这样产生的。13 世纪蒙古帝国刚建立的时候，蒙古语是统一的，内部差别很小，但后来随着蒙古连年的对外征战，蒙古人随军远征，分散在广阔的欧亚大陆上。由于各地之间的来往减少，蒙古语的方言逐渐形成和发展起来，再后来蒙古帝国瓦解，蒙古语的某些方言进一步独立发展，成为独立的语言，如阿富汗的莫戈勒语、俄罗斯的布里亚特蒙古语、我国甘肃的东乡语、新疆的土族语、黑龙江的达斡尔语，都是从蒙古语中分化出来的独立的语言[②]。

人类社会在社会特征上的分化，指同一个社会内部的成员由于性别、年龄、职业、社会阶层等社会特征的差别而形成了不同的言语社团。具有不同社会特征的言语社团在语言表达上有自己的特点，使语言产生变异，语言变异从一个言语社团扩散到另一个言语社团，使语言发生变化。例如，在美国的纽约市，像英语 car（轿车），card（卡片），four（四），fourth（第四）这些单词中的 r 的发音与否，与说话人的社会地位和语体有密切的关系。在随意谈话、正规谈话和读文章时，中上层阶级倾向于发音，工人阶级倾向于不发音，中下层阶级居间，但在读词表和读成对词的时候，中下层阶级比中上层阶级更倾向于发音。从词的拼写就可以看出，英语的 r 最初无论在英国英语和美国英语中都是发音的。到 18 世纪末，r 在伦敦、波士顿、纽约英语中都消失了，但在美国的有些方言中还存在。但到 20 世纪五六十年代，r 又逐渐开始发音[③]。可见，纽约的中上层阶级倾向于发 r，是在领导英语新的变化。在我国，汉语各个方言都有老派和新派的分别，老派方言是中老年人持有的，新派方言是青年人持有的，新派方言代表着语言发展的方向。

人类社会的统一也会推动语言的发展。原来不很统一的社会或彼此独立的社会统一之后，原来不同的语言或方言之间的分歧就会影响人们在

---

① 见马学良主编《语言学概论》188 页，华中工学院出版社，1981 年。戴庆厦《社会语言学教程》174、178 页，中央民族大学出版社，1993 年。

② 参见高名凯、石安石主编《语言学概论》214 页，中华书局，1963 年版，1979 年第 6 次印刷。

③ 见〔英〕简·爱切生著，徐家桢译《语言的变化：进步还是退化》65—68 页，语文出版社，1997 年。

全社会范围内的交际，进而影响社会的统一或统一的巩固，影响社会的发展，于是，人们需要有一种能在全社会范围内使用的共同的交际工具。共同语就是适应这种需要而产生的，它往往是在一种影响大的方言的基础上形成的，同时也吸收了其他方言的成分。共同语对方言来说是一种高级形式，在社会充分统一、经济高度发达的条件下，方言就会服从共同语的发展趋势，逐渐缩小与共同语的差别（详见本章第二节）。

人类社会之间的接触是造成语言发展的重要因素。人类社会，包括不同的氏族、部落或部族、民族之间的接触交往，必然造成语言的接触。语言接触对语言的语音、词汇、语法各个层面都可能产生影响，最先出现的是借词，随着借词也可能借音，随着语言接触程度的加深还可能吸收别种语言的语法规则甚至形态。不同语言的接触不仅可以出现语言要素、规则的借用，还可能改变原有的语言成分或规则，以至改变语言的结构类型，甚至还可使有的语言被放弃使用，还可能出现由两种语言混合而成的混合语（详见本章第三节）。

有些语言事实的发展是由社会的发展造成的，但有些语言事实的发展却不能从社会的发展上找到原因。例如，据研究，原始印欧语曾有三个性、三个数、八个格，而在现代英语中的性都消失了，格在人称代词中还保留了三个，在名词（限于动物名词）中只保留了一个属格，数还保留了两个。上古汉语的宾语前置现象在现代汉语中消失了，中古汉语的入声在大部分北方方言中也消失了，这些都难从社会的发展上直接找到原因。社会的发展为语言的发展提供了客观条件，至于哪些语言事实要发展，语言事实向什么方向发展、采取什么方式发展，不决定于社会的发展，而决定于语言系统自身。

语言是符号系统，语言系统的各个组成部分之间以及每一个组成部分内部的各个成分之间，都处于互相联系、互相制约的关系之中，相互之间保持着平衡的状态以发挥交际作用。如果语言的某个组成部分，或某个组成部分的成分在外部因素的作用下发生了变化，破坏了原有的平衡，语言的其他部分就会相应地发生变化，重新调整相互之间的关系，以达到新的平衡。

例如，隋唐以后，汉语某些浊音声母及某些辅音韵尾在北方话中消失了，音系的简化使语言符号的区别受到了破坏，于是隋唐以后北方汉语的大量单音词变为双音词，双音词的比重大大地增加。古藏语原来没有声调，而现代藏语有些方言有声调，这些声调是后起的，是古藏语浊音消失、复辅音消失、韵尾简化后的补偿结果。凡是没有声调的藏语方言，如安多

方言，都有浊音、复辅音，韵尾也较复杂[①]。广西阳朔县高田乡壮语则是另一种情况，1 和 3 两个声调合并后，有的字韵腹中的长元音变成短元音，有的字韵腹中的短元音变成长元音，还有的字声母前产生了喉塞音[②]。再如，古典拉丁语有六个格，而到 7 世纪的民间拉丁语变成了两个格，格的减少使某些词语之间的关系不能清楚地显示出来，民间拉丁语就产生了一些介词来表达这些语法关系[③]。英语擦音的变化是语音系统在外在力量影响下自我调整的结果。英语在 18 世纪有以下 8 个擦音：

清音	f	θ	s	ʃ	h
浊音	v	ð	z		

f、θ、s 都有相对的浊音，而 ʃ 和 h 却没有，这显然是个不平行对称的系统。从 19 世纪开始，受到法语借词影响，产生了与 ʃ 相对的浊擦音 ʒ。与 h 相对的浊擦音没有产生，但在英语的很多方言中，h 已经消失[④]。在英语的这些方言中，擦音都变得平行对称了，这是语言系统自我调整的结果。

三、语言发展的特点

1. 渐变性　事物的发展有两种方式，一种是突变，一种是渐变，前者如地震、火山爆发、军事政变等，后者如物种的进化、人的性格的变化等。语言是人类最重要的交际工具，语言的这一性质决定了它的发展只能是渐变的而不是突变的。

语言是人类最重要的交际工具，人类社会的生活、生产以及人与人之间的关系主要靠它来维系和协调，为了满足人们的交际需要，语言必须保持稳定，语言经常变化不仅没有必要，也必然影响人们的交际。另一方面，社会的发展又需要语言随着它而发生变化，否则，也不能满足人们的交际需要。这两种方向相反的力量斗争的结果使语言只能是渐变的，渐变满足了这两方面的要求。除了新词的产生之外，语言其他方面的变化都是非常缓慢的，如语音、词义、语法的变化等等。例如，本节开头英文元音字母与实际读音不一致的现象，是近代英语长元音高化造成的，变化过程如下[⑤]：

---

① 见胡坦《藏语（拉萨话）声调研究》，载《民族语文》1980 年第 1 期。

② 见曾晓渝《高田壮语的声调演变》，载《民族语文》2001 年第 1 期。

③ 见高名凯、石安石主编《语言学概论》181 页，中华书局，1963 年版，1979 年第 6 次印刷。

④ 见〔英〕简·爱切生著，徐家桢译《语言的变化：进步还是退化》186 页，语文出版社，1997 年。

⑤ 见《中国大百科全书·语言文字》459 页，中国大百科全书出版社，1988 年。

晚期中古英语 (1400)	早期近代英语 (1450～1700)	晚期近代英语 (1700 以后)	例词	汉义
/iː/	/əi/	/ai/	mine	矿
/eː/	/eː/	/iː/	we	我们
/æː/	/eː/	/iː/	east	东方
/aː/	/æː/→/ɛː/→/eː/	/ei/	name	名字

从中古英语到近代英语长元音的高化过程大约发生在1400年到1750年之间，其间约350年。语法系统的变化更缓慢，重大的变化要经历很长的时间才能完成。例如，在远古时代，汉语代词作宾语位于动词之前，到先秦有些指示代词在凝固的格式中还是位于动词之前。另外，疑问代词作宾语还是前置于动词，在否定句中代词作宾语以前置于动词为常，但也可以后置于动词，如《诗经·魏风·园有桃》，就有"不知我者"。到汉代，否定句中的宾语后置于动词的情况更明显，疑问代词作宾语也开始后置于动词，到南北朝无论是否定句中的代词宾语还是疑问句中的代词宾语全都后置于动词[①]，代词从前置于动词到后置于动词的语序变化经历了一千多年。汉语量词系统的出现也是很缓慢的，先秦开始出现表示容器和度量衡的量词，汉代以后大量出现表示天然单位的量词，唐代以后开始出现动量词[②]，经历了一千多年，量词系统才逐渐完备。

2. 不平衡性　语言的各个组成部分与社会联系的紧密程度不同，因而对社会变化的反应速度也不相同，这就使语言中有的部分变化快一些，有的部分变化慢一些。和社会联系最紧的是词汇，它对社会变化的反应最灵敏，因而变化最快，几乎处在不停的变化之中；而语法和语音与社会的联系不紧密，社会的变化不会直接导致它们的变化，它们的发展就很缓慢，特别是语法结构，稳固性很强，不容易变化。因此，语言各个组成部分的发展是不平衡的。

语言的词汇是反映社会变迁的一面镜子，新的事物的产生，旧的事物的消亡，人们观念的变化，都会造成词汇的变化，使语言产生新词，淘汰旧词，或使词义改变。以汉语为例，1949年中华人民共和国成立后社会生活的变迁都会在汉语中造成一批词语，例如，"肃反、镇反、合作化、劳模、志愿

---

① 见王力《汉语史稿》（中册）357—368页，中华书局，1980年。

② 同上书，234—245页。

军、国营、大跃进、拔白旗、右派、赶英超美”是20世纪50年代的词语,“四清、蹲点、自留地、帝修反、红卫兵、上山下乡、干校”是20世纪60年代的词语,“反回潮、批林批孔、上管改、三个世界、老三届、病退、四人帮”是20世纪70年代的词语,“自考、万元户、倒爷、脑体倒挂、托福、反思、自由化、大女”是20世纪80年代的词语,“下岗、赞助、回扣、休闲、打假、下海、快餐、三陪、上网”是20世纪90年代以后的词语。社会的政治生活发生变化后,有些词语就很少使用了,甚至成为历史词语,如与“文化大革命”有关的词语。随着中国社会生活的变化,有些词语的意义也在发生变化,如“爱人、老乡、师傅、老板、小姐、同志”等。尽管词汇的变化比较快,但词汇中那些与日常交际关系特别密切的词的变化速度还是很慢的,而且用来构造新词的语素和规则都是语言中现成的,所以大量新词的产生不会影响人们对新词的理解和使用。

语言的语音系统与社会生活没有直接的联系,它的发展是很缓慢的,像从中古英语到近代英语的长元音高化的过程就经历了约350年。现代北京话的语音与明清相比,差别很小。这300来年声调没有变化,现代北京话的韵部比明清时多了一个车遮部[ə],声母多了一套[tɕ][tɕʰ][ɕ],这几个声母是从[k][kʰ][x]和[ts][tsʰ][s]中分化出来的。清初北京话的声母中还没有[tɕ][tɕʰ][ɕ],到清代后期这几个声母才从[k][kʰ][x]中分化出来,到清代后期[ts][tsʰ][s]中也开始分化出[tɕ][tɕʰ][ɕ]来①。

语法的发展更缓慢。在殷商汉语中,主谓结构、述宾结构、定中结构、状中结构、联合结构、同位结构都已经存在,双宾句式、连谓句式、兼语句式也已经存在,所不同的是没有动结式述补结构和动趋式述补结构,没有“把”字句式、“被”字句式、主谓谓语句式、存现句式②,这些结构和句式是唐宋后逐渐发展起来的。

第二节 语言的分化和统一

一、社会方言

社会方言是全民语言的分支,是由于说话人的社会特征的不同而产生

① 见王力《汉语语音史》414—431页,1985年,中国社会科学出版社。

② 见张玉金《甲骨文语法学》,学林出版社,2001年。

的语言变体。

说话人由于职业、性别、年龄、社会阶层以及文化程度等社会特征的不同而分化为不同的社会群体，在同一个社会群体内部，或由于工作的需要，或由于交往的频繁，或由于具有相同的社会心理，因而在语言表达上形成了不同于其他社会群体的特点，这些由于说话人的社会特征不同而产生的语言变异就是社会方言。具有同样社会方言的社会群体就是言语社团，社会方言是言语社团的标志，汉语中的"官腔"、"学生腔"、"娘们儿话"就是对某个言语社团的言语特点的概括。社会方言主要表现在词汇上，其次是语音上，在语法上的差别最小。

不同职业的人在言语表达上的差别主要表现在行话上，行话又叫"行业语"，是同一个职业或行业内部专门使用的词汇。比如花农、车工、医生、教师、京剧演员、足球运动员、警察等都有自己的一套行话。例如：

花农行业语：乔木、灌木、叶片、叶芽、叶脉、花芽、花冠、花期、顶芽、根尖、根系、根瘤、雄蕊、雄花、表土、肥土、盐土、培养土、块茎

车工行业语：游标尺、车刀、台阶轴、轴类零件、盘类零件、装夹、钻孔、扩孔、车孔、铰孔、乱扣、圆板牙、丝锥、平面漕、内漕、滚花、偏心距

京剧行业语：二黄碰板、西皮顶板、老生、老旦、文丑、花脸、青衣、文场、武场、大嗓、左嗓、丹田音、脑后音、塌中、走板、髯口、硬靠、蟒袍

科学技术术语也是行业语，比如"磁场、引力场、加速度、电介质、电荷"是物理学的行业语，"正数、负数、代数、函数、通分、方程式"是数学的行业语，"元音、辅音、词根、义素、黏着、预设、构拟"是语言学的行业语。有些秘密集团，比如盗窃集团、贩毒集团、乞丐集团、土匪集团、宗教集团等，为了保密的需要，也有自己专门的一些行话，这些行话叫做隐语，也叫黑话，小说《林海雪原》中的杨子荣就是因为熟练地掌握了土匪的黑话而成功打入匪窟的。

年龄对语言表达的影响主要表现在词汇和语音上，在语法上的表现比较小。在北京话中，青年人使用亲属词（如"大爷、大妈、大叔"）称呼上一辈非亲属的陌生人的比例已经比中老年人大大下降[1]。在东北，老年人使用的一些词青年人已经不用，如"电道"（马路）、"胰子"（肥皂）、"屁驴子"（摩托车），而年轻人使用的一些词语老年人也不用，如"贼盖"（特别好）、"盖了

① 见陈松岑《社会语言学导论》134页，北京大学出版社，1985年。

帽儿了”(好得不得了了)、“鼻儿故了”(死了)[①]。在上海话中,语音系统的差别主要表现在老派、新派和少年派三个年龄层次上。老派有 32 个声母,新派有 33 个声母(比老派多一个[ʑ]),少年派有 32 个声母(比新派少一个[ʔŋ]);老派有 48 个韵母,新派有 42 个韵母,少年派有 36 个韵母;老派有 6 个声调,新派和少年派有 5 个声调[②]。在美国东北部离海岸不远的马萨葡萄园岛上,像 right,house 这些词中的复合元音正在发生高化,如[ai]→[əi],[au]→[əu]。这样的变化主要在 30 到 45 岁的人中发生,比这个年龄段大的或小的人很少发生这样的变化[③]。在景颇语中,句末的助词可以表示主语的人称和数,也可以表示体和语气。但年轻人在使用句末助词时已经不严格,比如[sai^{33}]是表示第三人称、单数、完成体、陈述语气的助词,而有些年轻人也用它指第一人称单数[④]。

性别对语言表达的影响在语音、词汇、语法上都有表现。汉语北京话中有所谓的“女国音”现象,年龄约 15 到 35 岁的年轻女性发[tɕ][$tɕ^h$][ɕ]的时候发音部位前移,发成接近[ts][ts^h][s]的音。在蒙古语喀尔喀方言达尔哈特土语中,女性发的元音比男性更靠前[⑤],形成如下的对应:

男性	u	o	ʉ	ə
女性	ʉ	ə	y	ø

在西伯利亚的楚克奇语中,男性常将两个元音之间的/n/和/t/去掉,而女性则无此现象。在英语中,adorable(极可爱的),charming(有魅力的),divine(好极了),lovely(极可爱的),sweet(甜蜜的)几个词女性常用,而男性很少用。在美国加利福尼亚北部雅那印地安语中,男女对同一事物有不同的名称[⑥],例如:

	男人	女人
火	’auna	’auh
我的火	’aunija	’au’nichʻ

① 见孙维张《汉语社会语言学》295 页,贵州人民出版社,1991 年。

② 许宝华、汤珍珠、汤志祥《上海方音的共时差异》,载《中国语文》1982 年第 4 期。

③ 见〔英〕简·爱切生著,徐家桢译《语言的变化:进步还是退化》71 页,语文出版社,1997 年。

④ 见戴庆厦《社会语言学教程》161 页,中央民族大学出版社,1993 年第 1 版,1996 年第 2 次印刷。

⑤ 见陈松岑《社会语言学导论》124 页,北京大学出版社,1985 年。

⑥ 见〔美〕布龙菲尔德《语言论》50 页,商务印书馆,1980 年。

鹿　　bana　　ba‘

在语法上,美国女性比男性更喜欢使用第一人称复数形式,更常在陈述句后面加上反问,如 they caught the robber last week,didn't they?(他们上星期抓住了抢劫犯,是不是?)另外,女性也比男性更常用 sort of(有几分),I guess(我猜测)表示不肯定的语气①。

社会阶层对语言表达的影响也是明显的。中国有几千年的封建社会的历史,封建的士大夫阶层有一些表示尊卑的词语,这些词语是平民百姓不使用的。例如,称自己为"在下",称对方为"阁下、足下";称自己的父母为"家父、家母",称对方的父母为"令尊、令堂";称自己的儿子女儿为"犬子、小女",称对方的儿子女儿为"令郎、令爱/嫒";称对方的家为"府上",称自己的家为"寒舍"。上文曾说到,美国英语 r 的发音与否,与说话人的社会地位和语体有密切的关系。在英国诺里齐英语中,ng 有[ŋ]和[n]两种发音,[ŋ]被认为是标准形式,[n]被认为是非标准形式,发哪个音与社会阶层有密切的关系。社会阶层越高,把 ng 发成[ŋ]的比例越高;社会阶层越低,把 ng 发成[n]的比例越高。另外,语体越随意,发[n]的比例越高;语体越正式,发[ŋ]的比例越高②。

文化程度对语言表达的影响也是明显的,文化程度越高的人越倾向于使用语言的标准形式,少使用方言俚语。文化程度与职业和社会阶层密切相关,文化程度高的人往往职业的社会地位也高,所属的社会阶层也高。

每个人都具有几个社会特征,因而属于几个言语社团,可以具有几种社会方言,言语表达中采用哪种社会方言同时与几个社会特征有关。比如汉语北京话的女国音,既与性别有关,也与年龄有关;英国诺里齐英语中 ng 的发音既与社会阶层有关,也与性别有关,每个阶层的女性都倾向于使用标准形式。另外,社会方言与语体有密切的关系,语体越正式,越倾向于采用标准形式,反之,就倾向于采用非标准形式。由于语言表达可以反映语言使用者的社会特征,刑事侦查人员就可以根据电话录音和书面语篇来分析作案人的身份、年龄、职业、性别,为破案提供线索。优秀的作家也根据人物的特点来设计人物语言,为塑造丰满的人物形象服务。

---

① 见徐大明、陶红印、谢天蔚《当代社会语言学》86 页,中国社会科学出版社,2004 年。

② 见徐大明《语言变异与变化》183 页,上海教育出版社,2006 年。

二、地域方言

地域方言(简称“方言”)是全民语言的变体,是全民语言在不同地域上的分支。

全民语言体现在它的各种社会方言和地域方言上,以社会方言和地域方言的形式存在,社会方言和地域方言都是全民语言的具体表现形式。比如现代汉语,既体现于普通话,也体现于官话、吴方言、粤方言等方言,汉语普通话和汉语的各个方言都是汉语,是汉语的不同变体,而汉语普通话内的和各个地域方言内的社会方言,也是汉语的变体。

有的语言,其地域方言差别较小,如俄语分南北两大方言,方言之间的差别主要在几个字母的读音上。非重读的字母 o 在南部方言读 a,在北部方言读 o;辅音字母 г 在南部方言读浊擦音 ɣ,在北部方言读浊塞音 g;动词现在时第三人称-т 在南部方言发软音-ть,在北部方言仍读硬音-т。有的语言,其地域方言之间的差别很大,如德语分南北两大方言,两个方言区之间若不借助共同语就不能通话。汉语方言之间的分歧也很大,过去分官话、吴语、赣语、湘语、粤语、闽语、客家话七个方言,现在把晋语、徽语、平话独立出来成为十个方言。除了官话大体上可以听得懂以外,其他方言之间、甚至同一个方言区(如浙南吴语与苏南吴语、福州话与厦门话)之内也不能通话。

方言是经历了许多时代逐渐形成的,是社会在地理上分化的结果。具体说来,方言的产生有以下几个原因。

1. 人口分布面积的扩大。这是方言形成的基本原因。距今 6000 年的仰韶文化分布范围达 50 万平方公里,距今 5000 年的龙山文化分布范围达 150 万平方公里[①],即使在交通发达的今天,生活在这样广袤的地域里,人们的交往也是极不方便的,久而久之,距离较远的人们就产生语言的分歧,形成方言。

2. 集体的迁徙、移民。这是方言产生的重要原因。例如,汉语客家方言、闽方言、赣方言的形成和发展都与中古以后中原地区向南方移民有密切的关系。客家先民第一次大规模南迁发生在西晋永嘉之乱之后,他们自河南的并州、司州、豫州等地迁至江西中部今赣方言区一带。客家先民第

---

① 见北京大学中文系现代汉语教研室编《现代汉语专题教程》334 页,北京大学出版社,2003年。

二次大规模南迁发生在唐末和五代十国时期，河南西部、安徽南部以及已经南迁江西的移民继续南迁，到达闽西及赣南一带。客家先民第三次大规模南迁发生在南宋末年，蒙古人南侵，中原汉人随抗元义军南迁至粤东和粤北一带。这三次南迁的中原移民，大都定居在山里，长期与北方隔绝，不容易受外来影响，保存了原来的语言面貌，大体上奠定了闽、粤、赣三省客家话的独立体系①。

3. 与其他方言或语言的接触。这也是方言形成的重要原因。例如，皖南的徽州方言历史上曾经是吴方言的一部分，它北面与江淮官话接触，南面与赣方言接触，因而它具有这三个方言的特点：韵母系统有较多的吴方言特征，声母系统有赣方言的主要特征，还有江淮官话的若干特征②。再如，官话大部分地区有阴平、阳平、上声和去声四个声调，但甘肃、新疆、宁夏的西北官话有三个声调（乌鲁木齐汉语有阴平、阳平和去声，甘肃天水和宁夏银川有平声、上声和去声），这是汉语长期与无声调的阿尔泰语接触造成的。

4. 地理因素。这也对方言的形成起一定作用，高山、大河、沙漠、沼泽能阻碍人们往来，造成方言分歧。例如，壮语分南北两个方言，就是以邕江为界。闽语内部方言差别比其他方言都大，就与福建大部分地区是山区有关。山西的太行山区、吕梁山区和陕北的黄土高原与中原交通不方便，因而这些地区使用的是北方话中最保守、与其他北方话有明显差异的晋陕官话；而紧挨着黄土高原的关中平原、太行山与吕梁山之间的临汾盆地和运城盆地则因为与中原地区交通方便，使用的是中原官话③。河流可以阻碍交通，但也可以方便上下游的交通，使上下游联系紧密，比如，长江一方面把吴语与江淮官话隔开，另一方面沟通了江淮官话。

方言的分歧主要表现在语音上，词汇的差别次之，语法上的差别最小。以汉语方言为例，语音的差别主要表现在声母的繁简、辅音韵尾的多少以及调类的差别上。例如，吴语塞音声母有浊塞音 b、d、g，不送气清塞音 p、t、k，和送气清塞音 p^h、t^h、k^h 三套，官话只有后两套。粤语辅音韵尾有 m、n、ŋ、p、t、k 六个，苏州话有 n、ŋ、ʔ 三个，北京话有 n、ŋ 两个。粤语有阴平、阳

① 见《中国大百科全书·语言文字》138 页，中国大百科全书出版社，1988 年。

② 见北京大学中文系现代汉语教研室编《现代汉语专题教程》333 页，北京大学出版社，2003 年。

③ 见北京大学中文系现代汉语教研室编《现代汉语专题教程》335 页，北京大学出版社，2003 年。

平、阴上、阳上、阴去、阳去、上阴入、中阴入、阳入九个调类，北京话有阴平、阳平、上升、去声四个调类。汉语方言间词汇的差别比语音小，但细看也有不少，例如，闽、粤、吴等方言都有一些从古代汉语继承的文言词，像粤语常用的“睇”(看)、“企”(站)、“行”(走)，闽语常用的“鼎”(铁锅)、“目”(眼睛)、“箸”(筷子)等等。此外，各方言都有一些方言词，在构词、词义、词的价值上也有一些差别①。汉语方言语法的差别主要表现在实词的重叠、虚词(如助词、语气词)的用法、以及语序、句式上。再如，藏语也有方言的分歧，各方言的差别也突出地表现在语音上，包括声调的有无、清浊音对立的有无、韵尾的多少。在词汇、语法上也有差别。

既然方言之间的差别在语音上表现得最明显，方言的分区就应该主要以语音差别为标准。

方言的分区就主要在语音上寻找区别性的特征，同时参考词汇、语法方面的差别。以汉语方言的划分为例，以下几条是方言分区的主要标准②：1) 有无清、浊声母系统的对立以及中古全浊声母的演变规律。2) 有无塞音韵尾以及中古入声韵的演变规律。3) 有几种鼻音韵尾以及中古阳声韵的演变规律。4) 有几套塞擦音声母以及中古精、知、庄、章组声母的演变规律。除了考虑这些语音差别外，也要参考词汇、语法的一些差别，例如，闽语常用的“厝”(房子)、“鼎”(铁锅)、“刣”(宰杀)、“冥”(夜晚)等在别的方言中没有，而在闽、粤、浙、台各省的闽语中却都普遍存在，可以配合语音方面的标准把它作为确定闽语的重要依据。再如，人称代词复数加“哋”(如“我哋、你哋、佢哋”)这种现象，除了粤语之外，还没有在其他方言中发现，可以作为确定粤语的一个标准③。再如，国内藏语分区的标准是声调的有无、清浊音的对立、韵尾的多寡三个，根据这三个标准，国内藏语分为卫藏方言、康方言、安多方言。各方言区内部还有较大差别的话，可以进一步往下分为次方言、土语。

三、亲属语言

方言形成以后，如果社会仍然处于不充分统一或分化状态，它就一方

① 见《中国大百科全书·语言 文字》144—145页，中国大百科全书出版社，1988年。

② 见北京大学中文系现代汉语教研室编《现代汉语专题教程》339页，北京大学出版社，2003年。

③ 见《中国大百科全书·语言 文字》140页，中国大百科全书出版社，1988年。

面保持自己的特点，作为某个方言区共同的交际工具，另一方面又要服从自己所从属语言的发展趋势，继续作为该语言的方言，几千年来封建社会中的汉语就是处于这样的状态。如果不充分统一的社会继续分化，最终分化为若干独立的社会，原来形成的地域方言的差别就会继续扩大，走上独立发展的道路，成为独立的语言，这些从同一种语言中分化出来的若干独立的语言就是亲属语言。例如，公元十四五世纪蒙古帝国瓦解后，蒙古语的某些方言进一步独立发展，成为独立的语言，即阿富汗的莫戈勒语、俄罗斯的布里亚特蒙古语、我国甘肃的东乡语、新疆的土族语、黑龙江的达斡尔语，这些语言就是亲属语言。再如，法语、西班牙语、葡萄牙语、意大利语、罗马尼亚语等语言，是公元5世纪西罗马帝国垮台后由拉丁语的方言演变成的亲属语言。这些具有共同来源的亲属语言称为“子语”，它们所从分化出来的语言称为“母语”、“原始语”、“基础语”，而汉语、蒙古语、阿拉伯语则不是亲属语言，因为它们没有共同的来源。“亲属”也好，“母语”、“子语”也好，都是比喻的说法，并非真正生物学上的“亲属”、“母子”。生物学上的母子可以同时存在，也可以几代同堂，而语言学上的母语、子语则不可同时存在，新的语言形成了，旧的语言也就消失了。“亲属”指的是有共同的来源关系，“母语”、“子语”指的是有发展关系。例如汉语是原始汉藏语在汉语地区的发展、延续，藏语是原始汉藏语在藏语地区的发展、延续。

语言之间有无亲属关系，要看语言之间是否在一系列的词中存在语音对应关系。例如：

	英语	荷兰语	德语	丹麦语	瑞典语	
house	haws	høɥs	haws	huːʔs	huːs	房子
out	awt	øɥt	aws	uːʔð	uːt	出；在外
brown	brawn	brøɥn	brawn	bruːʔn	bruːn	棕色的

英语 aw、荷兰语 øɥ、德语 aw、丹麦语 uːʔ、瑞典语 uː 之间存在着对应关系，有这样对应关系的词还可以找到其他一些[①]，这几种语言都是亲属语言，来源于原始日耳曼语。

亲属语言是地域方言进一步发展的结果，地域方言的差别到多大仍然是方言，到多大才算是亲属语言，不能只考虑语言本身，还要考虑与语言有关的政治、历史文化等因素[②]。汉语方言之间的差别很大，除官话大体上可

① 见徐通锵《历史语言学》76页，商务印书馆，1991年。

② 见赵元任《语言问题》100页，商务印书馆，1980年。

以听得懂以外，其他几种方言之间都很难通话；而东欧的几种语言，如俄语、白俄罗斯语、乌克兰语之间大体上可以通话，德语与荷兰语之间，北欧的挪威语、瑞典语、丹麦语之间基本上都可以通话。尽管汉语的方言之间的差别比上述语言之间的差别还要大，但汉语方言也不能看作彼此独立的亲属语言，这是因为自古以来汉民族就是一个统一的民族，大部分时间都属于一个国家，而且各方言之间有共同语作为交际工具，还有共同的书面语。俄语、白俄罗斯语、乌克兰语之间，德语与荷兰语之间，挪威语、瑞典语、丹麦语之间尽管可以交际，但它们都属于不同的民族，而且也都属于不同的国家，互相可以通话的语言之间也不存在一个作为高级形式的共同语。因此，判定语言身份的时候不仅要考虑语言本身的差别，还要考虑与语言有关的政治文化方面的一些因素。

四、语言的谱系分类

可以根据语言之间有无共同的来源对世界上的语言进行分类，这种分类叫谱系分类。凡是有共同来源的语言组成一个大类，即语系，同一个语系之内再按照语言来源关系的远近依次分为若干语族、语支，如果有必要语支还可再分为若干语群，否则，语支之内就是若干独立的语言。同一个语支之内语言分化的时间最短，语言之间相似程度最大，亲属关系最近，而同一个语族之内但不是同一个语支的语言之间的亲属关系就要远一些，同一个语系之内但不是同一个语族的语言之间的亲属关系就更远，不是同一个语系的语言没有共同的来源，无亲属关系。判断有无亲属关系的标准是看语言之间在语音、语法、词汇等方面有无成系列对应的同源成分。

由于世界上很多语言还没有得到充分的研究，因而世界的语言应该分成多少语系语言学界还没有一致的结论，大体上可以分为下列若干语系：印欧语系、汉藏语系、乌拉尔语系（如芬兰语、匈牙利语）、阿尔泰语系（如蒙古语、维吾尔语）、闪—含语系（如阿拉伯语）、高加索语系（如格鲁吉亚语）、南亚语系（如高棉语）、南岛语系（如马来语、高山语）等等（参见附录“世界语言的谱系”）。有的语言如日语、朝鲜语、越南语等至今系属不明。

印欧语系是世界上使用人口最多、分布区域最广的一个语系，印欧语系语言的通行区域包括整个欧洲、美洲、澳大利亚、新西兰、以及非洲和亚洲的许多地区，使用印欧语系语言的人口近 20 亿，联合国的六种工作语言中就有英语、俄语、法语、西班牙语四种是印欧语系的语言。印欧语系也是研究得最充分、最深入的一个语系，语言学家已获得了印欧语系语言亲属关系的确凿证据，而且也很有把握地认为原始印欧语起源于黑海以北的地区[①]。

汉藏语系也是世界上的大语系之一，包含的语言约三四百种，使用人口超过10亿，仅次于印欧语系。根据国内较通行的说法，汉藏语系除汉语外还有藏缅、苗瑶、侗台三个语族，主要分布在亚洲各国，特别是中国。

中国境内有80多种语言，分属5个语系，其中35种属于汉藏语系，19种属于阿尔泰语系，3种（佤语、布朗语、崩龙语）属于南亚语系，3种（阿眉斯语、排湾语、布嫩语）属于南岛语系，2种（塔吉克语、俄语）属于印欧语系，还有系属不明的朝鲜语、京语。

五、共同语

共同语通常指民族共同语，是在同一民族的不同区域共同使用的交际工具，如汉语的普通话。共同语是适应社会统一后人们在全社会范围内交际的需要而产生的，是社会统一的产物。在一个统一的社会里，方言分歧给不同地区之间的交际造成困难，这就需要产生一种共同的语言，作为各个方言区之间的交际工具，共同语就是适应这样的社会需要而产生的。中国古代的“雅言”“通语”都是当时的共同语，不过因为当时社会不充分统一，方言没有统一的势头，“雅言”“通语”对方言的影响并不大，只是作为各地沟通交流的工具。

共同语往往在某个方言的基础上形成，作为共同语基础的方言叫基础方言，如汉语的北方话就是汉语普通话的基础方言。以哪种方言作为共同语的基础方言决定于该方言社会在政治、经济、文化等方面的地位，往往是政治中心，经济、文化发达的地区的方言成为基础方言。汉语北方话成为汉语普通话的基础方言主要是政治的原因，另外也与文化，乃至人口有关。自秦汉以来的大部分时间，北方是中央政府的所在地，北方话的威望比较高。自宋代以来，许多重要的文学作品，如宋元话本、元曲、明清小说，都是用北方话写的。此外，说北方话的人口占说汉语人口的大多数。因为这些原因，北方话成为汉民族共同语的基础方言。伦敦方言成为英吉利共同语的基础方言主要是经济的原因。英国工业革命后，伦敦成为工业中心，大量持外地方言的农民进入伦敦成为工人。由于共同交际的需要，就在伦敦方言的基础上吸收其他方言的成分发展成英吉利民族共同语。多斯岗方

① 见《中国大百科全书·语言 文字》256页，中国大百科全书出版社，1988年。

言成为意大利共同语的基础方言则主要是文化的原因。意大利在统一前，但丁、彼特拉克、薄伽丘这些著名的文豪就用多斯岗方言写作，他们的作品流传到整个意大利半岛，意大利共同语就是在多斯岗方言的基础上形成的。

共同语的词汇和语法以整个基础方言为主要来源，但它的语音则只能是基础方言区域内某个地点的语音，不能夹杂其他地点的语音成分。例如，汉语普通话的语音就是以北方话的北京音为标准音，意大利共同语以多斯岗地区的首府佛罗伦萨的语音为标准音。共同语以某个方言为基础方言，是说共同语的词汇和语法是从基础方言中吸收的，但这两者的词汇和语法并不相同，基础方言的很多词和语法现象并没有进入共同语。另外，共同语也还可以从其他方言甚至语言中吸收一些词和语法规则。

共同语对方言来说是一种高级形式，它对方言的音系、词汇、语义、语法各个组成部分都有影响，方言的发展趋势不能偏离它太远。例如，隋唐以后，汉语中的浊塞音、浊塞擦音、浊擦音还只在吴语、湘语中保存着，在很多方言中都已消失。但是近年来，这些浊音在说湘语的大城市，如长沙、株洲、宜阳方言中也消失了，这是受普通话影响的结果，至于各方言词汇受普通话影响的现象就更多了。但共同语的推广、普及需要相当长的过程，这往往需要社会的高度统一和经济、文化的高度发达，几千年来的汉语正因为缺乏这样的社会条件才使得方言间的分歧如此之大。

除了同一个民族内部的不同方言间需要有一个共同语外，在一个多民族的国家内，不同的民族之间也需要有一个共同语，这种共同语又叫"国语"，如中国的汉语、俄罗斯的俄语、印度的印地语、澳大利亚的英语等都是这样的共同语。有的国家有几种国语，如加拿大的英语和法语、瑞士的德语、法语、意大利语和罗曼茨语，这几种国语往往在通行区域上有差别。

第三节　语言的接触

一、借用

语言的接触对语言的影响首先表现在借用上，语言间的借用首先是借词。借词又称外来词，是意义和形式（词的语音形式或结构形式）从其他语言中借来的词。例如，从英语借入汉语的"吉普、沙发、扑克、卡车、声纳、镭射"；从藏语借入汉语的"喇嘛、糌粑"；从希腊语借入英语的 myth（神话），

geometry(几何学),gymnastics(体育),tragedy(悲剧),philology(语文学);从拉丁语借入英语的 formula(公式),inertia(惯性),veto(否决),stratum(地层),area(地面),genius(天才)。

借入语言所需要的是借词的意义,只要能把意义吸收进来,借用的方式可以多种多样。音译型是最常见的一种,是用本民族语言的音翻译外民族词的音而产生的。以下几例都是汉语中的音译型借词:“巧克力”、“可口可乐”、“坦克”(源自英语),“喀秋莎、伏特加、裂巴”(源自俄语),“馕”(源自维语),“穆斯林”(源自阿拉伯语);以下几例是维语借自汉语的音译词:laza(辣椒)、leghman(拉面)、sangza(馓子)、sang(仓)、dianbao(电报);以下几例是英语借自法语的音译词:station(车站)、prince(王子)、ballet(芭蕾舞)。半音译半意译的混合型也是常见的一种,汉语的“啤酒、酒吧、面的、卡片、芭蕾舞、新西兰、剑桥”就是一半用汉语的语素表示意义、一半翻译英语词语音的借词。再如,英语的 tung-oil(桐油)是用 tung 音译汉语的“桐”、用 oil 意译汉语的“油”造成的借词,Gunpowder(高末儿)是用 Gun 音译汉语的“高”、用 powder 意译汉语的“末儿”造成的借词,维语的 xin-palaz(粗毯)是用 xin 音译汉语的“线”、用 palaz 意译汉语的“毯”造成的借词。第三种是仿译词,即用本民族语言的语素逐个对译外语词的语素造成的词。例如,汉语的“黑板”译自英语的 blackboard,“足球”译自英语的 football,“蜜月”译自英语的 honeymoon。英语的 goldfish 译自汉语的“金鱼”,brick tea 译自汉语的“砖茶”,tile tea 译自汉语的“瓦茶”,wood oil 译自汉语的“桐油”。用本民族语言的语素翻译外语词的意义造成的意译词,如汉语的“话筒、水泥、连衣裙、火箭炮、建筑、交响乐”等不是借词。

语言中的借词可能是不同的历史时期、从不同的语言中借入的,因而处于不同的时间层次。以汉语为例,“狮子、骆驼、琉璃、玻璃、苜蓿、葡萄、苹果、菠菜”是西汉张骞出使西域后从西域诸国进入汉语的借词,“佛、菩萨、罗汉、魔、阎罗、地狱、和尚、僧、塔、禅、忏悔、刹那”是东汉末佛经传入中国后从梵语进入汉语的借词,“基督、弥撒、阿门、撒旦、亚当、夏娃、伊甸园、诺亚方舟、犹大”等是鸦片战争前从西方语言进入汉语的基督教借词,“雷达、卡路里、歇斯底里、吗啡、吉他、布尔什维克、纳粹、香槟、三明治、沙拉、派司、摩登、引得、蒙太奇”是“五四”以后从西方语言中进入汉语的借词,“瓦斯、俱乐部、腺、吨、科学、催眠、抽象、绝对、积极、错觉、象征、大本营、劳作、茶道、民主、革命、生产、浪人”是日语从汉语中借去、而“五四”以后又从日语借入汉语的词(这些词的意义与从汉语中借出时不同,汉语只借用了

这些词现在的意义，读音仍用汉语的，不用日语的），“托福、欧佩克、克隆、卡那霉素、白内停、速灭杀丁、比基尼、汉堡包、比萨饼、波音、迪斯科、艾滋病、派对、T 恤、桑拿浴、保龄球、AA 制、CD、UFO、MBA、GDP”是当代从西方语言进入汉语的借词。英语的词语中约一半多是借词，这些借词也是不同的时代从不同的语言进入英语的。

借词产生后即成为借入语言的词汇成员，要受到借入语言的语音、语法、语义各方面规则以及使用习惯的制约。例如，法语词的重音在词的最后一个音节，而英语词的重音则没有这样的规则，因而 crocodile（鳄鱼），leopard（豹），poverty（贫穷），final（最后的），substance（物质）借入英语后重音都移到词的第一音节。儿化是汉语特有的音变现象，有的外语借词进入汉语后也可以儿化，如“吉普儿、卡片儿、坦克儿、（小）和尚儿”等。英语的 beef，mutton，pork，veal 是从法语借入的，法语原词本来既分别表示“牛”、“羊”、“猪”、“小牛”，又分别表示“牛肉”、“羊肉”、“猪肉”、“小牛肉”，借入英语后只保留了后一意义，这是因为英语中原有表示动物名称的 ox（牛），sheep（羊），swine（猪），calf（小牛）。汉语的“卡通”源自英语的 cartoon，cartoon 在英语中有三个义项：“草图、底图”；“（尤指政治性）漫画，连环画”；“动画片”。但在汉语中，“卡通”只有“动画片”一个义项。汉语的“茶”被借入俄语后成为 чай，随着俄语的名词也有了性、格乃至数。

随着借词，也可能把对方语言的音位借进来。例如，汉藏语系诸语言中都有汉语的借词，有些语言在从汉语借词时也吸收了汉语的音。藏缅语族彝语支语言普遍缺乏复元音，随着汉语借词的增加各语言都或多或少地增加了一些复元音。如纳西语增加了 ie、iæ、ia、io、ue、uæ、ye、yæ 八个复元音韵母，哈尼语增加了 ie、ia、iɔ、iɤ、ue、ua 六个复元音韵母，哈尼语还增加了声母 f①。苗瑶语族语言的声母比较多，借用汉语的老借词（历史上的）时一般不增加声母，而从西南官话借用新借词（解放前后的）时分别吸收了 f、ts、ts^h、z、ɕ 等声母。苗语支语言（苗语和布努语）的韵母比较少，许多地方增加新借词时增加了舌尖元音 ɿ，有的还增加了带 i、u 介音的韵母②。壮侗语族的侗语在吸收汉语的新借词时增加了 tj、t^hj、ts、ts^h、f、wj 和舌尖元音 ɿ③。

语法规则也可以借用。例如，侗语车江话受汉语的影响发生了以下变

---

① 见马学良主编《汉藏语概论》563 页，北京大学出版社，1991 年。

② 见马学良主编《汉藏语概论》770 页，北京大学出版社，1991 年。

③ 见梁敏《侗语简志》21 页，民族出版社，1980 年。

化。1）语序的变化。名词性的偏正词组，侗语固有的语序是除数量修饰语在名词之前外，其他修饰成分都在名词之后，但新借的汉语词组都采用汉语前偏后正的语序。在吸收了汉语结构助词“的”(tji)之后，不但被借用的汉语词组使用前偏后正的语序，而且这种语序还扩散到本族语中的固有词组。2）单音动词原来没有重叠形式，在汉语的影响下这种用法也逐渐普遍起来。3）吸收了不少汉语虚词，如助词“的”，介词“比、连、为”和连词“因为、所以、虽然、但是”等等①。再如，“五四”以后，汉语受西方语言的影响，除产生了一些新的词缀，如“性、化、度”之外，还产生了一些新的语法现象。例如，“被”字句除了表达不如意的事外，也可以用来表达如意的事（如“他被选为工会主席”）；强调偏正复句的正句时，可以把它前置于偏句（如“之所以……是因为……”）；联合词组的几个并列成分中的最后一个之前加“和”（如“北京、天津和上海”），等等。在汉族与少数民族杂居的地区，汉语还借用少数民族语言的语法成分和规则。例如，汉语的常规语序是主—动—宾，而藏语的常规语序是主—宾—动，但青海的汉语方言由于长期受藏语的影响，常规语序也变成了主—宾—动②。

二、双语现象

双语现象，也叫“语言兼用”，指个人或集体经常使用两种或两种以上语言的现象。

双语现象是语言接触造成的，具体说来有两种情况。一种情况是不同的民族长期杂处，由于交际的需要自然地形成双语现象。例如，我国云南怒江傈僳族自治州的人口有36.6万(1982年)，有傈僳、白、怒、普米、彝、独龙、纳西、藏、傣、景颇、汉11个民族，其中有6万人除了讲自己的母语外，还会讲汉语。云南西双版纳的基诺族，除了母语基诺语之外，基诺人还会使用汉语。在本民族内部使用基诺语，与汉人交际使用汉语。在新疆，哈萨克、蒙古、锡伯、乌兹别克、柯尔克孜等少数民族除了讲自己的母语外，还会讲维吾尔语③。在欧洲，不少人除了讲自己的母语外，还会讲几种其他欧洲语言，如瑞士人大多懂德语、法语和意大利语。另一种情况是政府规定使

---

① 见梁敏《侗语简志》78—79页，民族出版社，1980年。

② 见程祥徽《青海口语语法散论》，载《中国语文》1980年第2期。

③ 见戴庆厦《社会语言学教程》135页，中央民族大学出版社，1993年第1版，1996年第2次印刷。

用两种或几种语言，因而形成双语个人或集体。例如，新加坡规定英语、华语、马来语、泰米尔语四种语言为官方语言，肯尼亚规定英语为第一官方语言，斯瓦希里语为第二官方语言，这样的双语社会是政府利用行政力量造成的。

中国是多民族的国家，汉语是各民族之间的族际语，各个少数民族都有操母语和汉语的双语者。在汉族与少数民族杂居的地区，也有汉人会讲少数民族语，例如，四川阿坝藏族羌族自治州理县的汉族会讲羌语，云南芒市的不少汉人会讲傣语[①]。

与双语相似的是双言现象，即一个人可以使用两种方言的现象。例如，在中国，在外地工作、学习的人或文化程度较高的人既会讲本方言，也会讲普通话。在两种方言毗邻的地区，有些人也会讲两种方言。

同一个人所掌握的几种不同语言或方言，都有不同的使用地区、场合、对象。例如，加拿大是双语国家，法语在魁北克、新不伦瑞克等地使用，其他大部分地区都使用英语。在中国的少数民族地区，操本民族语和汉语的人可能在社会上、与汉族人交际时用汉语，而在本民族、家庭内部使用本族语。一个操本地方言和汉语普通话的人可能在正式场合说普通话，在非正式场合说本地方言。

三、语言转用

语言转用指一个民族或一个民族的一部分成员放弃自己的母语而改用另一种语言的现象，也叫语言替换、语言换用、语言融合。

语言转用是随着不同民族的接触或融合而出现的，是不同的语言统一为一种语言的形式之一。在人类历史发展的长河中，氏族合并为部落，部落合并为民族，不知发生过多少语言转用，那些被放弃的语言，特别是小语种，已经无处可考了。例如，我国史书有零星的记载，春秋初期，华夏周围的南蛮、北狄、东夷、西戎诸部落或部族与华夏语言不同。到后来，这样的记载已经见不到了，这表明这些部落或部族与华夏融合在一起了，它们的语言也被汉语替代了。两汉以后，我国北方的匈奴、鲜卑、羯、氐、羌等民族与汉族融合；隋唐以后，契丹、女真（包括后来的满）也与汉族融合。随着民族的融合，这些民族的语言都被汉语替代了。公元前 1 世纪到公元 3 世纪，

---

① 见戴庆厦《社会语言学教程》133 页，中央民族大学出版社，1993 年第 1 版，1996 年第 2 次印刷。

罗马人占领了现在的法兰西后，罗马人说的拉丁语替代了本地的高卢语，这个地区的拉丁语后来演变为法语。不过，被放弃的语言不一定消失得无影无踪，有可能会在胜利的语言中留下一些语言成分。

语言转用可分为整体转用和部分转用。整体转用指整个民族的全体成员都放弃自己的母语而改用另一种语言，我国的回族就属于这种情况。回族的先民是中亚各族人、波斯人以及阿拉伯人，他们自 7 世纪末陆续从中国的东南和西北方向迁移到中国。他们原来的母语是阿拉伯语、波斯语等语言，由于他们长期分散在中国各地，与汉族杂居，语言交际的需要使他们放弃了自己的母语而改用汉语[①]。他们不仅与汉族和其他民族交际时使用汉语，在本民族内部也使用汉语。部分转用指某个民族的部分成员转用其他民族的语言，而该民族的其他成员仍然保持自己的母语。这种语言转用很常见，很多民族中都可能有一部分成员转用其他民族的语言。例如，蒙古族主要使用蒙古语，但东北地区的蒙古族已转用汉语，云南通海地区的蒙古族已转用彝语。壮族大部分地区使用壮语，但南宁地区的壮族人中不少已经转用汉语。维吾尔族大部分地区使用维吾尔语，但湖南省桃源、常德的维吾尔人已经转用汉语。哈萨克族主要使用哈萨克语，但伊犁特克斯县柯尔克孜乡的哈萨克族青年人已经转用柯尔克孜语。语言的整体转用要经过一个漫长的阶段，例如，满族基本上已经转用了汉语，现在只是在黑龙江省的黑河市(爱辉区)和富裕县还有极少数的人会说满语。从满族入关至今已三百余年，转用汉语的过程还没有最后完成。

语言转用有时是借助军事、政治力量强迫进行的。例如，约公元前 500 年，凯尔特人从欧洲大陆入侵并占领了不列颠，残酷地杀戮本地的伊比利亚人，强迫他们说凯尔特语。约公元 449 年，北欧的盎格鲁、撒克逊、朱特三个日尔曼部族入侵不列颠，又用武力强迫凯尔特人放弃了自己的凯尔特语，改说盎格鲁—撒克逊语，即古英语。语言转用也可以自然发生、自愿进行，这往往是不同民族长期杂居造成的，经济、文化落后而人口又少的民族的语言往往被放弃。例如，我国北方的匈奴、鲜卑、羯、氐、羌等民族在入主中原之前长期与汉族杂居，由于深受汉族文化的影响，这些民族的人有些已经学会了汉语，有些是在入主中原后才学会汉语。无论哪种情况，他们都认识到汉民族经济、文化的发达，因而自愿地转用了汉语。金世宗完颜

① 见戴庆厦《社会语言学教程》124 页，中央民族大学出版社，1993 年第 1 版，1996 年第 2 次印刷。

雍、清太宗皇太极都曾为保持其本族语言、防止其民族语言被汉语替换进行过努力，但汉民族发达的经济、先进的文化还是使得女真人即满族人先后放弃了本民族的语言，而转用汉语。我国的满族、赫哲族、土家族、仡佬族、畲族、锡伯族正在转用汉语，乌兹别克族正在转用维吾尔语，塔塔尔族正在转用维吾尔语和哈萨克语①，这些语言转用都是自然发生、自愿进行的。

语言转用是一个漫长的过程，要经过双语阶段。在这个阶段语言被替换的民族持双语，这两种语言有所分工，在本民族内讲本族语，在社会上讲优势民族的语言。但是双语只是语言转用的一个必要条件，只有这一个条件还不一定导致语言转用。语言转用的另一个必要条件是不同的民族必须杂居，否则，语言转用也不能发生。例如，蒙古人建立元朝后实行蒙古人相对聚居的政策，不与汉族人杂居，因而在元朝的近百年间蒙古语并没有被汉语所替换。

四、语言混合

在不同语言频繁接触的地区，持不同语言的人可以把他们各自语言的成分混合在一起，创造出新的交际工具，即洋泾浜和混合语。

洋泾浜是持不同语言的人在某些场合使用的混合着不同语言成分的交际工具。洋泾浜原是上海的一条河浜，位于旧上海的英租界和法租界之间。1949 年以前，广州、上海等通商口岸曾经出现过混合着英语和汉语的交际工具，于是就把这种交际工具称为“洋泾浜”。

洋泾浜，又称“皮钦语”(pidgin)，大多数都产生于殖民时期，当欧洲的商人、水手、传教士来到亚洲、非洲、美洲、大洋洲与当地人打交道时，彼此语言不通，就以西方某种语言如英语、法语、葡萄牙语、西班牙语、荷兰语等为基础，按照当地语言的语音、词汇、语法的特点对西方的语言进行改造，以这种混合着两种语言成分的交际工具来沟通双方。此外，在殖民者的种植园和工厂里，从不同部落或部族被掠夺来的奴隶，语言不通，他们只能说一种洋泾浜化了的殖民者的语言。

洋泾浜的语音大大简化，只有几个元音和辅音，复合元音缩略成单元音，长元音变成短元音，没有复辅音。把有些擦音发成塞音，把不好发的擦音发成易发的擦音或其他易发的音，如把 f 读成 p，v 读成 b，θ 读成 t，ð 读

---

① 见马学良等《普通语言学》355 页，中央民族大学出版社，1997 年。

成 d,ʃ 读成 s,r 读成 l,总之,难发的音在洋泾浜中变成易发的音。例如,在新几内亚的美拉尼西亚洋泾浜英语中 heavy(重的)读成 hebi,finish(结束)读成 pinis[1],sheep 和 ship 都读成 sip,very 读成 veli。形态在洋泾浜中消失,没有格、数、时、态、人称的语法范畴,语法意义靠词序来表达。例如,在中国的洋泾浜英语中,广泛使用-pisi(piece)作为量词,如"两个人"是 tupisi man[2](two men),"四张桌子"是 forpisi tebal(four tables)。-said(side)表示"地点",taim(time)表示"时间",hihaussaid(at his house)表示"在他家",doksaid(at the dock)表示"在码头"。表示领属关系时,表示领有者的词在前,表示被领有者的词在后。例如,dat master poni(that masters's pony)的意义是"主人的小马"。但在美拉尼西亚洋泾浜英语中,领属关系用 bilong 来表示,haus bilong me(my house)的意义是"我的房子"。洋泾浜的词汇量大大减少,如美拉尼西亚洋泾浜英语中有大约 1500 个单词,尽管词汇量很小,但一个词表示的意义却很多。例如,美拉尼西亚洋泾浜英语中,gras 不仅指 grass(草),还指"在任意表面上长出的像叶片一样的东西"[3]。洋泾浜的词汇量小,表达意义时常常用曲折的说法。下面是中国洋泾浜英语的一个例子,是洋行老板让中国司机到大光明电影院买电影票,司机空手而归,指手划脚地说的洋泾浜英语:Man mountain man sea,today no see,tomorrow see,tomorrow see,same see。(人山人海,今天看不成了,明天看吧,明天看,还是那个影片。)

洋泾浜不是一种自然语言,而是一种临时的交际工具,交际双方只是在某些场合使用,没有人把它当做母语来学习。洋泾浜的发展前途有两个,一个是随着社会生活的变化而消失,如 1949 年前上海的洋泾浜英语、越南的洋泾浜法语和洋泾浜英语。另一个是成为混合语,成为在某个地区通行的自然语言,如尼日利亚的洋泾浜英语和巴布亚新几内亚的洋泾浜英语(托克皮辛语)。

混合语,又称"克里奥尔语"(creole),是某个语言社会集体作为母语使用的混合着两种或多种语言成分的自然语言。

在一定的条件下,某个社会不仅把洋泾浜当作交际工具使用,还把它

---

① 见施光《浅析洋泾浜英语的形成及其特征》,载《南京医科大学学报》(社科版)2003 年第 1 期。

② 同注 1。

③ 同注 1。

传授给子孙后代，让他们当作母语来学习，这样的洋泾浜就会成为一种自然语言，即混合语。洋泾浜成为混合语后，就会逐渐扩大词汇量，语法也逐渐复杂化、严密化、规范化，表达能力增强，使用范围扩大。巴布亚新几内亚的新美拉尼西亚语就是一种以英语为基础的混合语，这种混合语已经基本定型，有简明的语法规则和音位系统，并且有自己的书面语。目前大约有三四十万人说这种语言，它已在这个国家获得了官方语言的地位，是学校、广播、报纸使用的语言。

洋泾浜和混合语主要分布在赤道附近的沿海地带，如加勒比海地区及南美洲的东部和北部海岸、非洲沿海（特别是西非沿海）、沿印度洋和太平洋海岸等，而在更北或更南以及内陆地区分布极少。目前，全世界有100多种洋泾浜和混合语，大部分都以西方语言为基础，其中约三分之一是以英语为基础的，其次是以法语为基础的，还有以葡萄牙语、德语、荷兰语、意大利语为基础的。其他的则建立在其他语言的基础上，如在东非广泛使用的各种斯瓦西里语的洋泾浜，在马来西亚和印度尼西亚广泛使用的市井马来语等。

中国是多民族的国家，在多民族的聚居区，不同的语言长期接触，也产生了一些混合语，这些混合语大都产生在中国的西部地区，如新疆、青海、宁夏、四川、云南、贵州。新疆的艾努语是波斯语和维吾尔语混合而成的①，青海黄南同仁县的五屯话是汉语和藏语混合而成的②，四川甘孜雅江县的倒（dào）话是汉语和藏语混合而成的③，云南通海县的卡卓语是白语和彝语混合而成的④，海南三亚的回辉话是南岛语系的占语与汉语混合而成的⑤。

---

① 见赵相如、阿西木《艾努语的数词——兼论艾努语的性质》，《民族语文》1981年第2期；赵相如、阿西木《新疆艾努语人的语言》，《语言研究》1982年第2期；李葆嘉、张璇《中国混合语的研究现状》，《语言研究》1999年第1期。意西微萨·阿错《倒话研究》211页，民族出版社，2004年。

② 见陈乃雄《五屯话初探》，《民族语文》1982年第1期。王远新《中国民族语言学论纲》98页，中央民族大学出版社，1994年。李葆嘉、张璇《中国混合语的研究现状》，《语言研究》1999年第1期。意西微萨·阿错《倒话研究》212－250页，民族出版社，2004年。

③ 见意西微萨·阿错《藏汉混合语“倒话”述略》，《语言研究》2001年第3期。意西微萨·阿错《倒话研究》，民族出版社，2004年。

④ 李葆嘉、张璇《中国混合语的研究现状》，《语言研究》1999年第1期。

⑤ 见倪大白《海南三亚回族语言的系属》，《民族语文》1988年第2期。李葆嘉、张璇《中国混合语的研究现状》，《语言研究》1999年第1期。

第四节 语言系统的发展

一、语音的发展

语音是语言中系统性最强的一个组成部分，由音位（包括音质音位和非音质音位）及其组合关系组成，语音的发展也表现在这两方面。

音质音位的增加和减少。以汉语为例，上古汉语并没有 f 这个音位，f 是从 p、p^h、b 中分化出来的：

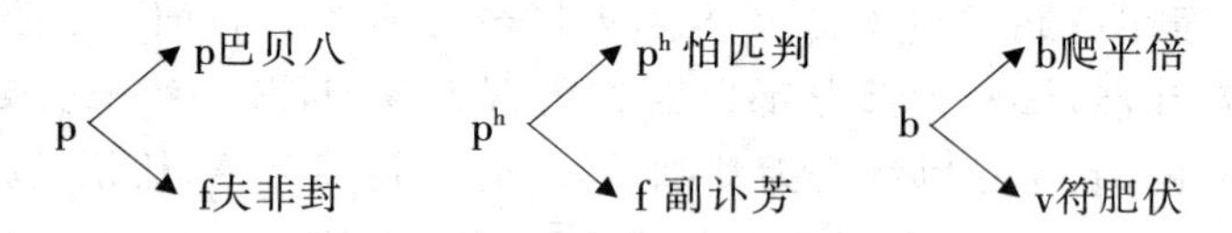

分化开始的时间大约在五代（9 世纪），完成的时间大约在元代（12 世纪）。v 到了元代随着浊音清化的潮流也变成了 f。因此，现代汉语的 f 是语音系统中增加的一个音位。再如，现代汉语的 tɕ、$tɕ^h$、ɕ 也是后来增加的音位，是 k、k^h、x 和 ts、ts^h、s 两组声母在与齐齿呼、撮口呼两组韵母相拼时变成的。汉语发展史上的浊音清化是音位减少的典型例证。在隋唐汉语中曾有 12 个浊音，包括浊塞音、浊塞擦音和浊擦音，到元代，这些浊音在北方汉语中都消失了。再如，古藏语也有浊塞音、浊塞擦音和浊擦音，但现代拉萨话中，这些浊音也消失了。

非音质音位的变化。上一节曾谈到古代藏语并没有声调，由于音系的简化而出现了声调，以声调作为音系简化的补偿手段的还有越南语、布朗语等，这是语音的非音质音位的产生。声调的变化还有分化和合并现象，例如，中古汉语有平、上、去、入四个声调，由于“平分阴阳”、“入派三声”的规律起作用，到今天北京话还有阴平、阳平、上声、去声四个声调，其中阴平、阳平两个声调是从中古的平声分化出来的，而入声已经分别变为平声（阴平、阳平）、上声和去声三个声调。

语音发展的另一个方面是音位组合关系的变化。在隋唐汉语中，p、t、k、m、n、ŋ 六个辅音既可作声母，也可作韵尾，它们各自的组合位置是：

p-　　-p
t-　　-t
k-　　-k

m-　　-m

n-　　-n

ŋ-　　-ŋ

而到了元代，-p、-t、-k 不再作韵尾，即入声消失，m 也不再作韵尾，ŋ 不再作声母，因而，p、t、k、m、n、ŋ 六个辅音在组合中的位置发生了变化，组合格局变为：

p-

t-

k-

m-

n-　　-n

　　-ŋ

音位的分化也可造成音位组合关系的变化。例如，在明代汉语中，k、kʰ、x 和 ts、tsʰ、s 两组辅音与开、齐、合、撮四呼韵母都可相拼，后来它们在与齐、撮两呼相拼时变成了 tɕ、tɕʰ、ɕ：

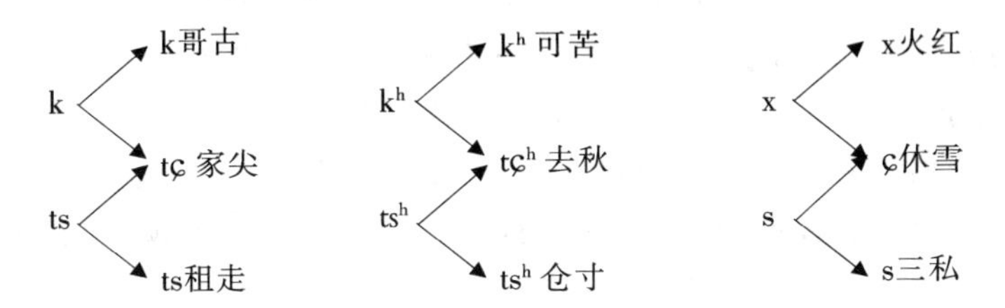

于是这两组辅音的组合关系发生了如下的变化：

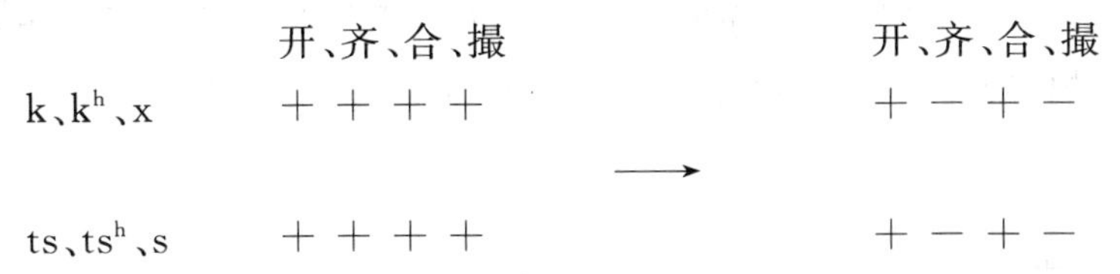

某些音的消失也可造成音位组合关系的变化。例如，古藏语有大量的复辅音，而到了现代拉萨话，这些复辅音都变成了单辅音。以一组复辅音的变化为例：

古藏语：gn－ mn－ rn－ sn－ brn－ bsn→拉萨话：n－

在古藏语中，n 可在辅音之后出现，当然也可作为单辅音在元音之前出现，而在现代拉萨话中只可在元音之前出现。

语音在语言各组成部分的演变中是最有规律的一个部门，语音演变的规律称为语音规律。语音的演变以区别特征为单位，凡具有某个特征的音位都发生同样的变化。像前面提到的“浊音清化”就是隋唐以后北方汉语语音演变的规律之一。这条规律可表述为：平声字里的浊塞音和浊塞擦音变为送气的清塞音和清塞擦音，仄声字里的浊塞音和浊塞擦音变为不送气的清塞音和清塞擦音，浊擦音全部变为清擦音。例如：

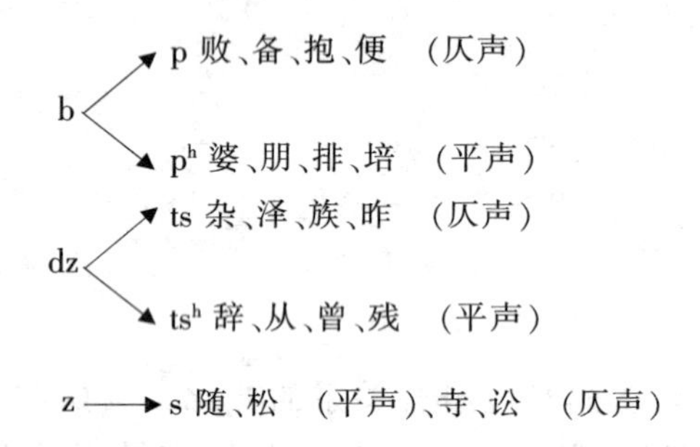

语音演变的规律总是在一定的语音条件下起作用，离开特定的条件就不再起作用。像上面讲到的隋唐汉语的浊塞音和浊塞擦音变为清音就是以声调为条件的，而明代以后在北京话中 tɕ、$tɕ^h$、ɕ 从 k、k^h、x 和 ts、ts^h、s 中分化出来则以韵母的呼为条件。此外语音演变的规律还受时间和空间的制约，它总是在一定的历史阶段内、在一定的地区内起作用。例如，k、k^h、x 和 ts、ts^h、s 两组辅音在和齐撮两呼韵母相拼时变成 tɕ、$tɕ^h$、ɕ，这条规律是明代以后才出现，在这之前的汉语不按这条规律发生变化，而且这条规律只适用于大部分北方地区和南方的某些地区，而对广东话就不适用。例如，在广州话中，“基、金”的声母仍是 k，“启”的声母仍是 k^h，“希、虾”的声母仍是 x，“尖、积”的声母仍是 ts，“妻、千”的声母仍是 ts^h，“西、心”的声母仍是 s。

二、语法的发展

语法是音义结合体之间的排列组合的规则，概括的是语言符号之间的关系，它是语言的各个组成部分中发展得最慢的。语法的发展表现在组合与聚合两个方面。

语序的变化是语法在组合方面变化的重要内容，像本章第一节谈到的古代汉语的疑问句、否定句、强调句中代词宾语前置现象的消失就是这方

面的表现。英语也曾经历过语序的变化，古代英语的语序是不固定的，虽然主语在谓语之前的语序比谓语在主语之前的语序更常出现，但后一种语序也很常见。若再考虑到主(S)、动(V)、宾(O)三个成分之间顺序的话，则SVO、OVS、OSV、SOV四种语序都有①。中古英语的语序已趋于固定，语序成为主要的语法手段，SVO成为正常的语序，OVS语序、SOV语序的使用有一定的条件，而到了现代英语，语序已经固定为SVO。

新的句法结构的出现也是语法在组合方面的发展。以古代汉语为例，秦汉汉语中还没有述补词组(如"打死、救活")，只有表示使动意义的动词(如"小之、死之")和表示并列关系的动词词组(如"扰乱、扑灭")，到六朝表示并列关系的动词词组开始变为述补词组②，例如：

白杨多悲风，萧萧愁杀人。(《古诗十九首第十四》)

童男娶寡妇，壮女笑杀人。(《紫骝马歌·乐府诗集》)

新句式的出现也是语法在组合方面的变化，例如，汉语"被"字句、"把"字句等句式的出现就是汉语语法发展史中的重要内容。"被"原来是动词，有"覆盖"和"蒙受、遭受"两个意义，现代汉语表被动的"被"是从后一种意义发展而来的，这种变化大致萌芽于战国末期，到汉末"被"不仅表示被动义而且可以引导施事，"被"字句式开始形成③。例如：

五月二十日，臣被尚书召问。(蔡邕《被收时表》)

到南北朝，特别是唐代，这种句式用得就更普遍了。"把"字句式的产生情况更复杂一些，"把"的词义的虚化是这种句式产生的一个重要原因。

形态减少，由此造成的语法范畴的减少和消失是屈折语在聚合方面变化的重要内容。前面讲到的从古英语到中古英语、现代英语语序趋于固定的变化就与古英语的形态简化有密切的关系。古英语名词有单数、复数，有阴性、阳性、中性三个性，有主格、属格、与格、宾格、工具格五个格④，形容词随所修饰的名词而有性、数、格的变化。到中古英语，名词的性已消失，数的表示法也简化了，格只保留了一个属格，形容词的性、数、格都消失了。形态简化的补偿就是语序趋于固定，以弥补形态简化所造成的词与词之间

---

① 见李赋宁编著《英语史》92页，商务印书馆，1996年。

② 见〔日〕志村良治著，江蓝生、白维国译《中国中世语法史研究》233页，中华书局，1995年。

③ 见王力《汉语史稿》(中册)425页，中华书局，1980年。

④ 见李赋宁编著《英语史》41页，商务印书馆，1996年。

语法关系不清楚的缺陷。再如，古藏语动词的形态比较复杂，有“三时（过去、现在、未来）一式（命令式）”四种形式，而现代藏语（拉萨话）动词的形态已普遍简化，古代有四种形式的动词多变为三形、二形、一形动词，形态简化使句尾助词复杂化以承担过去由形态所表达的语法意义。

实词虚化也是语法在聚合方面发展的重要内容，像汉语“被”字句、“把”字句的产生都与“被”、“把”的虚化有密切的关系。再如，“和”本义是“拌和”，由这个意义引申为“连带”，从这个意义虚化为表示并列关系的连词[①]。现代汉语的介词、连词大都是从动词虚化而来的，如“向、从、在、对、朝、当、以、因、及、与、为”等。再如，现代汉语的助词“着、了、过”也是从动词虚化来的，“着”是从附着的意义虚化来的，“了”是从结束、了结的意义虚化来的，“过”是从经过、往来的意义虚化来的。实词的虚化往往与它所处的句法位置有关，表义不太重要的位置易于使实词虚化，比如“着、了、过”虚化的位置都是发生在句子的谓语动词、形容词之后，而不是在主要动词的位置上。

词缀的产生也是聚合方面的变化。以汉语为例，前缀“老”、后缀“子、儿、头”都是由实词虚化来的。作为前缀的“老”最初的意义是“年老”或“年长”，从唐代以后在这个意义上开始虚化成词缀。作为后缀的“子”在古代汉语中的实义很多，在汉代就有词缀的用法，到魏晋之后开始普遍使用。作为后缀的“儿”的本义是“小儿”，从唐代起在这个意义上开始虚化为后缀[②]。作为后缀的“头”的本义是“人体的顶端或动物体的前端”，从六朝开始虚化为后缀。“五四”以后，受西方语言的影响，又产生了一些新的词缀，如“化、性、度”等。

语法的组合变化与聚合变化有密切的关系。古英语形态的变化造成语序的固定化，是聚合方面的变化引起组合的变化。近代汉语中“把”、“被”由动词变成介词，是词性的变化，也是聚合方面的变化，这一变化造成“把”字句和“被”字句两种新句式的产生，两种新的句式产生后，动词后出现补语以及助词“着、了、过”等，也是聚合方面的变化造成组合方面的变化。无论动词虚化为介词还是连词，都是在某个组合位置上发生的，离不开特定的组合位置，因此，聚合方面的变化要借助组合位置。而且，动词虚化为介词或连词后，原来的句法结构就要重新分析，比如汉语原来连动结

① 见王力《汉语史稿》（中册）339页，中华书局，1980年。

② “老、子、儿、头”的虚化过程见王力《汉语史稿》（中册）222—231页，中华书局，1980年。

构中第一个动词虚化为介词后，原来的连动结构就要变为状中结构。

语法成分的变化有倾向性，即实词变成虚词，不太虚的词变成更虚的词缀或形态成分。[①] 上文举的是实词变成虚词或词缀的例子，从下面英语的例子可看出，实词是如何变成形态成分的：

1) Are you going to the library?（你要去图书馆吗？）

2) I am going to eat.（我要去吃饭。）

3) The rain is going to come.（要下雨了。）[②]

英语的 be going to 是表示未来的语法成分，是从实义动词 go（去）变来的，变化的线索还可以在英语中看出来。1）中的 be going to 除了表示未来外，还有运动的意义；2）中的 be going to 进一步虚化，除了表示未来外，还表示意图；3）中的 be going to 只表示未来。

语法成分虚化的语义路径是从人体器官引申到空间，从空间引申到时间，从时间引申到更抽象的意义。例如，英语的 back（背部）不仅可以表示人体器官，还引申为表示空间意义的“后面”，如 the back of the house（房子的后面）。又引申为表示时间意义的“以前”，如 three years back（三年前）。汉语动词“在”表示空间意义，如“她在厨房”，又引申为表示时间意义，如“她在做饭”。[③] 英语的 since（从……以来）从时间引申到原因，例如：

1) I have read a lot since we last met.
（从上次我们见面以来，我已经读了不少了。）

2) Since Susan left him, John has been very miserable.
（从苏珊离开他以来，约翰一直很痛苦。）

3) Since you are not coming with me, I'll have to go alone.
（因为你不想和我一起来，我只好一个人走了。）

1）中的 since 只表示时间，2）中的 since 表示时间，但还有原因的隐含意义，3）中的 since 只表示原因。[④]

---

① 见沈家煊《“语法化”研究综观》，《外语教学与研究》1994 年第 4 期。

② 以上三例取自沈家煊《“语法化”研究综观》。

③ 此例取自沈家煊《“语法化”研究综观》。

④ 以上三例取自沈家煊《“语法化”研究综观》

三、词汇的发展

词汇的发展主要表现为新词的产生、旧词的消失、词的更换、词降级为语素。

新词是语言中新产生的词。下面一些词都是近年来汉语普通话中新产生的词："投诉、休闲、增值税、开发区、运作、爱心、三陪、形象大使、追星族、面的、打假、网友、打造、音乐电视、联手、得主、啃老族、小蜜、克隆、抛荒、下岗"。新词是通过以下几个途径产生的。一是创造，即利用本语言中现成的语素和构词法造出新词，例如汉语普通话的"追星族"这个词就是利用"追、星、族"三个语素和述宾、偏正关系构成的。二是借用，包括从外语中借用和从本语言的方言中借用。"软着陆、香波、超级市场、黑洞、代沟、克隆、迷你裙、试管婴儿、摇滚乐"是从英语借入汉语的词，"收银台、转型、运作、周边、资深、知名度、祥和、共识、写字楼、男士、商战、性骚扰、新潮、发廊、反思"是从港台话进入普通话的词。赋予古代的词以新的意义也可看作从古代语言借词。例如，"仪表"原来在古代汉语中有"表率、容貌"两个意思，到近代又增加了"机器、仪器上所用的测量装置"的意义，后一个意义与原来的意思毫无联系，因而"仪表"在后一个意思上应看作新词。现代汉语中像"经济、革命、助教、博士"等词都是这样产生的。三是分化，指多义词的派生义与本义之间失去联系，旧词在派生义上独立成一个新词。语言中用这种方式产生的新词是大量的，在第四章第三节谈到的表示被动意义的"被"就是从表示"被子"的"被"分化出来的一个词。再如，在古代汉语中，"背"的本义是"脊背"，后来引申出几个意思，"负荷"是其中的一个，它与本义的联系不容易看出来，就为它造了一个"揹"（简化为"背"）字，表示"负荷"义的"背"就是分化出来的新词。

旧词的消失指的是语言中已有的词语不再被使用。例如，下列古汉语的几个词在现代汉语中都已经不再使用了：豆（食器）、屩（juē，草鞋）、纾（shū，解除）、杙（yì，小木桩）、椈（jú，柏树）、旰（gàn，晚）、旸（yáng，日出）、晙（jùn，早晨）。这些词只有在学习古代汉语或引用古书的时候才能见到，可以看作已经消失了。

词的更换是用新词代替旧词。新词代替旧词的原因可能是由于人们对事物的看法的改变，也可能是由于其他原因。例如汉语：

旧词：足、舟、冠、　薪水、戏子、厨子、　洋火、残废、理发店

新词：脚、船、帽子、工资、演员、炊事员、火柴、残疾、发廊/发屋

由词降级为不成词语素也是词汇演变的一个方面。词是词法的最大单位，其功能是造句；语素是词法的最小单位，其功能是构词。词降级为不成词语素，是音义结合体的功能发生了变化，像现代汉语的“妻子、朋友、内外、昼夜、毁誉、衣裳、商贾、消息、损益”等词中的两个语素在古代汉语中都是词。再如“首、面、口、目、耳、舌、舟、箸、言、语、之、间、楫、宫、履、鄙”等在古代汉语中都是词，现在都成了不成词语素。有的词是整个降为不成词语素，如“首、面、耳、舌、舟”，有的在某些意义上是不成词语素，在某些意义上是词。例如，“间”在古代汉语中有以下几个意义：① 中间；② 近，顷刻；③ 量词。“间”在①的意义上降为不成词语素，②的意义已经消失，在③的意义上仍然是词。

四、词义的发展

词义包括理性意义和附加意义两部分，理性意义是词义的主要部分，词的理性意义和附加意义都会发生变化，但变化最大、最复杂的还是词的理性意义。

词不仅有意义，还有所指物，词的所指物的变化可能造成词义的变化。例如，“兵”在古代汉语中指兵器，在现代汉语中指士兵，“兵”的所指物变了，它的词义也变了。语义是成系统的，每个词义都在语义系统中占有一定的位置，因此，词义是否发生了变化，不仅要看词的所指物是否发生了变化，还要看词义在语义系统中的位置是否发生了变化。例如，“布”在古代汉语中指麻布，在现代汉语中指麻布、棉布、丝布以及混纺布、塑料布等，词的所指物扩大了，但“布”在古今汉语的语义系统中的位置并没有发生变化。“布”在古今汉语中都处在“布料”的语义场中，古代汉语中“布料”语义场包括“布、帛、革”三个成员，现代汉语“布料”语义场包括“布、绸子、皮革”三个成员，“布”在古今语义场中都与“帛(绸子)”“革(皮革)”对立，在语义系统中的位置并没有发生变化，因此，“布”的词义也就没有发生变化。[1]

词义是否变化要以词义为单位，不能笼统地以词为单位。例如，“子”在古代汉语中是对男子的美称，还指儿子和女儿，现在只指儿子。“子”在

---

① 见蒋绍愚《古汉语词汇纲要》58页，北京大学出版社，1989年。

六朝和唐代还有"种子"的意义，现代还有"幼小"的意义。在现代，对男子的美称消失了，这是词义的减少。由指儿子和女儿到只指儿子，这是词义的缩小。后来产生的"种子"和"幼小"的意义，是词义的增加。以词义为单位观察词义的变化，才能准确、全面。①

就某个词的意义的数量来说，有增加和减少。例如，"飞"的本义是指鸟虫等鼓动翅膀在空中活动，近代出现了飞行器以后，"飞"又增加了一个利用动力机械在空中活动的意义。再如，"快"在古代只有一个"愉快"的意义，到现代，又增加了一个"迅速"的意义。"树"的本义是"种植"，后来又产生了"树木"的意义，现在"种植"的意义消失了，只保留了一个"树木"的意义。"塘"的本义是"堤岸"，后来又有了"水池"的意义，现在只保留了"水池"的意义，而"堤岸"的意义消失了。

多义词或多义语素的若干个意义是在历史中逐渐形成的，它们是语义在不同时间层次上发展的产物，某个历史阶段的多义词都是在不同历史阶段形成的词义的积累。

就词的某一个词义来说，它的发展有扩大、缩小、转移三种可能。词义的扩大指词的所指物范围的扩大，例如，"腿"本指小腿，"股"本指大腿，后来由于"股"变成了不成词语素，"腿"的词义就扩大到指整个下肢。再如，"火花"最初指灯花，后来指所有焰火迸发的火焰。词义的缩小指词的所指物范围缩小，例如，"学者"原指求学的人，现在指学术上有成就的人；"烈士"原指坚贞不屈的刚强之士，现在指为正义事业而牺牲的人，词的所指物范围都缩小了。词义的转移指词的所指物的更换，例如，"兵"原指作战的武器，后来指持作战武器的人；"细软"原义为纤细柔软，后来指轻便而易于携带的贵重物品。

词义发展还表现为词的附加色彩的变化。"客气"原义为虚骄之气，有贬义，现指与人交往谦恭有礼，有褒义。"爪牙"原义为勇猛善战的武将和得力的辅佐之臣，是褒义词，现在指恶势力的党羽或坏人的帮凶，成了贬义词。

小　结

语言的语音、语法、词汇、语义在外部原因和内部原因的促动下发展变

① 见蒋绍愚《古汉语词汇纲要》61页，北京大学出版社，1989年。

化。语言发展的外部原因是社会的发展，表现在社会的进步、分化、统一和接触几个方面。语言发展的内部原因是语言系统内部各个组成部分的相互制约和作用，一个组成部分变化，就可能造成语言其他组成部分的变化。语言是人类最重要的交际工具，语言的这一重要性质决定了语言不能不变，也不能变化太快，只能缓慢地变化。语言的各个组成部分与社会联系的紧密程度是不同的，与社会联系紧的词汇发展快，与社会联系不紧的语音和语法发展慢。

社会方言是由说话人的社会特征不同造成的，社会方言的差别主要表现在词汇上，其次表现在语音上。地域方言是由说话人的地理位置不同造成的，地域方言的差别主要表现在语音上，其次表现在词汇上。亲属语言是从同一个语言分化出来的，是地域方言的差别进一步分化的结果。根据语言的来源对语言进行的分类叫谱系分类，有共同来源的语言可以根据亲属关系的远近分为语系、语族、语支、语言。共同语是社会统一的产物，共同语是在一个方言的基础上吸收其他方言的成分发展起来的，作为共同语基础的方言叫基础方言。

随着不同语言之间的接触，首先出现借词，也可以借音位，借语法规则，还可以出现个人或集体持双重语言的现象，甚至有的民族放弃本民族的语言而转用其他民族的语言。在语言频繁接触的地区，不同的语言可以混合在一起，产生洋泾浜和混合语。洋泾浜只是临时的交际工具，不是自然语言，而混合语是自然语言。

语音的发展表现在音位数量的增减和组合规则的变化两方面。语音发展可以概括成严格的语音规律，语音规律受到时间、空间和语音条件的限制。语法的发展表现在语序的变化、新的结构和句型的产生、形态的减少、实词虚化为虚词、词缀等。词汇的发展表现在新词的产生、旧词的消失、词的更换、词降级为语素几个方面。词的意义的数量可以增加或减少，某个词义的发展有扩大、缩小和转移。

附录一

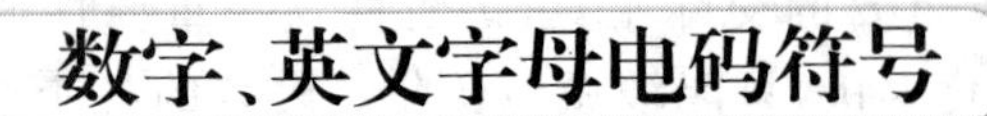

字符	电码符号	字符	电码符号	字符	数字电码(长码)
A	·—	Q	——·—	1	·————
B	—···	R	·—·	2	··———
C	—·—·	S	···	3	···——
D	—··	T	—	4	····—
E	·	U	··—	5	·····
F	··—·	V	···—	6	—····
G	——·	W	·——	7	——···
H	····	X	—··—	8	———··
I	··	Y	—·——	9	————·
J	·———	Z	——··	0	—————
K	—·—	,	——··——		
L	·—··	?	··——··		
M	——	/	—··—·		
N	—·	()	—·——·—		
0	———	“”	·—··—·		
P	·——·	。	·—·—·—		

说明:

1. 莫尔斯电码由点(.)、画(—)两种符号组成,以一点为基本信号单位,每一画相当于三个点的时间长度。

2. 在一个字母或数字内,各点、各画之间的间隔应为两点的长度。

3. 字母(数字)与字母(数字)之间的间隔为7点的长度。

4. 在我国电报通信中,每个汉字都有四个数字代表,组成其电文的数字是用“短码”拍发的。数字电码“短码”分别为:

1	·—	2	··—	3	···—	4	····—	5	·
6	—····	7	—···	8	—··	9	—·	0	—

附录二

世界语言的“谱系”

一、汉藏语系

（一）汉语

（二）壮侗语族

（1）壮傣语支：壮语、傣语、布依语、泰语、老挝语等。

（2）侗水语支：侗语、水语、仫佬语、毛南语、拉珈语等。

（3）黎语

（三）苗瑶语族

（1）苗语支：苗语、布努语等。

（2）瑶语支：勉语。

（四）藏缅语族

（1）藏语支：藏语、嘉戎语、门巴语等。

（2）彝语支：彝语、傈僳语、哈尼语、纳西语、拉祜语、白语等。

（3）景颇语支：景颇语等。

（4）缅语支：缅甸语、载瓦语、阿昌语等。

二、印欧语系

（一）印度语族

印地语、乌尔都语、孟加拉语、尼泊尔语、阿萨姆语、克什米尔语、吉卜赛语、信德语、僧伽罗语、梵语（古代）。

（二）伊朗语族

（1）东部语支：阿富汗语、沃舍梯语等。

（2）西部语支：波斯语、塔吉克语、库尔德语等。

（三）斯拉夫语族

（1）东部语支：俄语、乌克兰语、白俄罗斯语。

（2）南部语支：塞尔维亚－克罗地亚语、斯洛文尼亚语、马其顿语、保加利亚语。

（3）西部语支：波兰语、捷克语、斯洛伐克语。

(四) 波罗的语族

(1) 东部语支:立陶宛语、拉脱维尼亚语。

(2) 西部语支:古普鲁士语(已消亡)。

(五) 日耳曼语族

(1) 西部语支:英语、德语、荷兰语、佛兰芒语、依地语等。

(2) 北部语支:瑞典语、丹麦语、挪威语、冰岛语。

(3) 东部语支:哥特语(已消亡)。

(六) 凯尔特语族

(1) 高卢语支:高卢语等(已消亡)。

(2) 不列颠语支:布列塔尼亚语、威尔士语等。

(3) 盖尔语支:爱尔兰语、苏格兰语等。

(七) 意大利克语族

(1) 拉丁语(后来发展为拉丁语族,见下)。

(2) 奥斯干—温布利安语支:奥斯干语、温布利安语(已消亡)。

(八) 拉丁语族

(1) 伊伯利亚—拉丁语支:西班牙语、葡萄牙语、卡达伦语。

(2) 高卢—拉丁语支:法语、普鲁旺斯语。

(3) 东部语支:罗马尼亚语、莫尔达维亚语。

(4) 意大利语。

(5) 撒丁语。

(6) 勒多—罗曼语。

(九) 阿尔巴尼亚语。

(十) 希腊语。

(十一) 涅西特语(已消亡)。

(十二) 亚美尼亚语。

(十三) 焉 耆(zhǐ)—龟(qiū)兹语(旧称土火罗语)。

三、乌拉尔语系

(一)芬兰—乌戈尔语族

(1) 芬兰语支:芬兰语、爱沙尼亚语等。

(2) 乌戈尔语支:匈牙利语等。

(二) 撒莫狄语族:涅涅茨语、牙纳桑语等。

四、阿尔泰语系

(一) 突厥语族

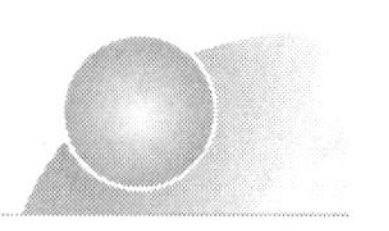

(1) 布尔加尔语支:楚瓦什语等。

(2) 奥古兹语支:土耳其语、土库曼语、特鲁赫曼语、嘎嘎乌兹语、阿塞拜疆语、撒拉语等。

(3) 克普恰克语支:哈萨克语、塔塔尔语、吉尔基斯语、巴什基尔语等。

(4) 葛罗禄语支:维吾尔语、乌兹别克语。

(5) 回鹘语支:西部裕固语、雅库特语、图瓦语、绍尔语、哈卡斯语等。

(二) 蒙古语族:本部蒙古语、布里亚特蒙古语、莫戈勒语、达斡尔语、土族语、东乡语、保安语。

(三)通古斯一满语族

(1) 通古斯语支:埃文尼语、埃文基语、涅基达尔语、鄂伦春语等。

(2)满语支:满语、纳奈语(赫哲语)、锡伯语等。

五、闪一含语系

(一) 闪语族

(1) 东部语支:阿卡德语、巴比伦语(已消亡)等。

(2) 北部语支:古迦南语、腓尼基语、古希伯来语等,都已消亡。

(3) 南部语支:阿拉伯语、埃塞俄比亚诸语言(以阿姆哈尔语为代表)。

(二) 含语族

(1) 埃及语支:古埃及语、科普特语(已消亡)。

(2) 柏尔柏尔语支:北非和撒哈拉的诸柏尔柏尔语。

(3) 库希特语支:索马里语、加拉语。

(4) 乍得(豪萨一科托科)语支:豪萨语。

六、伊比利亚一高加索语系

(一) 卡尔特维里语族:格鲁吉亚语、赞语、斯万语。

(二) 达吉斯坦语族:阿瓦尔语、达尔金语、拉克语、列兹金语、塔巴萨兰语等。

(三) 巴茨比一启斯梯语族:车臣语等。

(四) 阿布哈兹一阿迪盖语族:阿布哈兹语、阿迪盖语、卡巴尔达语等。

七、达罗毗荼语系:泰米尔语、马拉雅兰语、卡那拉语等。

八、南岛语系（马来—玻里尼西亚语系）

（一）印度尼西亚语族：爪哇语、马来语、印度尼西亚语、他加禄语、赛德语、邹语、排湾语、阿眉斯语、布嫩语、鲁凯语。

（二）美拉尼西亚语族：斐济语等。

（三）密克罗尼西亚语族：马绍尔语等。

（四）玻里尼西亚语族：毛利语、夏威夷语等。

九、南亚语系

（一）扪达语族：扪达语等。

（二）孟—高棉语族：孟语、高棉语、佤语、布朗语、德昂语等。

此外，还有非洲诸多语系，如班图语系诸语言、美洲印地安语诸语言、澳洲的土著诸语言等等。

附录三

中国各民族语言系属表[1]

一、汉藏语系

（一）汉语

（二）藏缅语族

1. 北部语群

(1) 嘉戎·独龙语支

① 嘉戎语组——嘉戎语

② 羌语组——羌语、尔龚语、尔苏语、史兴语、扎巴语、纳木义语、贵琼语、普米语、道孚语、却域语、木雅语

③ 独龙语组——独龙语

(2) 僜语支——僜语

(3) 藏语支——藏语

(4) 景颇语支——景颇语

2. 南部语群

(1) 缅彝语支

① 缅语组——阿昌语、载瓦语、勒期语、浪峨语、波拉语

② 怒语组——怒语

③ 彝语组——纳西语、哈民语、傈僳语、拉祜语、基诺语、嘎卓语

(2) 白语支——白语

(3) 土家语支——土家语

（三）壮侗语族(即侗泰语族)

(1) 壮傣语支——壮语、布衣语、傣语

(2) 侗水语支——侗语、水语、仫佬语、毛南语、拉珈语

(3) 黎语支——黎语

（四）苗瑶语族

---

① 【附录三】取自戴庆厦《社会语言学教程》,中央民族大学出版社,1993 年。

(1) 苗语支——苗语、布努语

(2) 瑶语支——勉语、畲语

注:① 仡佬语为语族未定的语言;京语为语系未定的语言,有人认为属汉藏语系。② 藏缅语族的分类依据戴庆厦、刘菊黄、傅爱兰《关于我国藏缅语族系属的分类问题》,载《云南民族学院学报》,1989 年第 3 期。

二、阿尔泰语系

(一) 蒙古语族——蒙古语、东乡语、土族语、达斡尔语、保安语、东部裕固语

(二) 突厥语族

(1) 西匈语支——维吾尔语、哈萨克语、撒拉语、乌孜别克语、塔塔尔语

(2) 东匈语支——柯尔克孜语、西部裕固语、图瓦语

(三) 满·通古斯语族

(1) 满语支——锡伯语、赫哲语、满语

(2) 通古斯语支——鄂温克语、鄂伦春语

注:朝鲜语为语系未定的语言,有人认为属阿尔泰语系。

三、南岛语系(即马来·玻利尼西亚语系)

印度尼西亚语族——阿眉斯语、布嫩语、排湾语

四、南亚语系(即澳亚语系)

孟高棉语族

佤德昂语支——佤语、德昂语、布朗语

五、印欧语系

(一) 斯拉夫语族

东斯拉夫语支——俄罗斯语

(二) 印度·伊朗语族

东伊朗语支——塔吉克语

课后阅读书目

叶蜚声、徐通锵《语言学纲要》，北京大学出版社，1997 年第三版。

石安石、詹人凤《语言学概论》，高等教育出版社，1988 年。

〔美〕弗罗姆金、罗德曼著，沈家煊等译《语言导论》，北京语言学院出版社，1994 年。

林焘、王理嘉《语音学教程》，北京大学出版社，1992 年版。

王理嘉《音系学基础》，语文出版社，1991 年版。

〔英〕利奇著，李瑞华等译《语义学》，上海外语教育出版社，1987 年。

石安石《语义论》，商务印书馆，2005 年。

索振羽《语用学教程》，北京大学出版社，2000 年。

何兆熊《新编语用学概要》，上海外语教育出版社，2000 年。

朱德熙《语法讲义》，商务印书馆，1982 年版。

朱德熙《语法答问》，商务印书馆，1985 年版。

陆俭明《八十年代中国语法研究》，商务印书馆，1997 年版。

陈松岑《社会语言学导论》，北京大学出版社，1985 年。

〔英〕罗宾斯著，许德宝等译《简明语言学史》，中国社会科学出版社，1997 年。

徐志民《欧美语言学史》(修订本)，学林出版社，2005 年。

〔英〕简·爱切生著，徐家桢译《语言的变化：进步还是退化》，语文出版社，1997 年。